부동산
투자
교과서

돈이 되는 부동산 투자법을 알려주는

부동산 투자 교과서

김종선 지음

비전코리아

2008년 1월 시세가 무려 9억 8,000만 원인 A아파트가 있었다. 그러나 같은 해 11월 1억 8,000만 원 가까이 시세가 하락해 8억 원이 되더니, 2012년 1월에는 그보다 더 낮은 7억 원까지 가격이 하락했다. 수익이 나도 시원찮은 판에 2억 8,000만 원에 달하는 가격 폭락 현상이 발생했던 것이다. 보통의 경우라면 그로부터 6년여의 시간이 흐른 지금 A아파트의 시세는 5억여 원 언저리에서 허덕이고 있어야 정상일 것이다. 과연 A아파트의 시세는 지속적으로 하락했을까? 그렇다면 지금 A아파트의 시세는 어느 정도 수준에 형성되어 있을까?

한편, 2010년 1월 B아파트는 2년 전인 2008년 1월 대비 시세가 무려 40%나 상승했다. 그 이후로도 꾸준히 가격상승 현상이 발생한 덕분에 2017년 12월 기준 시세는 2010년보다 무려 28.6% 정도 추가 상승한 상태다. 상당한 상승률을 보였다는 사실에 기초할 때

분명 꽤 유명하고 뛰어난 입지를 자랑하는 아파트일 것이라고 예상할 수 있다. 하지만 과연 그럴까? 정말 B아파트는 누구나 알고 있는, 그래서 누구나 선망하는 그런 아파트일까? 그렇다면 어느 곳에 있는 아파트이고 매매시세는 어느 정도 수준에서 형성되어 있을까?

놀랍게도 A아파트는 대치동 은마아파트(101.70m²)이고 B아파트는 순천시 풍덕동 주공아파트(69.42m²)다. 매매시세를 살펴보면 대

대치동 은마아파트(101.70m²) 10년 시세 추이

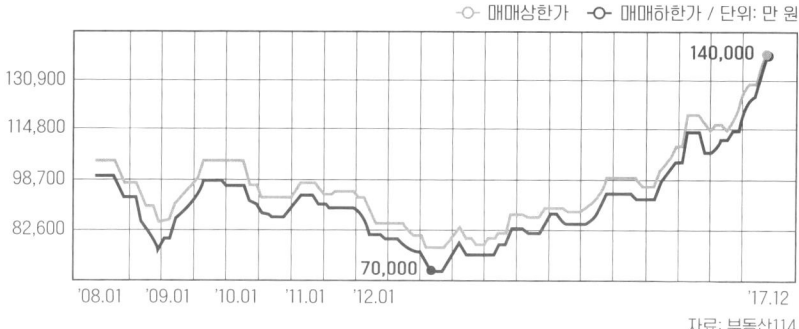

자료: 부동산114

순천시 풍덕동 주공아파트(69.42m²) 10년 시세 추이

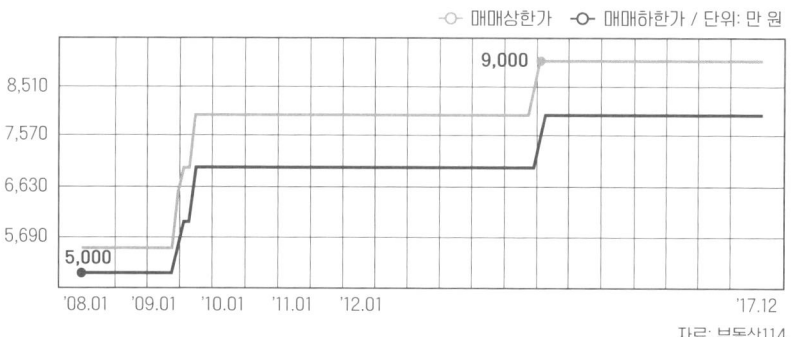

자료: 부동산114

치동 은마아파트가 14억 원 수준(상한시세 기준)에 형성되어 있다. 이에 비해 풍덕동 주공아파트는 9,000만 원(상한시세 기준) 수준에 시세가 형성되어 있다.

바로 이 지점에서 우리가 반드시 짚고 넘어가야 할 부분이 있다. 2012년 7억 원까지 시세가 하락했던 대치동 은마아파트가 2017년 12월 기준 14억 원까지 그야말로 가격폭등 현상이 나타날 수 있었던 원인은 무엇일까? 더불어 그렇게 양호한 가격 상승률을 보이고 있었음에도 풍덕동 주공아파트(69.42㎡)의 시세가 여전히 1억 원을 넘지 못하고 있는 이유는 무엇일까?

답은 의외로 단순하다. 집값은 다양한 변수에 의해 결정되며 이 변수들은 서서히 그리고 장기적으로 집값 형성에 막대한 영향을 미친다. 대표적으로 직주근접성, 자족기능, 학교인프라, 대중교통의 편리성, 풍부한 기반시설의 유무, 생활편의시설, 웰빙주거환경 등을 들 수 있다. 바로 이런 부분들이 대치동 은마아파트가 풍덕동 주공아파트에 비해 월등한 매매가격이 형성된 이유다.

주식 투자의 귀재라고 불리는 워런 버핏(Warren Buffett)은 가치 투자의 귀재이기도 하다. 그가 주식 투자자들로부터 가장 빈번하게 들었던 질문 가운데 하나가 "어떤 주식을 매입해야 하느냐?"다. 이 질문에 대해 워런 버핏은 "평생 보유하다 자식에게 물려줄 수 있는 주식, 죽을 때까지 보유할 수 있는 주식"이라고 답했다. 평생 보유해도 좋을 주식, 죽을 때 자식에게 물려줄 수 있는 주식이라면 그 선택기준은 엄청 까다롭고 절대 망하지 않으며, 지속적으로 양호한 투자수익을 가져다줄 수 있어야 한다.

그렇다면 아파트로 대표되는 주택과 여타 부동산은 어떤 기준에 따라 매입 여부를 결정해야 할까? 워런 버핏의 그것과 다를 것이 없다. 죽을 때까지 보유하고 싶은 부동산, 죽을 때 자식에게 물려줄 수 있는 그런 부동산이어야 한다.

그런데 위와 같은 까다로운 조건을 충족하는 부동산은 모두 가치 투자 요건을 충족하는 부동산들이다. 게다가 어떤 부동산이 가치 투자 요건에 부합하는지 분석하는 것도 결코 쉽지 않다. 뿐만 아니라 부동산을 매입한 이후에는 시세의 오르내림에 휘둘리지 않고 미래가치만을 보면서 나아가는 투자자의 뚝심도 있어야만 한다.

부동산을 보유한 투자자의 뚝심은 필자가 어찌할 수 없는 부분이다. 그러니 이 부분은 각자의 몫으로 남겨놓을 수밖에 없다. 다만 어떤 투자가 가치 투자에 부합하는지 그 가이드라인은 제시할 수 있다고 생각한다. 그래서 필자는 가치 투자를 위한 가이드라인을 제시하기 위해 노력했다. 이를 위해 다양한 사례도 함께 제시했다. 이를 참고해 10년 후 20년 후 연금처럼 알차게 투자한 부동산이 독자 여러분의 미래를, 노후를 꽉 채워줄 수 있기를 바란다.

부동산시장 앞으로 어떻게 될 것인가
: 부동산정책과 시장 반응에 따른 전망

모든 부동산 투자자들이 가장 어렵게 생각하는 것이 언제 어떤 부동산을 구입하고 또 언제 처분해야 하는지에 대한 의사결정일 것이다. 그런데 위와 같은 고민은 부동산 전문가라고 해서 크게 다르지 않다. 물론 당장 몇 주 혹은 한두 달 정도 이후의 부동산시장의 흐름을 예측하는 것은 크게 어렵지 않을 수도 있다. 그러나 1년 후 혹은 그 이상, 보다 먼 시점의 부동산시장 전망은 전혀 다른 성질의 것이다. 아무리 전문가라 할지라도 정확하게 예측할 가능성은 매우 낮을 수밖에 없다. 그래서 매해 연말 연초만 되면 부동산시장이 어떤 흐름을 보일지 관련 전망들이 쏟아져 나오곤 하는 것이다.

이쯤 되면 독자들은 필자에게 이렇게 묻고 싶을지도 모르겠다. "그렇다면 당신은 2018년과 그 이후 부동산시장은 어떻게 될 것 같소?"라고. 물론 필자 역시 그 질문에 답하기가 상당히 부담스러운 것이 사실이다. 부동산시장 자체가 생물과 같아서 다양한 변수에 의해 순식간에 바뀌는 특징을 보이기 때문이다. 다만 다행스럽게도 문재인정부가 출범 이후 발표한 부동산정책들을 통해서 향후 시장의 흐름을 다소나마 예측해볼 수 있다. 그만큼 부동산시장에 대한 확실한 신호를 보내고 있기 때문이다. 즉 투기로 대표되는 불로소득을 잡기 위해 부동산시장의 과열을 잡을 것이고, 이를 위해 강력한 부동산정책을 시행할 것이라는 점은 명확하다. 이러한 흐름을 따라잡기 위해서는 우선 문재인정부가 출범 이후 내놓은 부동산정책을 살펴보는 것이 필요하다. 다음은 문재인정부 출범 이후 발표된 부동산정책(6.19 대책, 8.2 대책, 8.2 추가대책, 10.24 가계부채 종합대책, 12.13 임대주택 등록 활성화 방안)의 핵심 내용들을 정리한 것이다.

6.19 대책

6.19 대책의 핵심은 조정대상지역 추가 선정과 전매제한기간 강화, 맞춤형 LTV·DTI 강화, 재건축조합원 주택 공급수(최대 3주택 →2주택) 제한 등이라고 할 수 있다.

주택시장의 안정적 관리를 위한 선별적·맞춤형 대응방안				
조정대상지역 추가 선정	조정대상지역 실효성 제고			주택시장 질서 확립
	전매제한기간 강화	맞춤형 LTV·DTI 강화	재건축 규제 강화	
• 경기 광명, 부산 기장 및 부산 진구 추가 선정 - 11.3 대책의 37개 지역 + 6.19 대책의 3개 지역 = 총 40개 * 맞춤형 청약제도, 투자수요 관리방안 적용	• 강남 4개구 외 21개구 민간택지 전매제한기간을 소유권 이전 등기시까지로 강화 - 서울 전 지역 전매제한기간:소유권 이전 등기시까지	• 조정대상지역에 대하여 LTV·DTI 규제비율을 10%p씩 강화 - LTV: 70% → 60%, DTI: 60% → 50% • 잔금대출 DTI 신규적용 • 서민층 무주택 세대는 실수요자 보호차원에서 배려	• 재건축조합원 주택 공급수 제한 -최대 3주택 → 2주택	• 관계기관 합동 불법행위 점검 무기한 실시 • 실거래가 허위 신고에 대한 신고제도 활성화, 적극 홍보 • 시스템을 활용한 불법행위 모니터링 강화
과열이 지속·확산시 투기과열지구 지정 등 추가 조치 강구				

자료: 국토교통부

8.2 대책

8.2 대책의 핵심은 투기과열지구 및 투기지역의 지정과 재건축에 대한 규제 정비, 양도소득세 강화, 다주택자에 대한 금융규제 강화, 청약 1순위 요건 강화, 지방 전매제한 도입 등을 들 수 있다.

실수요자 보호와 단기 투기수요 억제를 통한 주택시장 안정화			
투기수요 차단 및 실수요 중심의 시장 유도		실수요자·서민을 위한 공급 확대	
과열지역에 투기수요 유입차단	실수요 중심 수요관리 및 투기수요 조사 강화	서민을 위한 주택공급 확대	실수요자를 위한 청약제도 등 정비
• **투기과열지구 지정** - 서울 전역, 경기 과천, 세종 • **투기지역 지정** - 서울 11개구, 세종 • **분양가상한제 적용요건 개선** • **재건축·재개발규제정비** - 재건축초과이익환수제 시행 - 재개발 분양권 전매 제한 - 재개발 임대주택 의무비율 상향 - 재건축 등 재당첨 제한 강화	• **양도소득세 강화** - 다주택자 중과 및 장특배제 - 비과세 실거주 요건 강화 - 분양권양도세율 인상 • **다주택자 금융규제 강화** - 투기지역 내 주담대 제한 강화 - LTV·DTI 강화(다주택자) - 중도금 대출요건 강화(인별→세대) • **다주택자 임대등록 유도** • 투자금조달계획 등 신고 의무화, 특별사법경찰제도 도입 등	• 수도권 내 다양한 유형의 주택공급 확대를 위한 **공공택지 확보** • **공적임대주택 연간 17만 호 공급** - 수도권 연간 10만 호 • **신혼희망타운 공급** - 5만 호(수도권 3만 호)	• **청약제도 개편** - 1순위 요건 강화, 가점제 확대 등 • **지방 전매제한 도입** - 광역시 6개월, 조정대상지역 1년 6개월 ~소유권 이전 등기시 • **오피스텔 공급·관리 개선**

자료: 국토교통부

8.2 추가대책

8.2 추가대책의 핵심은 민간택지 분양가상한제 적용요건 개선이다.

민간택지 분양가상한제 선정기준 변경(안)

구 분	기존 기준	변경 기준(안)
주택가격ⓐ	3개월 아파트 매매가격상승률이 10% 이상	3개월 주택 매매가격상승률이 물가 상승률의 2배 초과
분양가격ⓑ	없음	12개월 평균 분양가격상승률이 물가 상승률의 2배 초과
청약경쟁률ⓒ	연속 3개월간 20:1 초과	직전 2개월간 일반 5:1 초과 or 국민 주택규모 10:1 초과
거래량ⓓ	3개월 아파트거래량이 전년동기 대비 200% 이상 증가	3개월 주택거래량이 전년동기 대비 20% 이상 증가
최종 판단	ⓐ or ⓒ or ⓓ	ⓐ+[ⓑ or ⓒ or ⓓ]

자료: 국토교통부

① 투기과열지구 추가 지정(성남 분당구·수성구)

② 집중 모니터링 지역(인천 연수구·부평구, 안양 만안구·동안구, 성남 수정구·

중원구, 고양 일산 동구·서구, 부산(조정대상지역 6개구/1개 군, 서구 등)

③ 민간택지 분양가상한제 적용요건 개선

10.24 가계부채 종합대책

10.24 가계부채 종합대책이야말로 문재인정부의 부동산정책 기조가 불로소득 차단과 부동산시장 과열 차단에 방점을 찍었다는 것을 단적으로 보여준다. 다음은 특히 중요한 내용을 정리한 것이다.

① 차주의 보다 정확한 상환능력 심사를 위해 DTI 산정방식 개선

ㅇ 주택담보대출을 2건 이상 보유한 차주의 경우, DTI 산정시 기존 주택담보대출 원리금 상환부담 전액을 반영하고, 복수 주택담

보대출(주택담보대출 건수는 담보물건수를 기준으로 산정) 차주의 두 번째 주택담보대출부터 만기 제한(예: 15년) 도입(DTI 비율 산정시에만 적용, 실제 상환기간은 15년 초과 가능)

ㅇ 차주 산정시 최근 2년간 소득기록을 확인하고, 인정소득(예: 연금 납부액)·신고소득(예: 카드 사용액) 등은 소득 산정시 일정비율 차감. 단, 장래소득 상승 예상시 소득 산정시 일정비율 증액(예: 최대 10%)하고, 장기대출(예: 10년 이상)시 주기적 소득정보 갱신을 함

ㅇ 新DTI 도입에 따른 선의의 서민·실수요자 보호를 위해 新DTI 도입 이후 신규 대출분부터 적용하며, 기존 주택담보대출 금액 또는 은행 변경 없이 단순 만기 연장인 경우는 新DTI 적용을 배제함. 또한 일시적 2주택담보대출인 경우는 첫째, 즉시처분 조건이면 부채 산정시 기존 주택담보대출 이자상환액만 반영하고 둘째, 2년 내 처분 조건인 경우는 두 번째 주택담보대출의 만기 제한을 미적용함. 또한 청년층·신혼부부인 경우에는 최근 2년간 소득확인 적용을 배제하고, 청년층(예: 만 40세 미만 무주택 근로자)에 대해서는 장래예상소득 증액한도(현재 10% 한도 설정 예정)를 미설정함

ㅇ 新DTI 시행시기: '18.1월부터 DTI 기(旣)적용지역에 시행, 향후 상황을 보면서 적용 확대 검토

② DSR을 전(全) 금융권 여신관리 지표로 단계적으로 정착

ㅇ 차주의 상환능력 대비 원리금 상환부담을 대출종류와 상환방식에 따라 실제 상환부담을 반영

 ※ 부채 산정방식 예시

 ㉠ 일시상환 주택담보대출: 총 대출금액을 대출만기로 나누어 계산

 ㉡ 마이너스통장 등 한도대출: 한도를 기준으로 산출(수시인출

가능)하되, 만기 연장 등을 감안하여 분할상환 처리

ⓒ 소득은 新DTI 기준을 적용함

ㅇ 기존 대출 상환부담이 과도하거나 신규 대출 상환이 명백히 어려운 경우 대출 거절

ㅇ 대출한도는 금융사가 차주 그룹별(소득·신용도 등) 감당 가능한 DSR 수준 산출 후, 차주 상환능력을 평가하여 설정

ㅇ 사후관리를 위해 금융사는 高DSR 대출을 별도 관리하고, 채무조정(원금상환 유예·원리금 감면 등)시 차주 DSR 수준 감안

ㅇ 시행: 은행권 → 제2금융권으로 순차적 시행

③ 중도금대출의 보증요건 강화 및 보증비율 축소

ㅇ HUG 중도금 대출 보증한도를 2018년 1월부터 하향 조정)하고, 추후 합리적 개선방안 검토

 * 중도금대출 보증한도: (수도권, 광역시, 세종) 6억 원 → 5억 원, (기타) 3억 원 유지

ㅇ 2018년 1월부터 중도금 대출 리스크 관리 강화를 위해 보증기관(HUG, 주금공)의 보증비율을 종전 90%에서 80%로 추가 축소

④ 자영업자에 대한 여신심사 체계화 등 리스크 관리 강화

ㅇ 자영업자 대출에 대한 금융기관의 자율적인 리스크 관리 강화

ⓙ 특정 업종에 대한 과도한 대출 쏠림현상 방지

ⓛ 2018년 3월부터 개인사업자 여신심사시, 소득·신용등급 이외에 업종별 업황·상권 특성 및 소득 대비 대출비율(LTI) 등을 종합 활용

ⓒ 상호금융(신협, 농협, 수협 등) 중앙회 별로 상이한 개인사업자 비주택담보대출 LTV 기준을 일관성 있게 정비

 * LTV 산정방식을 가계대출 비주택담보대출 산정방식과 동일하

> 게 정비
> ○ 2018년 3월 은행권부터 부동산 임대업자 대출에 대한 여신심
> 사 가이드라인 도입
> ㉠ 담보대출 중 유효 담보가액 초과분에 대한 분할상환 유도
> * 담보기준가액 × 담보 인정비율(유형별로 40~80%) − 선순위
> 채권액(임차보증금 등)
> ㉡ 차주의 상환능력 심사시 임대업 이자상환비율(RTI)을 산출하
> 여 참고지표로 운영(→ 향후 규제비율로 도입 검토)
> * 임대업 이자상환비율(Rent to Interest): 연간 임대소득 / 연간
> 이자비용

10.24 가계부채 종합대책은 아주 강력한 부동산 규제대책이라고 할 수 있다. 빚을 내서 집을 사거나 부동산투자 자체를 막기 위한 전방위적 대책이 총망라되어 있기 때문이다. 당장 다주택자들의 추가 대출 자체가 급격하게 축소될 것이 확실하다. 뿐만 아니라 그동안 대출규제에서 벗어나 있던 개인사업자에 대한 대출규제를 강화하고, 부동산 임대업자 대출에 대한 여신심사를 강화하는 내용이 포함됐다는 점을 고려할 때 당분간 부동산 투자수요의 위축은 피할 수 없을 전망이다.

물론 사회초년생, 신혼부부나 청년 소득계층인 경우 장래 발생할 것으로 기대되는 예상소득을 대출가능금액 산정시 적극 반영할 수 있어 대출가능금액이 높아질 것으로 예상된다. 또한 40세가 넘어도 최근 2년간의 소득 증빙이 가능할 경우 장래예상소득 추가 반

영이 가능해 대출가능금액이 높아진다는 점은 긍정적 요인이라고 볼 수 있다. 그럼에도 불구하고 10.24 대책의 위력 자체가 상당히 강력하다는 점을 감안할 때 부동산 투자수요 위축은 피할 수 없다는 것이 필자의 예상이었다. 그러나 2017년 11월 29일 "사회통합형 주거사다리 구축을 위한 〈주거복지로드맵〉"이 발표된 이후 필자의 생각이 바뀌었다.

그래서 전격 공개한다. 필자는 전체적인 부동산시장의 침체가 아닌 양극화가 더욱 가속화될 것으로 예상한다. 현금이 없으면 구입 자체가 더욱 어려워지고 있는 상황에서 뛰어난 입지를 바탕으로 그 수요가 증가하고 있는 데 비해 공급이 충분하지 못한 강남 등 우량지역의 부동산가격은 더욱 강세를 보일 가능성이 높다. 만일 부동산시장이 대세 하락 국면에 진입한다면 여타 지역에 비해 강력한 하방경직성을 보임으로써 심각한 가격하락의 위험은 비켜 나갈 수 있을 것으로 예상된다.

이에 비해 수도권 외곽 지역들은 입주물량 증가, 수요 정체 현상이 심화되면서 장기침체 내지는 상당한 가격 조정국면에 진입할 가능성이 높다. 11.29 대책은 7만 호의 신혼희망타운 공급 계획을 발표했다. 기존 택지 가운데 수서 역세권, 서울 양원, 과천 지식정보타운 등 수도권을 중심으로 양호한 지구 내 1~2개 블록을 선정해 3만 호를 공급하고, 서울 주변 GB 등 신규 개발로 4만 호를 공급하겠다는 것이 핵심 내용으로 공급물량 자체가 신혼부부에 초점을 맞추고 있다. 공급 대상지역을 좀 더 자세히 살펴보면 다음과 같다.

우선, 기존 택지 내에 공급될 신혼희망타운이다. 이를 살펴보면 수서 역세권, 과천 지식정보타운, 과천 주암, 위례신도시 등 양호한 입지가 돋보이는 곳이 있으나 공급물량 자체가 2만 1천 호로 충분하지 않다. 게다가 신혼부부를 주요 대상으로 한 만큼 기존 수요층을 흡수하는 데 분명한 한계가 있다.

다음으로 서울 주변 그린벨트 등 신규 개발을 통해 공급될 4만 호의 신혼희망타운 조성지역이다. 이 지역들을 판교 테크노밸리

기존 택지 내 신혼희망타운 공급 대상지

권역	물량	검토 대상지구
수도권	2.1만 호	수서 역세권, 서울 양원, 과천 지식정보타운, 과천 주암, 위례신도시, 의왕 고천, 하남 감일, 고덕 국제화, 화성 동탄2, 화성 봉담2, 고양 지축, 고양 장항, 파주 운정3, 의정부 고산, 수원 당수, 시흥 장현, 의왕 초평, 용인 언남, 남양주 진건, 김포 고촌
지방	0.9만 호	부산 명지, 완주 삼봉, 양산 사송, 울산 다운2, 아산 탕정, 김해 진례, 청주 지북, 원주 무실

자료: 국토교통부

신규 개발을 통해 공급될 신혼희망타운 공급 대상지*

지구명	면적 (천/㎡)	총 주택 (천/호)	신혼희망타운 (천/호)
총 계	6,434	50.7	12.9
성남 금토	583	3.4	0.9
성남 복정	646	4.7	1.2
의왕 월암	524	4.0	1.0
구리 갈매역세권	799	7.2	1.8
남양주 진접2	1,292	12.6	3.1
부천 괴안	138	0.7	0.3
부천 원종	144	1.8	0.6
군포 대야미	678	5.4	1.3
경산 대임	1,630	10.9	2.7

* 9개 소를 우선 공개하고 다른 곳도 순차적으로 발표

자료: 국토교통부

북쪽에 있는 성남 금토나 상대적으로 부족한 인프라 문제 해결이
예상되는 군포 대야미, 성남 복정, 남양주 진접2, 부천 괴안 등이 주
목받고 있으나 성남 금토를 제외하면 강남으로 대표되는 우량지역
수요를 감당하기에는 부족한 것이 사실이다.

수도권 신혼희망타운 대상 단지 현황도

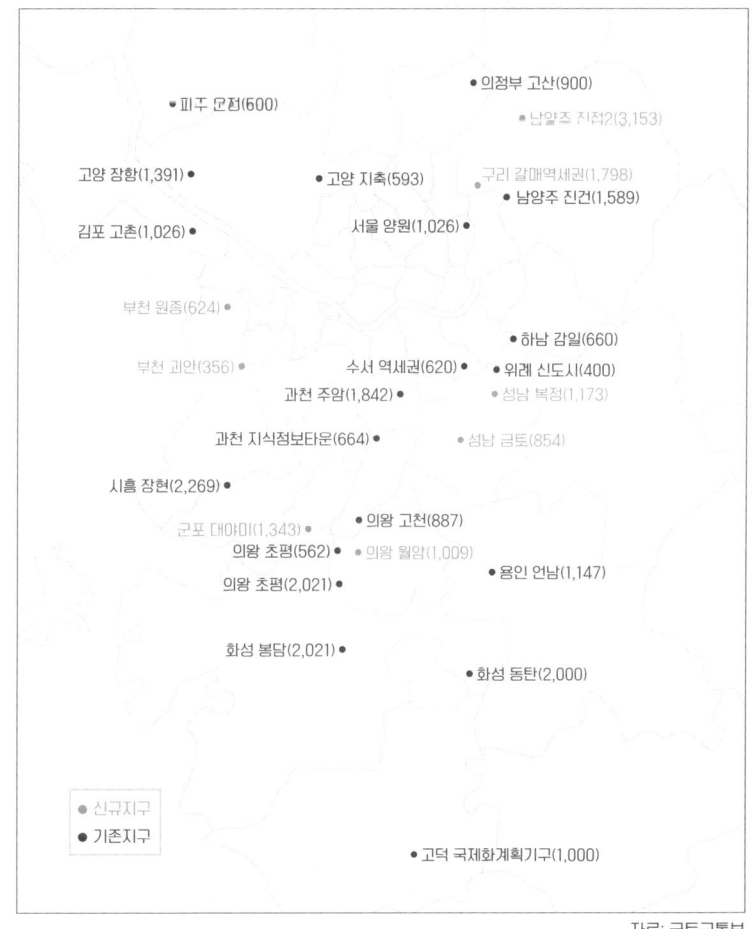

자료: 국토교통부

이처럼 의욕적으로 정부가 꺼내든 공급 카드가 사실상 우량지역의 수요를 분산시키기에는 규모나 입지면에서 분명한 한계가 있는 지역에 대부분 집중되어 있다는 점, 수도권 지역에 2018년 이후 공급물량이 충분하다는 점, 가계부채에 따른 대출규제가 강화되고 있다는 점, 금리상승 시대에 본격 진입하고 있다는 점 등을 감안할 때 단기적으로 대한민국 부동산시장 그중에서도 주택시장은 일정 수준 이상 위축된 모습을 보일 가능성이 농후하다. 다만 이들 그린벨트 해제지역을 중심으로 토지시장에 매수세가 유입될 가능성이 있으므로 토지시장은 관심을 갖고 주목할 필요가 있다.

12.13 임대주택 등록 활성화 방안

12.13 임대주택 등록 활성화 방안의 핵심은 다주택자들의 임대주택 등록 유도와 처분이다.

다주택자들이 임대주택 등록을 할 경우 보유세는 물론 임대에 따른 소득세, 건강보험료 부담완화, 양도시 양도세까지 감면해주겠다는 내용으로, 분명 진일보한 대책이라고 볼 수 있다. 이에 따라 다주택자들은 미래 보유가치가 높은 주택을 보다 선택적으로 소유할 가능성이 높다. 다만 이미 그러한 주택을 다수 보유하고 있는 다주택자들은 증여 후 임대사업 등록을 선택할 가능성이 높고, 주택 보유에 따른 부담이 가중될 것으로 예상됨에 따라 한 채를 보유하더라도 미래가치가 높은 주택을 선호할 것이라는 점에서 강남 등 우량지역에 대한 수요증가 현상이 지속적으로 나타날 가능성이 매

집주인	세입자
임대주택 등록시 지원 확대	**주거안정 강화**

• 지방세 감면 확대
- '21년까지 취득세, 재산세 감면
- (8년 임대시) 40㎡ 이하 소형주택 재산세 감
  면 호수 기준(2호) 폐지
- (8년 임대시) 다가구주택(모든 가구당
  40㎡ 이하)도 감면
• 임대소득세 감면 확대
- 1주택만 임대해도 감면
- 필요경비율 차등화(등록 70%, 미등록 50%)
• 양도세 감면 확대
- (8년 임대시) 양도세 중과 배제, 장기보유특
  별공제 70% 적용
• 종부세 감면 기준 개선
- (합산 배제) 5년 → 8년 임대시
• 건보료 부담 완화
- (4년 임대) 40% (8년 임대) 80% 감면
	• 4~8년간 거주 가능
	- 이사 걱정 없이 한집에서 오래 거주
	- 이사 및 중개비용 절감
	• 임대료 절감: 연 5% 이내 인상
	• 전월세상한제 수혜 대상 확대: 23%
	  ('16년) → 45%('22년)

	권리보호 및 거래안전 강화
	• 권리보호 강화 - 계약갱신 거절 통지 기간 단축 - 임대차 분쟁소청위원회 실효성 강화 • 거래안전 강화 - 소액보증금 최우선변제범위 확대 - 전세금 반환보증 활성화

임대차시장 정보 인프라 구축
• 정보 인프라 구축: 임대등록시스템 및 임대차시장 정보 DB 구축 • 행정지원 강화: 등록절차 간소화, 임차인에게 등록 임대주택 정보제공 등

자료: 국토교통부

우 높다. 이는 곧 주택가격 양극화를 심화시키고 우량지역에 대한 선호 현상 역시 갈수록 커지게 될 것임을 의미한다. 결국 강남권 등 우량지역들은 초과수요에 따른 가격상승 내지는 폭등국면을 보일 가능성을 배제할 수 없을 것으로 예상된다. 물론 정부의 적극적인 정책 또한 뒤따를 것이고 그에 따라 정부와 시장, 정부와 강남을 필 두로 하는 우량지역들 간 힘겨루기는 상당 기간 이어질 것으로 전 망된다.

차례

 ## 1부 부동산 재테크 7계명

 ## 2부 부동산 재테크, 원리를 알아야 성공한다

3부 종잣돈 없이 대박 터뜨리는 부동산 재테크 비법

4부 **새는 돈을 막아야 부동산 재테크도 성공한다**

1부

부동산 재테크
7계명

01

따라쟁이가
되지 마라

더욱 빠르고 풍부해진 정보의 보고, 모바일 세상

인터넷이 보급된 이래 우리는 앉은 자리에서 손쉽게 다양한 정보를 접할 수 있게 됐다. 세상은 빠르게 변화했으며, 이에 따라 세계 경제를 이끄는 기업의 판도도 크게 바뀌었다. 구글, 애플, 페이스북, 아마존, 네이버, 다음 등과 같은 초거대 IT 기업이 탄생한 것이다. 이들 기업이 현재의 위상에 이르기까지 걸린 시간은 평균 십수 년에 불과하다. 그리고 이들 기업의 초고속 성장의 중심에는 모바일, 즉 이동하면서도 사용할 수 있는 스마트 디바이스 환경이 있다.

이제 모바일 기기는 현대인의 생활필수품이 됐다. 대부분의 사람이 스마트폰이나 테블릿 PC, 노트북 가운데 적어도 하나 이상을 가지고 있으며, 그것을 이용해 다양한 정보를 얻거나 만들어 낸다. 필요할 때 언제든, 때와 장소에 구애받지 않고 접근할 수 있는 모바일 기기의 특성상 모바일 세상의 정보는 데스크탑 PC 세상의 정보와는 비교할 수 없을 만큼 그 양이 풍부해지고 전파 속도가 빨라졌다.

이러한 현상은 부동산 분야에서도 예외 없이 일어나고 있다. 현재 살고 있는 아파트의 시세가 얼마인지 궁금하면 스마트폰에다 부동산 관련 어플을 설치한 뒤 그곳에 들어가 시세를 검색하거나, 모바일 인터넷에 접속해 부동산 정보제공업체의 사이트를 방문하여 시세를 확인하면 된다. 군이 공인중개사 사무소에 들르는 수고를 할 필요도, 인터넷에 접속하기 위해 데스크탑 PC가 있는 곳까지 갈 필요도 없다.

부동산 정보제공업체 사이트나 부동산 재테크 카페, 블로그 등에서는 지금 이 시간에도 엄청난 양의 정보가 생산되고 있다. '다방' '직방' 같은 방구하기 어플에서는 조건에 맞는 주거용 직거래 매물을 편리하게 검색해 볼 수 있다. 토지투자에 관심 있는 사람은 '토지이용규제정보서비스' 어플을 통해 해당 토지의 지목, 개별공시지가 및 각종 규제와 허가 가능한 용도 등을 열람할 수 있다.

이렇듯 모바일을 통해 생산되는 정보는 언론 보도보다 더 빠르게 공개되어 순식간에 대중에게로 전파된다. 이로 인해 과거에는 일부 특권층만이 독점할 수 있었던 고급 정보를 일반인들도 비교적 쉽게 얻을 수 있게 되었다. 모바일이 가져다 준 혁신적 장점이다. 그러나 모바일 세상에 이런 장점만 존재하는 것은 아니다. 쏟아지는 정보 속에는 그만큼 많은 거짓 정보도 존재한다. 때문에 넘쳐나는 모바일 정보 가운데 무엇을 취하느냐가 우리의 투자에 약이 될 수도, 독이 될 수도 있다. 과거 그 어느 때보다 정보의 옥석가리기가 중요한 이유다.

'부동산 재테크 따라 하기'란 무엇인가?

우리는 종종 성공한 사람을 무작정 따라 하려는 경향을 보인다. 부동산 재테크에 있어서도 예외가 아니다. 이른바 '개발열풍' '떴다방' '복부인' '철새부대' 등이 부동산 따라 하기 현상을 가리키는 말이다. 그런데 이 용어들은 부정적인 의미로 주로 쓰인다. 이는 '부동산 재테크 따라 하기'가 일반적인 '부동산 재테크'와 두 가지 측면에서 큰 차이를 보이기 때문이다.

첫째, '부동산 재테크 따라 하기'에는 '시차의 법칙'과 '단계의 법칙'이 작용한다. 이를테면 가장 먼저 큰손들이 행동을 시작하고, 뒤이어 앞선 큰손보다 조금 적은 자본력을 가진 큰손들이 행동에 나서고, 마지막으로 철새부대가 움직이는 단계로 '따라 하기'가 전개된다. 과거 '신도시 개발 발표' 전후에 나타났던 신도시 후보지의 부동산가격 급등 현상이 시차와 단계의 법칙이 극명하게 적용된 경우라 할 수 있다. 일례로 인천의 '검단 신도시' 사례를 살펴보자.

검단 신도시는 발표되기 몇 년 전부터 이미 인천광역시에서 적극적으로 개발하려는 의지를 갖고 있던 곳이다. 그래서 큰손들은 검단 신도시 발표와 상관없이 장기적인 안목으로 검단 지역의 부동산을 선매수해 놓은 상태였다. 그 후 인천광역시 부동산가격의 역사를 바꾼 송도 신도시와 영종도, 청라지구 개발에 대한 기대치가 높아지자 2006년 초부터 중간 규모의 큰손들이 적극적으로 부동산 구입에 동참하기 시작했다. 이어 검단 신도시 확정 직전과 직후 단계에 드디어 철새부대가 등장해 검단 지역뿐 아니라 인천광역시 전 지역의 부동산가격을 한바탕 뒤흔들었다. 대규모 미분양 사태로 인해 오랜 골칫거리였던 검단 지역의 아파트 물량이 순식간에 동이 난 것이나, 분양이 완료된 후에도 좀처럼 프리미엄이 오르지 않던 구월동 퍼스트시티의 분양권이 강세로 돌아선 것은 철새부대의 활약이 있었기에 가능한 일이었다. 재미있는 사실은 이같은 현상이 판교 신도시, 동탄 신도시, 동탄2 신도시, 광교 신도시 등 대규모 신도시 개발이 진행될 때마다 어김없이 나타났고, 또 진행 중이라는 것이다. 이는 시차와 단계의 법칙이 여전히 유효하게 작용하고 있음을 보여준다.

둘째, '부동산 재테크 따라 하기'에는 큰돈이 소요된다. 따라서 한 번만 실수해도 경제적으로 커다란 손실을 입을 수 있다. 그럼에도 불구하고 많은 사람들이 부동산 투자의 성공 신화에만 취해, 혹은 '부동산이 하늘로 솟아오르겠어, 땅속으로 꺼지겠어? 밑져야 본전이지'라는 막연한 생각으로 묻지마 투자에 뛰어든다. 그러나 큰손 → 중간 규모의 큰손 → 철새부대로 이어지는 부동산 재테크 따라 하기에 동참하는 것은 심각하게 고민해 봐야 할 문제다. 특히 철새부대가 그러하다.

철새부대는 큰손이나 중간 규모의 큰손에 비해 투자 자금이 월등히 적을 뿐 아니라 그나마도 대출을 통해 투자금의 상당액을 조달하며, 이자 부담을 최소화하기 위해 단기 투자를 선호한다. 그런데 이러한 단기 자금의 성격상 매수 후 즉시 가격이 오르지 않을 경우 치명적인 문제가 발생한다. 투자금이 묶여 예상을 초과하는 이자를 부담하거나 손해를 보고 처분할 수밖에 없는 상황에 처하게 되는 것이다. 가격이 올라도 문제가 발생할 수 있다. 갑자기 시행된 정부 규제 등 여러 가지 이유로 처분하지 못하게 될 경우에도 투자금이 묶여 손해를 볼 수 있기 때문이다.

또한 '시차의 법칙'이 적용되어 큰손 → 중간 규모의 큰손 → 철새부대의 순서를 거치는 동안 부동산가격을 끌어올릴 만한 재료가 바닥나고, '단계의 법칙'이 적용되어 큰손과 중간 규모의 큰손이 이미 상당한 이익을 실현한 뒤이므로 철새부대가 취할 수 있는 이익은 극히 적을 뿐만 아니라 손실을 감수해야만 할 수도 있다는 점을 반드시 기억해야 한다.

남들이 사려고 할 때 팔고, 팔려고 할 때 사라

이처럼 '부동산 재테크 따라 하기'에는 많은 위험이 따른다. 부동산시장에서 금과옥조로 여겨지는 명언이 있다. "남들이 사려고 할 때 팔고, 팔려고 할 때 사라!"

물론 모든 상황에 똑같이 적용할 수 있는 말은 아니다. 쉽게 행동으로 옮기기도 어렵다. 하지만 적어도 부동산가격이 상승세의 수준을 넘어 급등세를 보이는 시기에는 덩달아 매수 행렬에 동참하고 싶은 의욕이 솟구칠 때마다 되새겨 봐야 할 말인 것만은 분명하다.

부동산 재테크에 성공하고 싶은가? 그렇다면 먼저 따라 하려는 본능에서 벗어나야 한다!

02

가족과 목표를
공유하라

연말연초가 되면 사람들은 지나간 한 해를 되돌아보고 새해 목표를 세운다. 금주, 금연, 아침형 인간되기 같은 소박한 목표에서부터 취업, 승진, 내 집 마련과 같은 거창한 목표에 이르기까지 다양한 목표가 세워진다.

하지만 세운 목표를 실제로 이루어내는 일은 여간 어려운 게 아니다. 대부분의 사람들이 처음 얼마간은 성실히 목표에 임하다가 곧 이런 저런 유혹을 이겨내지 못하고 포기하고 만다. 그러고는 '작심삼일'이라는 말을 만고불변의 진리인 양 위안으로 삼으며 새해 목표를 내년 목표로 넘겨버린다.

물론 금주나 금연은 마음만 독하게 먹는다면 실행할 수 있다. 실제로 금주나 금연 목표를 세우고 달성해낸 사람을 어렵잖게 찾아볼 수 있다. 그러나 내 집 마련과 같은 부동산 재테크의 경우는 다르다. 예컨대 한 가정의 가장 혼자 독하게 마음먹는다고 쉽게 이룰 수 있는 일이 아니다. 온 가족이 함께 구체적인 목표와 계획을 세우고, 그것을 실천해야만 성공할 수 있다. 적지 않은 경제적 부담을 감수해야 하거나 다양한 사회적 변수가 따르는 일이기 때문이다.

목표 공유는 재테크의 필요충분조건

부족한 자금을 금융기관으로부터 대출받아 내 집 마련을 하는 경우를 생각해 보자. 이 경우 매월 적지 않은 액수의 대출이자를 상환해야 한다. 이는 수입은 고정되어 있는 반면 지출처는 하나 더 늘어났다는 것을 의미한다. 따라서 생활비든 자녀 교육비든 또는 온 가족의 용돈이든 어느 한 부분 혹은 여러 부분의 지출을 줄여야 한다.

이런 상황에 처하면 가족이 부동산 재테크라는 목표를 공유하고 있느냐의 여부에 따라 대조적인 반응이 나타난다. 목표를 공유하지 못한 가정의 경우, 대출을 받아 내 집 마련을 실행한 주도자에게 모든 불만이 쏟아진다. "집이 더 중요하냐 아이들 교육이 더 중요하냐?" "평생 대출이자만 내다 말 거냐?" "전세로 사는 게 어때서 괜한 욕심을 부려 온 가족이 고생하게 만드느냐?"와 같은 불만이 그것이다. 심지어는 이런 불만이 쌓여 가정불화로 번지기도 한다.

상황이 이렇다 보니 얼마 버티지 못하고 어렵게 마련한 주택을 파는 경우가 허다하다. 이로 인해 부동산 재테크의 필요성을 절감하고 주도적으로 내 집 마련을 위해 나섰던 사람마저 자신감을 잃어버리게 되고, 결국 부동산 재테크는 나와는 다른 몇몇 사람들 혹은 투기꾼들이나 하는 것으로 치부해 버리고 포기하기도 한다.

그러나 목표를 공유하는 가족이라면, 목표 달성 과정에서 새로운 지출 요인이 발생함으로써 겪게 되는 재정상의 불편함을 기꺼이 받아들인다. 자연히 목표를 주도했던 한 사람에게 불만을 쏟아내는 일이 거의 없다. 이런 가족은 함께 어려움을 극복하며 내 집 마련이라는 첫 목표를 어렵잖게 달성해낸다. 그리고 그 과정에서 얻은 용기로 좀 더 큰 부동산 재테크에 나서기도 한다.

부동산 재테크라는 목표를 가족과 공유하지 못해 재테크에 실패한 박병수 씨의 사례를 통해 목표를 공유하는 것이 얼마나 중요한 일인지 살펴보자.

- **사례 1**

  중소기업에 근무하는 박병수 씨는 2008년, 살고 있는 집을 담보로 대출을 받고 붓고 있던 적금을 해약하여 1억 1,000만 원가량의 자금을 만들었다. 그리고 그 돈으로 1억 3,000만 원의 전세보증금이 깔려 있는 경기도 군포시 산본동에 있는 K주공아파트 79.33㎡를 2억 4,000만 원에 매입했다. 모두 아내 몰래 혼자 벌인 일이었다.

  박병수 씨가 구입한 K주공아파트 가격은 잠깐 2억 5,000만 원까지 상승하다가 2009년부터 하락하기 시작했다. 대출금 부담이 조금 있었지만 자신의 급여로 감당할 수 있었기 때문에 박병수 씨는 '언젠가는 나아지겠지' 하는 마음으로 시세가 반전하기를 기다렸다. 그러던 2011년, 갑작스럽게 회사를 그만둘 수밖에 없는 사정이 생기면서 일이 꼬이기 시작했다. 당장 살고 있는 집을 담보로 은행에서 빌린 돈에 대한 이자가 큰 부담이 되었다.

더 이상 상황을 홀로 감당할 수 없게 돼 아내에게 모든 사실을 털어놓고 도움을 요청한 박병수 씨. 하지만 돌아온 것은 아내의 한숨 섞인 넋두리 뿐이었다. "그러기에 송충이는 솔잎을 먹고 살아야지. 남들이 부동산으로 돈 번다고 당신도 부동산만 사면 돈 벌 수 있다고 생각한 거야? 이제 어쩔 거야?" 아내의 냉담한 반응이 섭섭했지만, 한마디 상의도 없이 독단적으로 저지른 일이었기에 서운함을 드러낼 수 없었다.

엎친 데 덮친 격으로 새로운 직장도 구해지지 않았다. 백방으로 뛰어다니며 알아봤지만 마땅한 자리가 없었다. 그러는 동안 대출이자에 대한 부담과 가족들의 원성은 점점 더 커져만 갔다. 마침내 박병수 씨는 구직을 포기하고 창업을 하기로 결심하기에 이른다. 문제는 여유자금이 없다는 데 있었다. 아내를 비롯한 가족들과 여러 차례 상의를 해봤으나 결론은 하나였다. "쓸데없이 대출이자만 까먹는 아파트 계속 끼고 있으면 뭐해요? 당장 처분해서 그 돈으로 창업하면 되겠네요. 아파트야 돈 벌고 나서 다시 사면 되지 않아요? 얼른 처분하세요. 얼른!"

박병수 씨는 몇 달을 고민한 끝에 산본의 K주공아파트를 처분하기로 마음먹고 공인중개사 사무소에 들렀다. 공인중개사는 박병수 씨를 만류했다. "지금 파시려고요? 구입 당시보다 가격이 많이 떨어진 상태인데…… 거래도 잘 안 이루어져서, 지금 파시려면 시세보다 많이 싼 가격에 내놓으셔야 해요. 아시다시피 요즘 경기가 최악이잖아요. 부동산 경기가 좋아질 때까지 조금만 더 기다려 보세요. 지금 팔면 손해가 너무 커요."

박병수 씨는 다시 고민하기 시작했다. 창업을 해도 반드시 성공하리라는 보장은 없었다. 게다가 자신이 아파트를 처분한 후에 가격이 급반등할지도 모를 일이었다. 하지만 취직이 여의치 않은 마당에 창업은 선택이 아닌 필수였다. 결국 박병수 씨는 2012년 초에 눈물을 머금고 K주공아파트를 2억 원에 처분했다. 매수가인 2억 4,000만 원에도 훨씬 못 미치는 데다 몇 년간의 대출이자와 보유세, 그 밖의 유지비용을 따져보면 엄청난 손해를 보고 처분한 것이다.

이후 박병수 씨는 친구에게 융통한 자금 5,000만 원과 비상금 3,000만 원을 더 보태 총 1억 5,000만 원을 가지고 의욕적으로 가게를 열었다. 그러나 가게는 잘 되지 않았고 적자가 이어지면서 2015년 말에 문을 닫았다. 이제 그에게 남은 것이라고는 빚밖에 없다.

반면에 박병수 씨가 처분한 산본동 K주공아파트 79.33㎡ 시세는 가게를 폐업한 2015년 말에는 2억 8,000만 원이 되어 있었다. 박병수 씨가 처분한 가격보다 무려 8,000만 원 상승한 금액이었다. 박병수 씨는 한동안 잠을 이룰 수 없었다.

우리는 박병수 씨의 사례에서 부동산 재테크에 있어 지극히 기초적인 요소이지만 투자 성공을 위해서는 가장 중요한 요소를 배우게 된다. 그것은 바로 '가족과 목표를 공유하라'는 것이다. 부동산 재테크에 성공하고 싶은가? 그렇다면 지금 즉시 은행과 부동산 중개업소가 아닌, 가족과 목표를 공유하기 위한 노력을 시작하라!

03

가장 필요한 것부터
시작하라

　모든 일에는 순서가 있다. 직장 업무도 그렇고 학습도 그렇다. 그럼 부자가 되기 위해 가장 먼저 해야 할 일은 무엇일까? 결코 답하기 쉬운 질문은 아니다. 대답하는 사람이 어떤 상황에 놓여 있느냐에 따라 달라질 수 있기 때문이다.

　신한은행은 2017년 3월에 '보통사람 이슈분석 보고서'를 발표했다. 이 보고서에 따르면, 결혼 후 첫 집으로 서울의 6억 원대 32평형 아파트를 구입하려면 월 소득(평균 468만 원)을 모두 모아도 꼬박 11년이 소요되는 것으로 나타났다. 20대의 월 평균 소득(284만 원)으로 따질 경우에는 그 기간이 18년으로 늘어난다. 이는 국민은행이 2006년에 발표한 통계자료에 나온 수치인 8.2년과 비교해볼 때 약 3년이 더 늘어난 기간으로, 내 집 마련이 점점 더 어려워지고 있음을 보여준다.

　사회경제적 상황이 이렇다 보니, 이제 막 사회에 진출한 초년생이나 신혼부부들은 너나 할 것 없이 부자가 되기 위해 가장 먼저 해야 할 일로 '내 집 마련을 위한 재테크에 필요한 종잣돈 모으기'를 꼽는다. 이런 현상을 반증하듯 2·30대에게 다양한 재테크 정보를 제공하는 책들이 베스트셀러가 되고 있다. 반면에 이미 내 집 마련에 성공한 사람들은 대부분 노후자금이나 자녀 교육자금 마련을 가장 우선적으로 해야 할 일로 생각한다.

물론 내 집이 없는 신혼부부나 사회초년생과 내 집이 있는 중장년층이 추구하는 바는 다를 것이다. 하지만 이들에게는 한 가지 공통점이 있다. 그것은 바로 '가장 필요한 것부터 시작한다'는 점이다.

부동산은 첫사랑이다?

부자가 되는 방법이 부동산 재테크 하나만 있는 것은 아니다. 부동산 투자가 아닌 다른 투자를 통해 부를 축적한 사람들도 수없이 많다. 주식에 투자해서 엄청난 수익을 올린 사람의 성공담이 담긴 책들이 불티나게 팔리고 있다. 고수들의 주식 투자법을 다룬 책들이 불황을 모르는 인기서적 중 하나가 된 것도 이미 오래전의 일이다.

어디 그뿐인가. 창업을 해서 성공한 사람들에 대해 다룬 책 역시 셀 수 없을 만큼 많다. 평생직장의 개념이 사라지고 2개 이상의 직업을 갖는 것을 당연하게 받아들이는 현실 속에서 창업 아이템에 관한 책들이 큰 인기를 끌고 있는 것은 어찌 보면 너무나 당연한 일이다. 실제로 창업 관련 서적들은 당당히 실용서 부문 베스트셀러의 한자리를 차지하고 있다.

그러나 대한민국 사람들은 여전히 부동산 재테크에 관심이 많다. 표현이 적절한지는 모르겠지만 '부동산=이루어질 수 없는 첫사랑'처럼 인식하고 있다는 생각이 들 정도다. 왜 우리나라 사람들은 유난히 부동산에 주목하는 걸까?

부동산은 마음의 안식처다

그동안 필자가 만나 온 고객들은 하나같이 부동산 재테크의 중요성에 대해 이렇게 강조했다.

"부동산은 사놓고 기다리면 언젠가는 제 몫을 한다. 구입한 부동산이 땅이라면 거기다 농사를 짓거나 나무를 심고 가꿀 수 있다. 또 건물을 지어 주거용으로 쓰거나 상업용으로 쓸 수 있다. 집은 어떤가! 남의 눈치 안 보고 편안하게 내 집으로 쓸 수도 있고 전세나 월세를 주어 임대수익을 거둘 수도 있다. 상가는 또 어떤가! 임대수익을 올리는 데는 그만 아닌가. 부동산은 절대 거짓말하지 않는다. 주식처럼 휴지 조각으로 전락할 일도 없다. 무리하지 않는 범위 내에서 부동산을 사놓으면 마음이 편안해진다. 결코 부도날 위험이 없으니까."

부자는 부의 극대화를 위해 부동산을 선택한다

솔직히 대한민국 부자들 대부분이 훌륭한 부동산을 소유하고 있다. 입지가 좋은 지역, 향후 발전 잠재력이 뛰어난 지역의 부동산을 소유하고 있는 것이다. 물론 부자들이 모두 같은 종류의 부동산을 가지고 있거나 남들과는 다른 특별한 방식으로 부동산을 구입하는 것은 아니다. 주택이나 상가와 같은 건물을 선호하는 부자들이 있는가 하면, 토지를 더 선호하는 부자들도 있다. 구입 방법 역시 제각각이다. 경매*나 공매를 선호하는 부자들이 있는가 하면, 부동산경기가 침체기일 때 시세 이하로 싸게 나오는 급매물을 선호하는 부자들도 있다.

필자는 그동안 많은 부자들, 특히 부동산 재테크로 성공한 부자들을 만나오면서 그들에게 한 가지 공통점이 있다는 것을 발견했다. 그것은 바로 부를 극대화하는 데 부동산 재테크를 활용했다는 점이다. 즉 그들은 자신들에게 가장 필요한 것이 부의 극대화임을 인식하고 가장 효과적인 수단으로 부동산 재테크를 사용한 것이다.

> **경매**
>
> 경쟁체결방식에 의하여 건물이나 부동산을 매매하는 것으로서 국가기관이 하는 공경매와 개인이 하는 사경매가 있다. 보통 부동산 경매라고 하면 법원이 채무자의 부동산을 압류한 후 경매를 통해 매각하고 그 대금으로 채권자의 금전 채권을 충당하는 강제 집행을 말한다.

자금 부족, 발상의 전환으로 극복하라

부자가 되기 위한 가장 효과적인 수단 중 하나가 부동산 재테크라는 것을 강조할 때마다 사람들은 이런 반응을 보이곤 한다. "부동산 재테크를 하려면 돈이 많이 있어야 되잖아요." "종잣돈 모으기가 쉽지 않네요." "언제 사고 언제 팔아야 할지 도무지 알 수가 없어요." 아마도 부동산 재테크 초보자의 90% 이상은 이와 비슷한 고민을 하고 있을 것이다. 초보자가 부동산 재테크에 성공하기 위해서는 무엇보다 먼저 부족한 지식과 자금에 대한 문제를 해결해야 한다. 다시 말해 부동산 재테크의 성패는 이 두 문제를 해결할 수 있느냐의 여부에 달려 있다. 총알 없이 총만 들고 전쟁터에 뛰어들어 승리할 수 있겠는가.

그렇다면 이 두 문제를 어떻게 해결할 수 있을까.

먼저 부동산 재테크를 시작하기도 전에 좌절의 쓴맛을 안겨주곤 하는 자금 부족 문제부터 생각해 보자. 일반적으로 부동산 투자에는 다른 투자에 비해 상대적으로 많은 초기 자금이 들어간다. 언론에서 말하는 부동산 대박신화를 보더라도 거액이 투자되지 않은 경우를 찾기란 불가능에 가깝다. 그래서 부동산 재테크를 시작하려면 억대의 투자금이 필요하다고 생각하는 사람들이 많다. 하지만 수억 원의 자금이 있어야만 부동산 재테크를 할 수 있는 것은 아니다. 주식 투자처럼 몇십 또는 몇백만 원으로 시작할 수는 없지만, 생각보다 훨씬 적은 자금으로도 얼마든지 부동산 재테크에서 성공신화를 써나갈 수 있다.

그럼 과연 어느 정도의 자금이 있어야 부동산 재테크를 시작할 수 있을까? 지역에 따라, 투자 대상에 따라 다르겠지만 필자는 3,000만 원 정도만 있으면 충분히 가능하다고 본다. 3,000만 원은 서민에게 있어서는 결코 적은 돈이 아니지만, 일반적인 기준으로 볼 때 부동산 투자자금으로는 턱없이 부족한 액수다. 그런데도 필자는 3,000만 원만 있으면 부동산 재테크에 나설 수 있다고 감히 말하고 싶다. 왜? 믿는 구석이 있으니까!

필자가 믿는 구석이란 바로 경·공매다. 소액 재테크를 계획하는 사람에게 경·공매 시장은 그야말로 보물창고라고 할 수 있다. 시세보다 싼 가격에 다양한 부동산을 구입할 수 있기 때문이다.

3,000만 원의 자금에다 대출을 활용하면, 소형 다세대·연립주택을 낙찰 받아 임대수익을 올릴 수 있는 곳을 수도권에서도 꽤 많이 찾아볼 수 있다. 하지만 재테크 초보자들 대부분은 이런 사실을 잘 모르고 있다. 설령 알고 있다 하더라도 즉각적인 매매차익을 기대하기 때문에 무시하는 경우가 많다.

따라서 소액으로 재테크에 나서는 초보자라면 반드시 발상부터 전환해야 한다. 매월 꾸준한 임대수익을 창출하는 것은 장기적 관점에서의 재테크이고, 매매차익을 창출하는 것은 단기적 관점에서의 재테크라는 발상의 전환 말이다.

지식 부족, 부지런함으로 극복하라

부동산 재테크 초보자의 발목을 붙잡는 또 하나의 문제는 부동산에 대한 지식 부족이다. 여기에는 부동산 법규나 제도에 대한 지식 부족뿐만 아니라 부동산시장이 일반경기의 변동에 어떤 영향을 받는지, 시장 상황이 여러 요인들에 의해 변화될 때 부동산가격은 어떻게 움직이는지 등에 대한 지식 부족도 포함된다. 재테크에 나서는 사람이 재테크에 대한 지식이 부족하다는 것은 전투에 나선 병사가 총기사용법을 모르고 있는 것과 마찬가지다. 이래서는 100

전 100페일 수밖에 없다.

문제는 소액으로 재테크를 하는 사람들의 상당수가 재테크에 필요한 지식을 중요하게 생각하지 않는다는 데 있다. 이들은 "얼마 안 되는 돈이니까 실패하면 좋은 경험했다고 생각하자." "실패해도 좋다는 마음으로 부담 갖지 말고 편하게 투자하자." "적은 돈이니까 뭐…… 작은 실패를 경험해 봐야 큰 실패를 피할 수 있겠지." 등과 같은 생각을 많이 하는 것 같다. 그러다 보니 진지하게 검토해 보지 않고 두려움 없이 무작정 투자하는 것이다.

기획부동산*에 속아 부동산을 구입한 사람들이 그 전형적인 예라고 할 수 있다. 아무런 사전 지식도 갖추지 않은 상태에서 당장 큰돈이 들어가는 것은 아니기 때문에 덜컥 구입했다가 낭패를 보게 되는 것이다. 부담 없이 투자한다는 말은 그만큼 실패하기 쉽다는 뜻이기도 하다. 특히 부동산 재테크는 더더욱 그렇다. 소액 재테크를 꿈꾸는 사람들에게 가장 필요한 것은, 학습을 통해 꾸준히 지식을 쌓음으로써 실패의 확률을 줄여 나가려는 노력이다.

기획부동산
개발재료 등을 미끼로 실제로는 개발이 불가능한 토지를 헐값에 대규모로 매입한 뒤 잘게 쪼개 고가에 처분하여 부당이익을 취하는 부동산 회사를 말한다.

다음은 부동산에 대한 지식 부족을 극복해 내 집 마련의 꿈을 이룬 김당찬 씨의 사례다. 이 사례가 지식 부족을 해결하는 데 좋은 지침이 되어줄 것이다.

사례 2

글로벌 금융위기 이후 부동산 불패신화가 무너지면서 재테크라고는 오직 저축밖에 모르고 살아왔던 김당찬 씨. 그러나 그 이후 김당찬 씨는 집값이 무조건 떨어지는 것은 아니며 양극화 현상이 발생함에 따라 상승하는 곳은 상승한다는 사실을 깨달았다. 또한 금리가 낮은 시기에는 아무리 열심히 저축해 봤자 결코 집값 오름세를 따라잡을 수 없다는 사실도 깨닫게 되었다. 이에 김당찬 씨는 '어떻게 하면 효과적으로 내 집을 마련할 수 있을까?' 고민에 고민을 거듭하게 되는데…….

고민 끝에 내린 결론은 내 집 마련을 위한 지식부터 쌓는 것이었다. 자신에게 부족한 점이 무엇인지를 정확히 파악한 김당찬 씨는 즉시 부동산서적과 인터넷을 뒤지며 다양한 내 집 마련 노하우를 익혀 나가기 시작했고, 미래가치가 높은 기존 지역의 주택은 물론 신규분양이 있는 지역의 모델하우스에도 주말마다 빠지지 않고 찾아갔다. 그렇게 1년 동안 열심히 발품을 팔며 현장 답사를 하니, 수도권 지역의 주택시장 현황이 서서히 눈에 들어오기 시작했다.

그러나 김당찬 씨는 현재 자신이 갖고 있는 자금으로는 신규분양을 받는 것도, 이미 가격이 많이 상승한 우량지역의 기존 아파트를 구입하는 것도 힘들다는 결론을 내렸다. 그래서 김당찬 씨는 상대적으로 저평가된 아파트, 다시 말해 흙 속의 진주를 찾기 시작했다. 그러던 2012년 말 강서구 염창동에 있는 D아파트가 김당찬 씨의 눈에 들어왔다. 공급면적 83.61㎡에 가격은 2억 7,000만 원으로 대출을 조금 받아야 했지만 충분히 감당할 수 있는 수준이었다. 그야말로 자신의 투자 조건에 딱 들어

맞는 아파트였다. 지난 1년 동안 신규분양뿐만 아니라 미래가치가 높을 것으로 예상되는 기존 지역을 샅샅이 알아봤던 김당찬 씨의 노력이 빛을 발하는 순간이었다. 그렇게 결혼 15년 만에 처음으로 내 집을 마련한 김당찬 씨 부부는 기쁨에 젖어 뜬 눈으로 밤을 새웠다. 현재 김당찬 씨가 소유한 D아파트는 가격이 1억 원 이상 상승한 상태다. 요즘도 김당찬 씨는 시간이 날 때마다 미래가치가 높을 것으로 예상되는 지역을 찾아다니고 있다. 이제는 내 집 마련이 아닌 재테크를 위해…….

04

거래와 관련된 사람들도
함께 고려하라

《부자 아빠 가난한 아빠》의 저자 로버트 기요사키는 "성공투자는 오늘도 성공하고 내일도 성공하는 투자"라고 정의하며 '성공투자'를 하기 위해선 조언자가 필요하다는 것을 강조했다. 그렇다. 재테크에 성공하기 위해서는 다양한 조언자 또는 협력자가 반드시 있어야 한다.

필자는 조언자나 협력자를 충분히 확보하고 있는 사람이라면 재테크 성공에 필요한 가장 중요한 요건 중 하나를 갖춘 것이라고 확신한다.

부동산 거래와 관련된 사람들은 부동산 재테크에서 성공하기를 원하는 사람에게 가장 훌륭한 조언자나 협력자가 될 수 있다. 여기서 '거래와 관련된 사람들'이란 매도인, 매수인, 공인중개사, 법무사, 세무사 혹은 공인회계사, 이삿짐센터 직원, 인테리어 사업자 등 부동산 거래가 이루어지는 과정에 연관된 모든 사람을 말한다.

나의 주치 공인중개사를 만들어라

갈수록 경쟁이 치열해지면서 정보의 중요성이 커지고 있다. 이런 상황 속에서 성공하려면 더 많은 정보가 필요하고, 그러기 위해서는 풍부한 네트워크, 그중에서도 특히 인적 네트워크가 확보돼야 한다. 부동산 재테크에 있어서 가장 대표적인 인적 네트워크는 부동산 전반에 정통한 공인중개사다. 따라서 양질의 정보를 제공해 주고, 그때그때 시장의 흐름을 설명해 주는 공인중개사를 두루 알아두는 것이 무엇보다 우선되어야 한다.

공인중개사가 조언자 내지는 협력자가 되어준다면 투자여행에 필요한 나침반을 확보한 것과 같다. 집이나 일터 근처에 있는 공인중개사 사무소에 자주 들러 친분을 쌓기를 권한다. 필자는 이렇게 쌓은 친분이 커다란 경제적 이익으로 돌아오는 경우를 많이 봤다. 틈틈이 공인중개사 사무소에 들러 함께 차를 마시고 살아가는 이야기를 나누며 친분을 쌓다 보면 다른 사람들보다 먼저 해당 지역의 부동산가격에 영향을 줄 만한 소식을 접할 수 있다.

그뿐만이 아니다. 자주 만나 대화를 나누다 보면 돈이 될 만한 물건을 소개받을 수 있는 기회 또한 많아진다. "친구 따라 강남 간다"는 말도 있지 않은가.

다만 한 가지 명심할 게 있다. 나만 이익을 봐서는 안 된다는 것이다. 나에게 도움을 주는 공인중개사의 이익도 함께 고려해야 한다. 거래를 통해 공인중개사에게 중개수수료 등의 수익을 안겨주고 나는 그에 합당한 투자이익을 얻는 과정을 거쳐야만 나만을 위한 주치 공인중개사를 만들 수 있다.

나만의 주치 세무사, 공인회계사를 만들어라

대개 세무사, 공인회계사는 서민과는 별 상관없는 사람으로 여겨지고 있다. 서민의 대명사인 샐러리맨의 경우, 살면서 세무사나 공인회계사의 도움을 받을 일이 거의 없기 때문이다. 그도 그럴 것이 샐러리맨이 매년 처리해야 하는 연말정산은 회사에서 다 해준다. 그 과정에서 직접 하는 일이라고는 기껏해야 공제를 받는 데 필요한 서류를 제출하는 정도다. 그런데 이조차 제대로 처리하지 못해 내지 않아도 될 세금까지 내는 샐러리맨이 많다.

하지만 재테크에 관심 있는 사람이라면 반드시 세무사나 공인회계사를 알아두는 것이 좋다. 부동산 거래를 하거나 상속 혹은 증여를 받을 때 세무사나 공인회계사의 도움을 받으면 불필요한 세금으로 돈이 새나가는 일을 막을 수 있기 때문이다.

특히 부동산 거래와 세금은 떼려야 뗄 수 없는 관계다. 세금은 투자수익에 큰 영향을 미치는 요인 중 하나인 만큼 모든 경우의 수를 따져 신중하게 계산해야 한다. 그런데 관련 법규가 복잡한 데다 정부 정책 등에 따라 자주 바뀌기도 하므로 개인이 직접 계산할 경우 실수가 발생하기 쉽다.

어이없이 양도소득세*를 납부해야 했던 주인장 씨의 사례를 살펴보자.

양도소득세
토지나 건물 등 고정자산의 영업권, 특정 시설물의 이용권이나 회원권 등 대통령령으로 정한 기타 재산의 소유권을 양도할 때 생기는 양도소득에 부과하는 세금.

●
 사례 3

주택을 3년 이상 보유한 1세대 1주택자는 양도소득세를 내지 않는다고 알고 있던 주인장 씨. 그는 3년 6개월간 보유하고 있던 주택을 팔면서 당연히 양도소득세를 내지 않을 것으로 생각했다. 그러나 얼마 뒤 세무서로부터 1,000여만 원의 양도소득세 납부 고지서가 날아왔다. 주인장 씨가 판매한 주택은 산본 신도시에 있는 아파트였기에 3년 이상 보유 요건과 2년 이상 거주 요건을 동시에 충족시켜야 했다. 그런데 2년 이상 거주 요건에 대해 까맣게 모르고 있던 주인장 씨는 의무 거주 기간을 불과 1개월 남겨두고 주택을 판매한 것이었다. 뒤늦게 사실을 안 주인장 씨. 자신의 무지함을 탓했지만 어쩌겠는가. 버스가 출발한 뒤 손 흔들어봐야 이미 떠난 버스는 돌아와 주지 않는다.

주인장 씨의 사례에서 볼 수 있듯이 아주 간단한 내용을 몰라서 내지 않아도 될 세금을 내는 사람이 의외로 많다. 특히 부동산 세금에 관련된 규정은 내용도 많은 데다가 자주 변경되는 편이므로 전문가의 도움이 필요할 때가 많다. 그래서 세무사, 공인회계사 등 세무전문가와 친해져야 한다는 것이다. 그렇다. 친해져야 한다.

여기서 어떻게 친해지느냐가 중요하다. 부동산 재테크를 통해 얻고자 하는 것이 무엇인가? 바로 투자수익이다. 다시 말해 돈을 벌고자 하는 것이다. 자, 나는 돈을 벌기 위해 부동산 재테크를 한다. 그럼 나를 도와주는 세무사, 공인회계사 등 세무전문가들은? 당연히 그들도 돈을 벌려고 하지 않겠는가. 그러므로 합당한 세무

컨설팅 비용을 지불하면서 친해져야 한다. 필요할 때마다 찾아가 이것저것 물어보며 도움을 얻고서 그에 대한 비용을 지불하는 것을 아까워하면 안 된다. 그런 놀부 심보로는 절대 부동산 재테크에 성공할 수 없다는 점을 잊지 말자.

주치 세무사, 공인회계사에게 기꺼이 비용을 지불하라. 그리하면 몇 배의 이익으로 되돌려 받을 것이다!

나만의 주치 인테리어 사업자, 법무사, 이삿짐센터 직원을 만들어라

부동산 재테크를 하다 보면 다양한 사람을 만나게 된다. 도움이 되는 사람, 해가 되는 사람, 그냥 스쳐가는 사람, 귀한 인연이 되는 사람……. 그런데 돈과 직결되는 일로 만나는 사람이다 보니 자신도 모르게 '내게 이익을 줄 사람인가 아닌가'를 따져가며 상대를 대하기 쉽다. 전혀 이해 못 할 일은 아니다. 그러나 지나치게 금전적인 문제에 집착하다 보면 큰 것을 놓칠 수 있다. 성경에 "무엇이든지 남에게 대접을 받고자 하는 대로 너희도 남을 대접하라."(마태복음 7장 12절)는 구절이 있다. 이것만큼 부동산 재테크 현장에서 명심해야 할 말도 없는 것 같다. 굵직굵직한 사안을 모두 처리하고 난 뒤 최종 마무리를 할 때 더욱 그러하다.

이를테면 부동산 매매계약에서 매도자와 매수자가 소유권 이전에 필요한 서류와 잔금의 교환을 끝내고 마지막 절차로 소유권 이전 등기를 위해 법무사를 상대하는 경우, 이사를 위해 이삿짐센터

직원을 상대하는 경우, 주택 인테리어를 위해 인테리어 사업자를
상대하는 경우를 예로 들 수 있다.

아래의 박한서 씨 사례를 한 번 살펴보자.

● **사례 4**

태어나서 군복무 기간을 제외하고는 쭉 춘천에 살았던 박한서 씨가 서
울로 이사한 것은 2014년 3월의 일이었다. 다니던 직장이 부도나자 '망
해도 좋으니 내 사업을 해야겠다'는 결심을 하고 가족과 함께 상경한 것
이다. 춘천의 집을 처분한 돈과 부모님께 지원받은 돈을 합쳐 사업자금
을 마련하긴 했지만, 서울에다 번듯한 집까지 얻기에는 턱없이 부족했
다. 결국 박한서 씨는 9,000만 원짜리 반지하 전셋집을 얻어 이사하게
되었다.

자신과 아내는 어떤 고생도 기꺼이 견딜 준비가 되어 있었지만 기관지
가 좋지 않아 늘 감기를 달고 다니는 3살 난 아들 녀석 생각에 반지하
집을 얻은 것이 마음에 걸렸던 박한서 씨. 고민 끝에 적지 않은 돈을 들
여 반지하의 가장 큰 골칫거리인 습기와 방수 문제를 해결하기로 하고
인테리어 사업자와 이사 전날까지 수리를 끝낸다는 조건으로 계약을 체
결했다. 그런데 약속한 날짜가 코앞에 다가왔는데도 집수리는 전혀 이
루어지지 않았고 인테리어 사업자와 연락도 되지 않았다. 사기 당했다
고 생각한 박한서 씨는 화가 머리끝까지 치솟았지만, 분한 마음을 애써
가라앉히고 곰곰이 생각했다. 화를 내봤자 달라질 것도 없었고, 어쩌면
인테리어 사업자에게 피치 못할 사정이 생긴 것일 수도 있다는 생각도

들었다. 박한서 씨는 일단 이삿짐센터 창고에 이삿짐을 보관하고 서울에 사는 친척 집에 임시로 거주하며 해결책을 마련하기로 했다.

그런데 이사 당일에 뜻밖의 일이 벌어졌다. 인테리어 사업자로부터 전화가 걸려온 것이다. 인테리어 사업자는 "할아버님께서 갑작스럽게 돌아가시는 바람에 집수리를 하지 못했네요. 제가 손해배상까지 해드리겠습니다. 정말 죄송하게 됐습니다" 하고 말했다. 경황이 없을 텐데도 연락을 해와 사죄하는 것을 보고 박한서 씨는 화난 마음이 풀렸다. 뿐만 아니라 인테리어 사업자에 대한 믿음도 생겨서 "그런 일이 있으셨군요. 이렇게라도 연락을 주셨으니 저는 괜찮습니다. 그럼 다시 일을 부탁드립니다. 잘해 주세요"라고 말했다. 며칠 후 인테리어 사업자는 깔끔하게 집수리를 마쳐주었고, 박한서 씨는 1층 같은 반지하 집으로 이사할 수 있었다. 인테리어 사업자는 박한서 씨의 인격에 반했다며 필요할 때 부르면 언제든 즉시 달려오겠노라고 약속했다. 그리고 약속대로 박한서 씨가 필요로 할 때마다 나타나 큰 도움을 주고 있다.

만일 박한서 씨가 자신의 감정을 앞세워 행동했었다면 든든한 주치 인테리어 사업자를 곁에 둘 수 없었을 것이다. 재테크를 하다 보면 종종 박한서 씨와 같은 상황에 처하게 된다. 이때를 위해 꼭 기억해 두자. 누군가를 배려하고 고려한다는 것은 때로는 불편을 감수하는 것이 될 수도 있고 당장의 금전적 이익을 희생하는 것이 될 수도 있다. 그러나 이런 과정을 통해 나만의 주치 법무사, 주치 인테리어 사업자, 주치 이삿짐센터 직원, 주치 세무사·공인회계

사, 주치 공인중개사가 만들어지는 것이고, 이는 궁극적으로 부동
산 재테크를 위한 값진 투자라는 것을…….

05

부동산 거래는
함께하는 것이다

'고객만족' '고객감동'이라는 단어가 낯선 사람이 있을까? 아마 없을 것이다. 그만큼 현대를 살고 있는 우리에게 익숙한 용어다. 기업은 고객의 만족과 감동을 이끌어내기 위해 엄청난 인내와 노력 그리고 경제적 지출을 감수하고 있다. 이러한 서비스정신이 처음 주장되던 시절만 해도 "굳이 그럴 필요가 있을까요? 그런 것 없이도 여태까지 아무 문제없이 사업 잘해 왔는데 왜 사서 고생을 합니까?" "제품은 눈에 보이지만 고객만족이나 고객감동은 눈에 보이지 않습니다. 혹시 말장난에 그치고 마는 것은 아닙니까?" 등등의 부정적인 반응을 보이는 사람이 꽤 있었다. 그러나 오늘날 '고객만족'과 '고객감동'을 외면하는 기업이 과연 생존할 수 있을까? 아마 어려울 것이다. 기업의 생존을 위한 필수요건이 되었기 때문이다.

'윈윈'은 서로 가려운 곳을 긁어주는 상호작용의 결과다

고객만족과 고객감동은 상호작용의 결과로 나타나는 것이다. 기업이 좋은 품질의 제품을 만들기 위해 최선을 다하고, 즉각적인 A/S, 이익의 사회 환원 등에 앞장서면 소비자들 역시 이에 반응하여 제품과 기업에 대한 만족도가 높아진다. 이는 곧바로 제품에 대한 재구매 의지, 긍정적인 기업 이미지 상승으로 이어지고, 결국 기업의 가치는 커진다. 이런 과정을 통해 기업과 소비자는 서로 윈윈할 수 있게 된다.

필자는 A라는 공인중개사가 집을 2억 원에 팔아주겠다고 했을 때는 꿈쩍도 안 하던 사람이 B라는 공인중개사가 1,000만 원 더 싼 1억 9,000만 원에 팔아주겠다고 하자 덜컥 처분하는 경우를 종종 보곤 한다.

이런 경우 흔히 'B라는 공인중개사의 수완이 A보다 뛰어나다'고 생각하기 쉽다. 그러나 필자의 생각은 조금 다르다. 필자는 매도인과 B 공인중개사, 그리고 B 공인중개사와 매수인 간의 상호작용이 원활했던 것이 주요 원인이라고 본다. 부동산거래를 한 번이라도 경험한 사람이라면 공인중개사 사무소에서 이루어지는 다음과 같은 대화가 낯설지 않을 것이다.

A: ○○아파트 12동 1204호인데요. 33평, 남향이고요. 4억 8,000만 원 정도에 매도하고 싶은데요.

B: ○○아파트요? 그 가격에는 어림도 없습니다. 너무 비싸요. 주변에 새로 지은

아파트가 많이 있어서 가격을 좀 더 낮추셔야 해요. 게다가 주차에도 문제가 있어서 싸게 내놓아도 쉽게 팔린다고 보장할 수 없는 상태입니다. 일단 매물로……

A: 네. 다음에 들르겠습니다.

B: (시큰둥하게) 안녕히 가세요.

이 대화에는 윈윈할 수 있는 요소가 전혀 없다. 집을 처분하려는 A는 가급적 좋은 가격을 받고 싶은 마음으로 B 공인중개사 사무소에 들른 것이다. 그러나 B 공인중개사는 A도 잘 알고 있는 A 소유 아파트의 약점을 직설적으로 들춰내 A의 마음을 상하게 했다. 이런 경우 A가 B 공인중개사 사무소에 아파트를 팔아달라고 할 가능성은 거의 없다. 설사 B 공인중개사가 좋은 가격을 제시한다 해도 같은 조건이라면, 심지어는 조금 못한 조건을 제시하더라도 다른 공인중개사 사무소를 통해 처분할 가능성이 높다. 반면에 이런 공인중개사도 있다.

A: ○○아파트 12동 1204호인데요. 33평, 남향이고요. 4억 8,000만 원 정도에 매도하고 싶은데요.

C: ○○아파트요? 요즘 거래가 조금 드물기는 합니다. 그래서인지 가치평가를 제대로 받지 못하고 있는 것 같습니다. 물론 인근에 새로 지은 아파트가 있어서 찾는 사람이 줄어들기는 했지만, 예전에는 정말 인기 많은 아파트였기 때문에 조만간 제 값어치를 해낼 것으로 보입니다. 서두르지 않고 천천히

처분하시면 제값을 받으실 수 있을 겁니다.

A: 그래요? 그럼 믿고 매물로 내놓고 갈게요. 집은 언제라도 보실 수 있고요, 수리한 지 얼마 안 돼서 내부 상태도 참 좋아요. 연락주세요.

C: (반갑게) 네. 좋은 가격에 매도해 드리겠습니다. 감사합니다.

이 대화는 윈윈할 수 있는 요소로 가득 채워져 있다. 생각해 보라. A가 원하는 것이 과연 무엇인가를. A가 자기 아파트의 단점을 모르고 공인중개사 사무소에 들렀을까? 아니다. A는 자기 아파트의 단점을 누구보다 잘 알고 있다. 아마 A는 자기 아파트의 가치를 인정받고 처분할 수 있다는 확인을 받고 싶었던 것이었으리라.

윈윈은 상호작용의 열매다. 다시 말해 서로 가려운 곳을 긁어줌으로써 얻게 되는 열매인 것이다. A의 가려운 곳을 긁어줌으로써 C는 중개수수료라는 금전적 이익을 얻을 수 있고, A는 좋은 가격에 아파트를 처분할 수 있다. 서로 필요한 것을 주고받게 되는 것이다. 이것이야말로 윈윈이 아니고 무엇이겠는가.

부동산 재테크에도 윈윈이 필요하다

지금 국가는 글로벌경쟁에서 우위를 점하기 위해 국력을 집중하고, 기업은 기업대로 생존을 위해 끊임없이 변화해 나가고 있다. 하지만 우리에겐 이러한 경쟁의 어려움보다는 부동산 재테크에 성공하기 위해 노력할 때 겪게 되는 어려움이 더 피부에 와 닿는다.

국가가 글로벌경쟁에서 우위를 점하거나 기업이 다른 기업과의 경쟁에서 승리함으로써 얻게 되는 경제적 이익은 직접적으로 한 개인에게 돌아가지 않는다. 설령 돌아간다고 해도 그 이익이 구체화되기까지는 많은 시간이 걸린다. 그러나 부동산 재테크에 성공할 경우 그에 따른 경제적 이익은 즉시 개인에게 돌아간다. 그래서일까. 부동산 재테크를 할 때 상대방을 배려하는 사람을 찾기가 쉽지 않다. '1억에 팔았나 1억 500만 원에 팔았나' 혹은 '1억에 구입했나 1억 500만 원에 구입했나'와 같이 거래 결과에 따라 자신에게 돌아올 금전적 이익 혹은 추가로 지출해야 할 금액의 크기가 결정되기 때문이다. 하지만 부동산 재테크에 성공하기 위해서는 매수인과 매도인이 서로 윈윈할 수 있는 방식으로 거래하는 습관을 길러야 한다.

부동산 재테크 분야만큼 매매 당사자들이 서로를 배려해야 할 부분이 많은 분야도 없을 것이다. 아주 사소한 것이 문제가 돼 계약이 이루어지지 않고, 그로 인해 경제적인 이익을 날려버리는 경우가 허다하다.

코리안 타임이 거래를 망친다

상대가 시간 약속을 지키지도 않고 무례하게 굴어 거래를 취소한 배성환 씨 사례를 소개하고자 한다.

● **사례 5**

30여 년간 교사생활을 하다 은퇴한 배성환 씨. 평생을 교직에 몸담아

배 교장님으로 불리는, 어느 누구보다 예의바르고 부지런한 멋쟁이 노신사다. 선비처럼 청렴하게 생활했던 터라 재테크와는 담을 쌓고 지냈지만 천만다행으로 재테크에 뛰어난 소질이 있는 부인의 노력으로 은퇴하고 나서도 풍족하게 살아갈 수 있었다.

그런 배성환 씨의 마음 한쪽에 응어리처럼 남아 있는 것이 있었다. 바로 자식들 학비를 마련하기 위해 선친께서 눈물을 머금고 처분하셔야만 했던 선산이었다. 자신도 선친의 나이가 되고 보니 조상님께 큰 죄를 짓고 있는 것 같아 늘 마음이 편치 않았던 것이다. 그러던 어느 날 배성환 씨는 고향에 있는 친지로부터 선친께서 처분하셨던 선산이 매물로 나왔다는 소식을 접하게 되었다.

배성환 씨는 부인과 의논한 끝에 보유하고 있던 아파트 한 채를 처분해서 선산을 구입하기로 결정하고 공인중개사 사무소에 매물로 내놓았다. 다행히 매물로 내놓자마자 적당한 임자가 나타나 계약을 체결하게 되었는데, 문제는 계약서를 쓰기 위해 공인중개사 사무소에 도착하면서 일어났다. 배성환 씨의 아파트를 구입하기로 한 나지각 씨가 연락도 없이 몇 시간이나 늦게 온 것이다. 처음 얼마 동안은 차가 막혀 늦는 것이려니 하고 기다렸던 배성환 씨. 하지만 1시간이 넘도록 아무 연락도 없자 자신을 무작정 기다리게 하는 매수인이 괘씸해지기 시작했다. '참 예의 없는 사람이구나' 하는 생각도 들었다.

나지각 씨는 2시간이 지난 후에야 나타났다. 배성환 씨는 계약하고 싶은 마음이 싹 사라졌지만 그래도 '무슨 사정이 있겠지' 하며 참았다. 그 때 나지각 씨 입에서 나온 한마디가 배성환 씨를 폭발하게 만들었다.

"아저씨! 집 팔려면 이 정도 수고는 당연한 거예요. 저도 그랬는걸요. 참, 한 1,000만 원만 깎아주시죠. 좋은 게 좋은 거 아니겠어요?" 두말없이 문을 박차고 나온 배성환 씨. 괘씸한 매수인 생각에 잠까지 설쳤지만 계약을 포기하고 나서부터 재건축 바람이 불더니 아파트가격이 급등해 당초 처분하려던 가격보다 1억 원 이상 더 받고 팔았다. 물론 나지각 씨는 배성환 씨가 팔려고 내놓았던 금액에 수천만 원의 웃돈을 얹어주고 다른 아파트를 구입할 수밖에 없었다.

상대방을 무시하는 당신, 거래는 꿈도 꾸지 마라

상대방을 무시하고 잘난 척하다 거래를 망친 유잘난 씨의 사례를 소개한다.

● **사례 6**

평소 다방면에 걸쳐 해박한 지식을 자랑하던 유잘난 씨. 그러나 과유불급이라고 했던가. 유잘난 씨는 가끔 대화를 나누는 상대방을 무시하면서까지 잘난 척을 했는데 중요한 일이 있을 때마다 결정적인 순간에 잘난 척하는 것이 문제가 되어 일을 그르친 적이 한두 번이 아니었다. 유잘난 씨 자신도 이런 사실을 잘 알고 있었지만 "중이 제 머리 못 깎는다"는 말처럼 쉽게 못된 습관을 고치지 못했다.

그런 유잘난 씨가 2009년 2월 평촌 신도시에 있는 S아파트 62.81㎡를 구입하기 위해 공인중개사 사무소에 들르게 되었다. 평촌 신도시 내 소형아파트의 미래가치가 높아질 거라는 확신이 있었던 유잘난 씨는 매도인을 기다리면서 공인중개사 사무소 직원과 이런저런 대화를 나누었다. 문제는 이때부터 시작되었다. "평촌 신도시에서 공인중개사로 일하시니 평촌 신도시에 있는 아파트도 좀 소유하고 계시겠네요. 그렇죠? 공인중개사 분들은 대부분 사무실 근처의 부동산에 대해 너무 모르시는 경향이 있더라고요. 그래서인지 공인중개사 사무소를 운영하며 부동산 투자로 큰돈 벌었다는 사람이 정말 드문 것 같아요." 은근히 공인중개사 전체를 깎아내리는 말을 듣고 사무소 직원은 기분이 상했다.

유잘난 씨의 잘난 체는 매도인이 나타난 후에도 계속되었다. "평촌 신도시 아파트의 미래가치는 정말 뛰어나죠. 저 같으면 꼭 붙들고 처분하지 않을 텐데……." "부자는 되기보다 유지하는 것이 더 어렵죠. 좋은 부동산도 구입하는 것보다 처분하고 싶은 유혹을 이겨내고 잘 지켜내기가 더 힘든 법이죠." 계속되는 유잘난 씨의 입방정에 질린 매도인은 "저 집 팔지 않을래요. 죄송합니다. 제가 너무 제 아파트를 과소평가하고 있었던 것 같네요"라고 말하며 서둘러 공인중개사 사무소를 떠났다. 뒤늦게 자신의 잘난 체가 거래를 망쳤다는 것을 깨달은 유잘난 씨. 하지만 이미 거래는 깨진 상태였으니 어쩌겠는가.

그 후로도 유잘난 씨는 몇 번씩이나 계약 성사 단계까지 갔다가 상대를 무시하는 행동을 해서 거래를 망쳤고, 2년 동안 이런 모습을 지켜본 부인이 나선 뒤에야 겨우 처음 시세보다 4,000만 원 이상 높은 2억 2,000만 원에 계약을 체결할 수 있었다. 잘난 척한 대가로 2년의 시간을 허송세월한 것은 물론 경제적으로도 4,000만 원 이상 손해를 본 것이다.

혼자 잘나서 성공할 수 있는 시대는 지났다. 다른 사람과 함께 어울렸을 때 성공 가능성은 높아진다. 서로의 필요를 충족시켜 주는 것은 곧, 손이 닿지 않아 가려워도 긁을 수 없는 곳을 긁어주는 것과 같다. 언제든지 상대방의 가려운 곳을 긁어줄 준비가 되어 있다면 부동산 재테크 성공으로 가는 문은 활짝 열려 있는 것이나 마찬가지다.

06

경험은 돈을 주고도 사지 못하는
귀중한 보물이다

성공과 실패를 거듭하면서 자신만의 성공법칙을 찾아내고, 그 법칙대로 행동하는 사람만이 경제적인 독립을 이루어낼 수 있다. 지금도 각 분야에서 성공을 거둔 사람의 이야기를 담은 책들이 높은 인기를 끌고 있다. 이미 성공한, 그래서 부자가 된 사람의 성공담을 잘 활용하는 것은 재테크 성공을 위한 가장 좋은 방법 중 하나임에 틀림없다.

그러나 굳이 유명한 사람이 아니더라도 주변을 잘 살펴보면 스승으로 삼을 만한 사람을 어렵지 않게 찾을 수 있다. 얼핏 평범해 보이지만 재테크의 달인으로 불리는 사람이 의외로 많은 것이다.

재테크 성공노하우를 꼭꼭 씹어 먹어라

직장생활을 하다 보면 유난히 경제감각이 뛰어난 동료를 접하게 될 때가 있다. 직장 이외의 사회생활을 통해서도 비범한 경제감각을 지닌 사람을 종종 만나게 되는데, 이들은 그렇지 않은 사람에 비해 재테크에 성공할 가능성이 높다.

경제감각이 뛰어난 사람은 크게 두 부류로 나눌 수 있다. 그중 하나는 이론적인 부분에 더 뛰어난 감각을 발휘하는 부류이고, 다른 하나는 실물경제에 더 뛰어난 감각을 발휘하는 부류이다. 재미있는 것은, 이 두 부류 가운데 재테크에 좀 더 친화적인 쪽은 실물경제에 더 뛰어난 감각을 발휘하는 부류라는 점이다. 실제로 이론적인 부분에 뛰어난 감각을 발휘하는 사람일수록 실물경제에 뛰어난 감각을 발휘하는 사람보다 재테크에 실패하는 비율이 높다. 왜 이런 현상이 나타나는 것일까?

필자가 생각하기에 이론적인 감각이 뛰어난 사람은 '훌륭한 식사는 했으되 소화를 시키지 못하는 사람'이고, 실물경제에 뛰어난 감각을 발휘하는 사람은 '비록 평범한 식사를 했지만 제대로 소화시키는 사람'이다. 훌륭한 식사를 했으나 소화를 시키지 못하는 사람은 자신이 지니고 있는 이론적 지식을 잘 이해하고 분석해서 실물 재테크에 활용하려 하지 않는다. 반면에 평범한 식사를 했으나 제대로 소화시키는 사람은 이론적 지식이라곤 실물 재테크 경험을 통해 그때그때 터득한 것이 대부분이지만 그것을 잘 분석하고 상황에 맞게 적용한다.

재테크에 성공한 사람의 대부분은 이론적 감각형보다는 실물적 감각형에 더욱 가깝다. 우리가 각종 재테크 서적이나 주변 지인들의 재테크 성공노하우를 통해 체득해야 하는 것이 바로 이 실물적 감각이다. 실물적 감각은 각 개인에 따라 매우 다른 방식으로 발휘된다. 예를 들면 굵직한 투자를 통해 한 번에 큰 성공을 거두는 사람이 있는가 하면, 작은 성공들을 차곡차곡 모아 큰 성공을 이루는 사람도 있다. 따라서 이 다양한 이 실물적 감각의 사례들을 잘 분석하고 이해해 나가는 과정, 즉 '음식을 꼭꼭 씹어 먹는 과정'이 반드시 필요하다.

꼭꼭 씹어 먹은 재테크 성공노하우를 잘 소화시켜라

일단 재테크에 성공한 사람들의 노하우를 꼭꼭 씹어 먹었다면 이제 잘 소화시키는 과정이 필요하다. 이 과정은 잘 분석하고 이해한 재테크 노하우를 자신의 현재 상황에 맞게 바꾸어 가는 과정이라고 할 수 있다. 이는 'OOO의 부동산 투자 노하우' 'OOO의 재테크 비법 100가지'와 같은 재테크에 성공한 사람의 노하우 자체에 주목하는 과정이 아니다. 'OOO의 부동산 투자 노하우' 혹은 'OOO의 재테크 비법 100가지'를 통해 배운 노하우가 과연 내게도 적용될 수 있는지, 적용될 수 있다면 어떻게 투자에 활용할 수 있는지를 찾아내는 과정인 것이다. 이와 같은 과정을 거쳐야만 비로소 다른 사람의 성공노하우가 자신의 성공노하우로 탈바꿈하게 된다. 이 과정을 생략하거나 맹목적으로 따라할 바에는 아예 처음부터 다른 사람의 성공노하우를 귀담아듣지 않는 편이 낫다.

다른 사람의 성공노하우는 다른 사람의 것이다. 내 것이 아니다. 키 큰 사람이 키 작은 사람의 옷을 입고 키 작은 사람은 키 큰 사람의 옷을 입고 생활한다고 생각해 보라. 처음 얼마간은 참을 수 있을지 모르지만 얼마 지나지 않아 불편해하며 입은 옷을 모두 벗어버리게 될 것이다. 마찬가지로 나에게 알맞게 잘 소화시키지 않은 재테크 성공노하우에 따라 투자한다면 처음 한두 번은 성공을 거둘 수도 있지만 결국에는 크게 실패할 수밖에 없다.

잘 소화시킨 재테크 성공노하우를 실천하라

이무리 많은 지식과 재테크 성공노하우를 꼭꼭 씹어 먹고 잘 소화시켰다고 해도 실천하지 않는다면 '사서 한 고생' 그 이상도 이하도 아닌 것이 된다. 재테크는 결국 실천의 문제로 귀결되기 때문이다. 앞에서 언급한 이론형, 실물형도 따지고 보면 실천에 따른 구분이라고 볼 수 있다.

이미 부자가 된 사람은 항상 이렇게 말한다. "실패를 두려워하지 마라." 아무리 철저하게 준비했다 해도 항상 성공만 할 수는 없다. 때문에 준비가 되었다면 적극적으로 실천해야 한다. 어떤 일이든지 계획을 세우는 것과 실천하는 것 사이에는 상당한 거리가 있기 마련이다. 계획과 실천 사이의 거리는 결국 계획을 수정할 수 있느냐에 따라 가까울 수도 있고 멀 수도 있다. 즉 계획은 언제든지 수정할 수 있지만 실천은 일단 행동으로 옮긴 뒤에는 수정이 불가능하다. 그래서 실천을 두려워하는 것이다. 하지만 부동산 재테크에 성공하기 위해서는 과감한 투자를 실천할 수 있어야 한다. 부동산 재테크에 성공하고 싶은가? 그렇다면 다음과 같은 재테크 성공법칙을 반드시 기억하라.

"실천을 위한 용기는 자신감으로부터 나오는데 이 자신감이란 녀석은 재테크에 성공한 사람들의 노하우를 꼭꼭 씹어 먹은 후 자신에게 적합하도록 잘 소화시키는 과정을 통해 형성된다."

07

학습을 통해
시장 흐름보다 앞서 나가라

재테크에 성공하기 위해서는 그만큼 재테크에 대한 기본지식을 탄탄하게 갖추고 있어야 한다. 물론 재테크 컨설턴트 수준의 전문가가 되라는 얘기는 아니다. 하지만 어떤 특정 현상이 발생했을 때 그것이 부동산시장에 어떤 영향을 주게 될지, 그 효과는 어느 정도나 유지될 것인지 등에 대한 판단을 내릴 수 있을 정도의 지식은 갖추고 있어야 한다.

부동산시장은 일반적인 시장경제의 변동에 따라 부침을 거듭한다. 부동산시장의 흐름을 잘 이해하는 사람은 대체로 경제 전반의 흐름도 잘 이해하고 있다. 그러므로 부동산시장의 변동에 따른 투자전략을 세우고 싶다면 반드시 일반경기 변동에 대한 예측이 먼저 이루어져야 한다.

학습은 '피해야 할 것'과 '활용해야 할 것'을 구분하는 것부터 시작된다

학습을 했다고 해서 모두가 부동산 재테크에 성공하는 것은 아니다. 그렇다고 부동산 재테크에 성공한 사람치고 열심히 공부하지 않은 사람도 없다. 이는 좋은 교사에게 배운다고 해서 모든 학생이 우등생이 될 수는 없지만, 우등생은 좋은 교사의 가르침이 있어야 배출되는 것과 같은 이치라고 할 수 있다. 우등생을 배출해 내는 교사의 역할을 하는 것이 바로 학습이다. 그런 점에서 재테크를 위한 학습은 실패를 최소화하는 안전장치라고 볼 수 있다.

부동산 재테크에 성공하려면 각종 규제와 제한을 피할 줄 알아야 하고 또 활용할 줄도 알아야 한다. 그렇게 해야 좀 더 효과적인 투자가 가능해진다. 그런데 가끔 '피해야 할 것'을 활용하려 들고 정작 '활용해야 할 것'은 피하려고 드는 투자자들을 본다. 이들은 한마디로 부동산 재테크에 대한 기초적인 학습조차 제대로 이루어지지 않은 사람들이라고 할 수 있다.

'다운계약서 작성' '업계약서 작성' '분양권 불법거래' '각종 세금 탈세'처럼 피해야 할 것들을 통해 투자수익을 챙기기보다는, '영수증 챙기기' '합법적 거래' '절세방안' 등과 같은 활용해야 할 것들을 통해 투자수익을 챙기는 습관을 길러야 한다. 습관은 연습을 통해 형성되고, 연습은 계속적인 노력을 요한다.

달리기에 소질이 없는 사람일지라도 끊임없는 노력을 통해 달리는 습관을 들일 수만 있다면, 언젠가는 길고 힘든 마라톤 코스도 완주할 수 있게 된다. 활용해야 할 것은 활용하고 피해야 할 것은 피하는 습관 역시 꾸준히 노력하기만 하면 토끼처럼 빠르지는 못하더라도 거북이처럼 안전하게 성공적으로 갖출 수 있다.

현재 대박내고 있는 분야보다 장차 대박낼 분야를 학습하라

패션 분야에만 트렌드가 있는 것이 아니다. 부동산 재테크 분야에도 트렌드가 있다. 트렌드란 일종의 유행이다. 부동산 재테크에 트렌드가 있다는 말은 부동산 재테크도 결국 유행에 따라 대박을 낼 수 있는 종목이 바뀐다는 것을 의미한다. 예를 들어 아파트 재테크가 유행할 때도 있고, 토지 재테크가 유행할 때도 있으며, 상가와 같은 수익성 부동산 재테크가 유행할 때도 있다는 말이다.

부동산시장의 흐름을 보면 모든 종목의 부동산이 동시에 대박을 내기는 어려워 보인다. 특히 정부의 정책이 부동산시장에 미치는 영향력이 막강한 우리나라 현실에서는 더더욱 그러하다. 정부는 부동산가격이 지나치게 오를 경우 시장에 개입하고 또 지나치게 떨어질 경우에도 개입한다. 정부가 원하는 것은 오직 부동산시장의 안정이기 때문이다. 부동산 재테크를 하려는 투자자들은 바로 이런 정부의 의지를 잘 읽어내야 한다. 흔히 정부의 부동산대책은 특정 분야의 부동산이 이상 급등 현상을 보일 때 발표된다.

대표적인 예로 역대 정부에서 집값이 급등하거나 주택시장이 위축될 때마다 발표됐던 부동산정책들을 들 수 있다. 다음의 표는 참여정부 이후 역대 정부의 부동산정책을 모두 정리한 것이다.

역대 정부의 부동산정책

정부	발표시기	내용
참여 정부	2003년	5.23 대책 9.5 대책 10.29 대책
	2005년	2.17 대책 5. 4 대책 8.31 대책
	2006년	3.30 대책 11.15 대책
	2007년	1.11 대책
MB 정부	2008년	6.11 지방미분양대책 8.21 부동산대책 9.19 서민용주택공급확대방안 9.23 종합부동산세제개편안 10.21 건설부동산대책
	2009년	8.23 전세안정대책 8.27 보금자리공급확대방안
	2010년	4.23 주택미분양해소 및 거래활성화 방안 8.29 추가 부동산대책
	2011년	1.13 전월세시장안정 방안 3.22 주택거래활성화 방안 5.1 건설경기연착륙 및 주택공급활성화 방안 8.18 전·월세시장안정대책 12.7 주택시장정상화 및 서민주거안정지원 방안
	2012년	5.10 주택거래활성화대책
박근혜 정부	2013년	4.1 부동산대책 8.28 서민·중산층 주거안정을 위한 전·월세대책
	2014년	2.26 서민·중산층 주거안정을 위한 임대차시장 선진화 방안 9. 1 대책 10.30 서민주거비부담완화방안
	2015년	9.2 부동산대책
	2016년	11.3 부동산대책

자료: CIL경영연구원

역대 정부 모두 지속적으로 부동산정책을 발표했다는 사실을 확인할 수 있다. 그만큼 부동산시장이 과열과 침체를 되풀이했다는 것을 의미하는 동시에 대한민국 부동산시장이 얼마나 정부 정책에 따라 출렁일 수밖에 없는지를 단적으로 보여주는 것이라고 볼 수 있다. 일단 새로운 부동산정책이 나오면 특정 분야에 대한 규제의 강도가 세지거나 완화되는데, 이에 따라 부동산시장이 위축과 과열을 거듭하게 되면서 부동산가격은 하락과 상승으로 오르내리는 모양새를 보이기 때문이다.

부동산 재테크의 고수일수록 각종 부동산대책이 발표되기 선에 규제대상에 포함될 것으로 보이는 부동산을 처분하고 비교적 규제가 덜할 것으로 예상되는 부동산으로 이동하는 데 능숙하다. 반면에 초보자일수록 부동산대책이 발표될 분위기가 서서히 무르익을 때, 즉 각종 언론매체에서 급등하는 부동산가격에 대한 우려 섞인 분석 기사들이 하나둘씩 나오기 시작할 때 직접적인 규제대상에 포함될 부동산을 구입했다가 자금이 묶여 낭패를 당하곤 한다. 부동산 규제완화 대책이 발표되는 경우 역시 크게 다르지 않다. 부동산 재테크 고수는 그동안의 풍부한 경험과 학습한 재테크 지식을 활용해 다음에 대박을 낼 수 있는 종목으로 과감히 갈아탄다. 안정적이던 토지가격이 어느 순간부터 조금씩 오르면서 빠르게 급등할 조짐을 보이기 시작할 때, 보유하고 있던 토지를 정리하고 상대적으로 가격이 안정적인 다른 종목을 찾는 것이다. 만약 주택시장이 안정세를 보이면 주택을 매입하고, 주택시장이 불안정해지기 시작하면 다시 안정적인 경매나 수익형 부동산시장으로 진입하는 식이다. 이런 식으로 미리 갈아타기를 하면 상투를 잡아 손해 보는 투자를 하지도 않으며 항상 평균 이상의 수익을 낸다.

초보자가 부동산 재테크에 성공하기 위해서는 고수로 거듭나야 한다. 다양한 부동산종목의 성격과 각각의 시장 흐름을 정확히 파악하기 위해 끊임없이 학습하고 경험을 쌓아야 한다. 그리하여 고수처럼, 현재 큰돈을 번다고 알려진 종목이 아니라 다음에 대박을 낼 수 있을 것으로 예상되는 종목을 연구하고 예측하는 습관을 길러야 한다. "무릎에서 사서 어깨에서 팔아라"라는 말이 있다. 이는 주식시장에서 만들어지고 통용돼온 투자법칙이지만 부동산 재테크에서도 매우 중요한 투자법칙 중 하나다. 가격이 저렴할 때 사두었다 가격이 적당히 오르면 팔아야 한다는 뜻이다. 그만큼 투자대상으로의 진입 타이밍이 중요하다. 자신 있게 선점하기 위해서는 충분한 학습이 바탕되어야 한다. 충분한 학습 → 투자대상 선점 → 무릎에서 사서 어깨에서 팔기 → 다른 투자대상으로 갈아타기 과정을 통해 부동산 재테크 초보에서 고수로 거듭나는 것이다.

재테크에 투입된 종잣돈의 규모, 즉 투자금액의 차이를 인정하라

재테크에 사용할 수 있는 돈, 즉 종잣돈이 충분한 상태에서 재테크에 나서는 경우는 극히 드물다. '나는 종잣돈이 충분해, 이 정도면 어떤 분야든 돈 걱정 없이 재테크에 나설 수 있어'라는 생각을 하고 있는 사람이라면 이미 재테크가 필요 없는 경제적 수준에 도달해 있다고 할 수 있다. 이들은 논외로 하자.

여러 가지 이유로 재테크의 필요성을 절감하고 있는 사람이라면 누구나 한번쯤 해봤고 또 충분히 공감할 만한 고민들이 있다. 이를 테면 '남들이 보기에는 큰돈이 아닐지 몰라도 나한테는 정말 큰돈 인데…… 절대 실패하면 안 되는데……, 이 정도 자금으로 재테크 를 시작하는 것이 현명한 행동일까?' 등과 같은 고민들 말이다. 보 통은 이런 고민들을 하며 막연한 두려움을 안고 재테크를 시작하 게 되는데, 그 밑바닥에는 재테크에 사용할 수 있는 투자금액이 충 분치 않다는 현실이 자리 잡고 있다. 특히 소액으로 재테크를 할 때 이런 고민은 더욱 커지게 된다. 고민을 거듭할수록 재테크 초보자 들은 자신감을 잃게 되고 '부동산 성공신화, 재테크 성공신화에 나 오는 장밋빛 미래는 나와 무관한 다른 세상 얘기 같다'는 생각을 하 게 된다. 이런 현상이 나타나는 원인은 어디에 있을까?

수익'액'이 아니라 수익'률'을 따져라

노벨 경제학상 수상자인 대니얼 카너먼 프린스턴대학교 명예교 수가 미국의 정치 외교 전문지 〈포린폴리시〉에 재미있는 글을 하 나 기고한 적이 있다. 그는 매파와 비둘기파가 싸울 때 비둘기파 가 지는 원인을 눈앞에 보이는 것에만 치우치는 특성을 들어 설명 했다. 여기서 비둘기파와 재테크 초보자의 아주 재미있는 공통점 을 하나 발견할 수 있다. 재테크 초보자 역시 눈에 보이는 결과물인 수익에만 집중한다는 것이다. 대부분의 재테크 초보자들이 재테크 성공담을 자신과는 동떨어진 세상의 이야기로 받아들이는 이유가 바로 여기에 있다. 재테크 성공이라는 결과에만 주목하고 성공하기 위한 과정과 노력을 살피는 데는 소홀히 해, 여타 조건(특히 투자금액의 규모)은 무시한 채 성공한 사람과 자기 자신을 수평 비교하는 우를 범하는 것이다. 그럴 경우 성공한 사람과의 괴리감이 더 커지는 것은 지극히 당연한 일 아니겠는가.

　재테크 초보자일수록 최종 수익이 얼마인가에만 관심을 갖는다. 반면에 재테크 고수일수록 최종 수익액수에만 집중하지 않고 투자의 전반적인 내용을 다 들여다본다. 얼마의 금액을 얼마의 기간 동안 투자하여 얼마를 벌어들였는가를 모두 살펴보는 것이다. 그중에서도 특히 투자금액의 차이를 중요하게 여기는데, 그 이유는 무엇일까? 아주 간단하다. 다음 세 가지 투자안을 보고 어떤 안을 선택하여 투자를 할지 결정해보자.

투자안 1. 투자금액 10억 원, 투자수익률 연 10%

투자안 2. 투자금액 1억 원, 투자수익률 연 10%

투자안 3. 투자금액 1,000만 원, 투자수익률 연 15%

* 투자기간은 모두 1년이라고 함
* 부족한 자금은 투자대상 부동산을 담보로 은행에서 연리 7%로 대출받을 수 있음

1) 종잣돈이 1,000만 원 있는 경우

2) 종잣돈이 1억 원 있는 경우

3) 종잣돈이 10억 원 있는 경우

만약 당신 손에 10억 원의 종잣돈이 있다면 아마도 1안이나 2안을 선택할 것이다. 투자안 1에 따라 투자할 경우 연 1억 원의 투자수익을 올릴 수 있고, 투자안 2에 따라 투자할 경우에는 연 1,000만 원의 투자수익을 올릴 수 있으니까.

자, 그럼 이제 당신 손에 1억 원의 종잣돈이 있다면 어떻게 할 것인가? 이론상으로는 세 가지 투자안 모두를 검토해 볼 수 있다. 부족한 자금은 은행에서 대출을 받으면 되니까. 하지만 대출을 9억 원이나 받는다는 것은 부담이 크기 때문에 아마도 당신은 투자안 2나 투자안 3 중에서 하나를 선택할 가능성이 높다.

마지막으로 당신 손에 1,000만 원의 종잣돈밖에 없다면 아마도 투자안 3을 선택할 것이다. 물론 당신이 대출에 대한 부담을 크게 느끼지 않는 성향의 투자자라면 투자안 2도 검토해 볼 수 있을 것이다.

위 세 가지 투자안은 각각 10%, 10%, 15%라는 투자수익률을 제시하고 있다. 하지만 투자수익 면에서 본다면 각각 1억 원, 1,000만 원, 150만 원으로 커다란 차이를 보이고 있다. 이를 각각 하나의 문장으로 표현해 보면 이렇다. "10억 원을 투자해서 1억 원의 투자수익을 올렸다." "1억 원을 투자해서 1,000만 원의 투자수익을 올렸다." "1,000만 원을 투자해서 150만 원의 투자수익을 올렸다."

자, 그럼 여기서 한 가지 짚고 넘어가자. 재테크를 실천하기 위해 지금 이 책을 읽고 있는 당신은 얼마의 종잣돈을 가지고 있는가? 10억? 아니면 1억? 그것도 아니면 1,000만 원? 필자의 생각으로는 적어도 10억 원은 아닐 것이라고 본다. 투자금액이 10억 원이 아니라는 전제하에 "10억 원 투자해서 1억 원 벌기"라는 문장에서 '10억 원 투자'를 '부동산 재테크'로 바꿔보자. 그러면 "부동산 재테크로 1억 원 벌기"가 된다. 단지 10억 원이라는 단어만 빠진 것인데도 이 문장을 읽는 사람은 '나도 부동산 재테크만 하면 1억 원을 벌 수 있다'는 막연한 환상을 가질 수 있다.

부동산 재테크 초보자일수록 투입된 투자금액은 애써 무시하고 결과물인 투자수익에만 주목하는 경향이 있다. 그러나 이는 투자금액에 따라 투자수익에 차이가 생긴다는 냉엄한 현실과 부딪치는 순간 스스로 좌절하게 되는 중요한 원인이 된다. 투자금액에 따라 투자수익에 차이가 생긴다는 지극히 당연한 이치를 인정하는 습관은 부동산 재테크에 성공하기 위해 반드시 갖추어야 할 필수요건이라 할 수 있다.

투자금액의 차이, 수익률 위주의 투자방식으로 극복하라

위에서 예로든 투자안 1, 2, 3 을 다시 보자. 투자안 1, 2의 투자수익률은 10%인 반면 투자안 3의 투자수익률은 15%다. 투자금액이 충분하지 않아 소액으로 재테크에 나서야 하는 서민에게 10억 원은 꿈같은 금액이다. 1억 원도 안 먹고 안 쓰며 악착같이 수십 년을 모아야 간신히 손에 쥘 수 있다. 그러므로 대다수 서민에게는 투자안 3이 가장 실천하기 쉽다.

이런 현실에서 투자금액의 차이를 극복할 수 있는 유일한 방법은 투자수익률에 집중하는 것이다. 수치상으로 10%와 15%에는 5%라는 차이가 있다. 이 5%는 얼핏 보면 별것 아닌 것처럼 보이지만 실은 매우 의미 있는 수치다.

투자안 2를 보자. 1억 원을 투자해 연 1,000만 원의 투자수익을 올렸으니 투자수익률은 10%다. 즉 1,000만 원당 100만 원의 투자수익을 올린 것이라고 할 수 있다. 이제 눈을 돌려 투자안 3을 보자. 1,000만 원을 투자해 연 150만 원의 투자수익을 올렸다. 투자안 2보다 1,000만 원당 50만 원의 투자수익을 더 올리고 있는 것이다.

투자안 3과 같은 기회를 많이 찾아내 투자자금의 회전율을 높일 수만 있다면 누구든지 투자금액에 따른 투자수익의 차이를 조금씩 좁혀 나갈 수 있다. 소액 재테크를 하려는 투자자들은 바로 이 부분에 주목해야 한다. 투자수익률에 미쳐라! 그것이 투자금액에 따른 투자수익의 차이를 극복할 수 있는 가장 효과적인 방법이다.

2부

부동산 재테크,
원리를 알아야
성공한다

돈 되는 아파트 고를 때
반드시 살펴야 할 7가지 조건

2000년대 이후 부동산시장이 과열되면서 부동산가격이 급등하자 정부는 보유세 증세, 양도소득세 강화, 대출규제 강화 등 수요억제를 중심으로 하는 강력한 부동산정책을 발표했다. 그러나 정부의 규제대책이 나온 이후로도 한동안 부동산가격은 크게 상승했다. 그러다 2010년 이후 부동산시장이 수년간 침체기에 빠지자 정부가 이번에는 다양한 부동산부양책을 발표했다. 2015년 이후 부동산가격은 다시 급등세를 보였고, 정부는 다시 수요억제정책들을 쏟아내고 있다.

이런 일련의 과정을 거치는 동안 주택가격은 엄청나게 비싸졌다. 월급쟁이가 월급을 한 푼도 쓰지 않고 수십 년을 모아야 서울의 아파트 한 채를 살 수 있는 수준에 이른 것이다. 그리하여 이제 몇 번의 시행착오를 거치면서 내 집 마련 내지는 재테크를 하던 시대는 가고, 최소한의 시행착오만이 내 집 마련과 재테크의 성공을 보장하는 시대가 됐다. 그렇다면 어떤 아파트를 구입해야 시행착오로 인한 경제적 타격을 최소화하고 돈을 벌 수 있단 말인가?

이런 아파트가 돈 된다!

돈 되는 아파트, 가치 있는 아파트를 얻으려면 다음 7가지 조건을 만족시키고 있는지 꼼꼼히 살펴야 한다.

하나, 교육시설이 잘되어 있는 곳을 찾아라. 비싼 아파트가 되기 위한 기본 조건이다. 집값이 비싸기로 소문난 지역은 하나같이 양호한 교육환경을 자랑하고 있다. 비록 지금 당장은 특별한 것이 없다고 해도 일단 교육시설이 들어서면 교통시설, 쇼핑·문화시설 등은 당연히 뒤따라 들어서게 되어 있다. 따라서 교육시설은 좋은 아파트인지 아닌지를 결정짓는 가장 중요한 요인이 된다.

둘, 대중교통시설, 특히 전철 역세권을 노려라. 중·소형 평형의 경우 출퇴근의 편리함이 주택가격 형성에 적지 않은 비중을 차지하고 있다. "1세대 1차량이 보편화된 요즘 대중교통의 중요성이 뭐 그리 큰 문제냐"고 반문할 수도 있겠지만, 가정 전체를 볼 때 자가용을 이용하는 가족보다 대중교통을 이용하는 가족이 월등히 많은 것이 현실이다. 자녀들의 학교·학원 통학, 가정주부의 쇼핑 등을 생각해 보라. 대중교통이 잘 갖추어져 있지 않다면 얼마나 불편하겠는가? 그래서 대중교통이 편리한 곳의 아파트가격이 높게 형성되는 것이 일반적이다. 따라서 향후 역세권이 될 지역을 미리 선점하라. 환승역이 될 지역이라면 더욱 좋다. 역세권 아파트에 투자해서 실패한 경우는 없다.

셋, 주거를 위한 웰빙 요건을 갖춘 곳을 골라라. 요즘의 주거문화는 웰빙으로 요약된다. 평형에 관계없이 단지 내 조경, 공원, 조망권, 일조권 등을 중요시하고 있는데, 그 중요성이 나날이 커지고 있는 추세다. 따라서 같은 조건이라면 웰빙 주거 요건을 갖춘 곳이 그렇지 못한 곳보다 가격상승력이 훨씬 크다고 보면 된다. 이런 곳에 내 집을 마련해 두면 쾌적하게 생활할 수 있고 덤으로 가격이 올라가는 이득까지 얻을 수 있다. 그야말로 일석이조가 아니고 무엇이겠는가.

넷, 대형 할인점에 주목하라. 할인점의 편리성은 굳이 설명하지 않아도 피부로 느끼고 있을 것이다. 매입을 결정하기 전에 반드시 인근 지역에 할인점이 있는지, 신규로 개점할 계획이 있는지 등을 따져보라. 물론 이미 있다면 상관없겠지만 말이다.

다섯, 아파트의 브랜드를 따져라. 같은 지역에 있는 아파트인데도 브랜드에 따라 수천만 원에서 수억 원대까지 가격차를 보이는 경우가 비일비재하다. 비슷한 조건이라면 좋은 브랜드를 선택하는 것이 더 높은 가격상승을 보장해 준다.

여섯, 경제논리에 충실하라. 수요는 있는데 신규공급 물량이 적은 지역과 수요는 적은데 신규공급 물량은 많은 지역이 있다고 하자. 어떤 지역의 아파트를 매입하는 것이 경제적인 혜택을 누릴 수 있겠는가. 최근 수년간의 공급물량, 향후에 공급 가능한 예정물량을 꼼꼼히 챙겨라. 돈이 보일 것이다.

일곱, 인구유입이 늘어날 것으로 예상되는 지역인지 따져보라. 인구가 늘어난다는 말은 주택의 수요 또한 늘어난다는 사실을 의미한다. 가장 이상적인 것은 수요가 증가함에 따라 점진적으로 주택가격이 상승하는 것이다. 왜냐하면 투기목적이 아닌 실수요 목적에 의한 것이기 때문이다. 그런 점에서 볼 때 파주, 천안은 현재도 좋지만 앞으로는 더욱 매력적인 곳이 될 것이다. 또한 광역지방자치단체를 기준으로 본다면 인구가 크게 증가한 경기도가 단연 눈에 띈다. 경기도를 집중해서 잘 살펴보라. 우량 공급물량이 많은 지역이기에 가격상승 잠재력도 엄청나다.

02

토지투자를 성공으로 이끄는
7가지 법칙

수도권 제2기 신도시 등 각종 개발사업의 시행과 개발제한구역의 조정, 행정중심 복합도시, 기업도시, 혁신도시 등 토지가격을 상승시킬 만한 대형 호재들이 넘쳐나던 시절이 있었다. 이에 힘입어 '토지에 투자하면 돈을 벌 수 있다'는 환상에 빠져 너도나도 토지를 매입했던 사람들 중 상당수는 낭패를 경험해야만 했다. 그중에는 얄팍한 상술로 서민의 쌈짓돈을 빼앗아가는 기획부동산에 속아 피해를 입은 사람도 있는데, 그 수가 꽤 많아 사회적으로 문제가 되기도 했었다. 피해자들은 다시는 기획부동산 같은 사기성 짙은 집단에 속아 부동산거래를 하지 않을 것이라 다짐하지만 세상에 속고 싶어 속는 사람이 어디 있는가. 몰라서 속는 것이지.

토지투자 성공을 위한 7가지 원칙

내 재산은 내가 지켜야 하듯 내가 매입할 땅은 내가 살펴야 한다.

매입 여부에 대한 의사결정 전 단계부터 매입 이후 보유 및 처분단계까지 전 과정에 걸쳐 철저한 분석이 필요하다. 이때 도움이 되는 것이 토지를 구입할 때 염두에 두어야 할 7가지 원칙이다.

하나, 권리관계를 확인하라. 아주 저렴한 가격에 미래가치가 높을 것으로 예상되는 토지를 구입했다고 치자. 그런데 잔금을 치르고 소유권을 이전하려고 보니 토지 주인이 따로 있다면 혹은 토지의 사용에 제한을 가하는 권리(예를 들면 은행융자 등)가 존재한다면 어떻게 되겠는가? 이러한 위험을 사전에 예방하기 위해서는 등기사항전부증명서(등기부등본)를 확인해 봐야 하는데 토지의 경우 등기부등본상으로는 확인할 수 없는 사항들이 많이 있어 주의를 요한다. 특히 임야는 관습법상의 분묘기지권,° 명인방법°에 의한 지상권 등이 성립될 여지가 있는지 세심하게 살펴야 한다.

분묘기지권
남의 토지 위에 묘를 쓴 사람에게 관습법상 인정되는 지상권과 비슷한 물권.

명인방법
토지 위에서 자라고 있는 나무나 경작물 등을 토지의 소유권과 별도로 독립적으로 거래하는 데 이용하는 공시방법.

둘, 공법상 제한관계를 확인하라. 펜션을 건축해서 노후에 대비하고 은퇴 후 소득을 창출하고자 매입한 토지가 펜션을 건축할 수 없는 그린벨트 내 토지이거나 상수원보호구역 내 토지라면 어떻게 되겠는가? 모든 계획이 한순간에 물거품이 되는 것이다. 이러한 위험을 피하기 위해서는 토지 관련 공부서류를 꼭 확인해둬야 하는데 그중에서 토지이용계획 확인원을 주의 깊게 살펴보아야 한다. 토지 주민등록증이라 할 수 있는 토지이용계획 확인원은 토지에 대한 공법상 규제가 일목요연하게 나타나 있는 서류다. 사실 토지이용계획 확인원만 꼼꼼히 확인하면 기획부동산 같은 사기 집단의 속임수로부터 안전하게 벗어날 수 있다. 더불어 턱없이 높은 가격에 토지를 구입 또는 처분하거나 건축이 불가능한 토지를 구입해서 건축하겠다고 우기는 등의 불상사는 막을 수 있는 것이다.

셋, 자연조건을 따져보라. 토지 자체가 갖고 있는 자연적 특성, 즉 토질, 방향, 위치, 주변 자연환경 등을 잘 고려해야 한다. 같은 토지라 하더라도 방향 측면에서는 남향, 토질 측면에서는 너무 습하지도 건조하지도 않은 적당한 곳, 높이 측면에서는 인접한 도로에 비해 지나치게 높지도 낮지도 않은 곳 그리고 주변 자연환경과 잘 어울리는 곳이 더 좋게 평가된다.

넷, 발품을 팔아 내 눈으로 확인하라. 일반적으로 토지전문가라고 하는 사람들의 가장 대표적인 특징 중 하나로 들 수 있는 것이 현장답사를 소홀히 하지 않는다는 점이다. 이는 특정 토지가 '어느 지역에서 어떤 형태로 이용되고 있는가'에 따라 그 가치가 천양지차를 보일 수 있기 때문이다. 따라서 아무리 전문가라 할지라도 현장을 답사해 보지 않고서는 쉽사리 그 가치를 논하지 않는 것이다.

그런데 전문가도 아닌 일반 투자자가 이렇게 중요한 현장답사를 대충 하거나 하지 않는 경우가 종종 있다. 스스로 차를 몰고 매물로 나온 토지를 찾아가 그 가치를 평가해 본다면 두 번 다시 어처구니 없는 실수는 저지르지 않을 것이다.

다섯, 여유자금으로 투자하라. 토지를 구입한 후 가격이 얼마나 올랐는지 시간 있을 때마다 초조하게 확인하는 사람들이 있다. 십중팔구는 융자를 받아서, 혹은 급히 써야 할 돈을 빌려 토지를 구입한 사람들이다. 이들은 대부분 토지가격이 떨어지면 손해 보고 팔 준비가 되어 있는데, 이렇게 해서는 결코 토지투자에 성공할 수 없다. 단기적인 가격변동에 일희일비하지 않고 장기간 미래가치를 보면서 투자하기 위해서는 우선 여유자금이 있어야 한다. 특히 토지는 투자기간이 여타 부동산에 비해 길다는 특징이 있다는 점을 명심하라. 토지에 투자하고 싶은가? 그렇다면 여유자금으로 투자하라.

여섯, 환금성을 생각하라. 아무리 여유자금으로 투자한다 할지라도 늘 계획대로 일이 진행되는 것은 아니다. 따라서 만약의 경우, 즉 처분해야만 하는 상황에 대비해 환금성 높은 지역에 투자하는 것이 좋다. 환금성이 떨어지는 지역에 투자하면 결국 막대한 손해를 보고 처분하는 것 외에는 방법이 없다.

일곱, 전문가의 도움을 구하라. 나름대로 전문가가 참 많은 세상이다. 특히 부동산으로 조금만 이익을 보면 전문가 이상으로 자기 자신에 대한 확신이 커지게 마련이다. 그런데 토지투자에 실패하는 사람들 대부분이 바로 이런 사람들이다. 투자금액이 크면 클수록 투자에 따른 손실도 큰 법이다. 아무리 확신이 있더라도 반드시 토지구입 전에 전문가의 도움을 구하라.

토지는 쪽박가능성과 대박가능성이 공존하는 투자상품이다. 투자결과가 대박일지 쪽박일지는 얼마나 충분히 준비하고 투자했느냐에 의해 결정된다. 그러므로 충분히 준비를 한 사람만이 대박을 노릴 수 있음을 명심하라.

03

좋은 상가를 고르는 데 필요한
5가지 기준

예금에서 연 5% 이상의 고금리(?)는 이제 남의 나라 이야기가 되었다. 그래서인지 꾸준한 자본이득과 임대수익이라는 두 마리 토끼를 잡을 목적으로, 혹은 은퇴 후 안정적인 수입원을 확보할 목적으로 수익성 부동산을 찾는 사람들이 점차 늘고 있는 추세다. 그런데 수익성 부동산 역시 여타의 부동산과 마찬가지로 우량한 것과 그렇지 않은 것으로 양극화되어 있다. 앞으로 이런 현상은 더욱 가속화될 것으로 예상된다. 따라서 양질의 수익성 부동산을 구입하기 위해서는 평소에 발품을 많이 팔고, 좋은 수익성 부동산이 갖추고 있는 조건들을 충분히 숙지해 두어야 한다.

임대수익과 자본이득을 동시에 고려하라

상가는 사람들이 모여 물건과 서비스를 사고파는 곳이다. 투자자 입장에서 상가를 구입하는 목적은 1차적으로 안정적인 임대수익 확보에 있고, 2차적으로 건물가격 상승에 따른 자본이득 확보에 있다. 지금 당장은 임대수익이 높아 건물가격이 높게 형성되어 있다 할지라도 향후 상권이 쇠퇴해 임대수익이 떨어질 가능성이 있는 곳이라면 구입을 피해야 한다. 건물가격 또한 덩달아 떨어질 수밖에 없기 때문이다. 하지만 그 반대의 경우라면 적극 구입을 고려해야 한다. 그 이유 역시 임대수익 상승과 함께 건물가격도 상승할 거라는 데 있다. 따라서 상가를 선택할 때는 임대수익 확보와 건물가격 상승에 따른 자본이득 확보라는 두 가지 목적을 동시에 충족시킬 수 있는 여건을 갖춘 상가를 선택해야 한다.

돈 버는 상가의 5가지 조건

임대수익과 자본이득 확보라는 두 가지 목적을 동시에 이루기 위해서는 다음 5가지 조건을 두루 갖춘 상가를 선택하는 것이 좋다.

하나. 사람들의 시선을 끌 수 있는 곳이어야 한다. 사람들의 시선에 자주 노출되면 될수록 상가에 입점해 있는 점포의 인지도는 향상되기 마련이고, 이는 곧 매출로 연결되어 긍정적인 순환이 일어난다. 이렇게 되면 임차인은 장사가 잘돼 좋고 건물주는 월세가 밀리지 않고 잘 들어오는 데다 건물가치까지 올라가니, 그야말로 꿩 먹고 알 먹는 상가가 되는 것이다.

둘. 접근이 용이해야 한다. 사람들의 주목을 받을 수는 있지만 접근하기가 어렵다면 선택해선 안 된다. 접근로 없는 고속도로 옆에 상가를 조성한다고 생각해 보라. 아무리 눈에 잘 띄어도 접근하기가 어려우면 모두 허사인 것이다.

셋. 소비자가 항상 필요로 하는 물건을 취급하는 점포가 있는 곳이 좋다. 이런 곳은 가게 매출이 꾸준해 세입자로부터 임대료를 밀리지 않고 제때 잘 받을 수 있다. 장사가 잘되는 상가의 주인은 세입자에게 큰소리치면서 임대료를 받지만 장사가 잘되지 않는 상가의 주인은 세입자 눈치 보기 바쁘다는 사실을 명심하라.

넷. 인근 지역 유사상가의 권리금이 높은 곳이 좋다. 권리금이 높다는 것은 그만큼 장사가 잘되는 곳이라는 걸 의미한다. 따라서 임대료 문제로 골치 않는 일도 없고, 세를 얻고 싶어 하는 사람들이 항상 대기하고 있기 때문에 임대문제에서 자유롭고 처분 시에는 큰 이득을 얻을 수 있다.

다섯. 현재 인근 지역에 해당 상가와 경쟁이 될 만한 상가가 있는지, 더 나아가 새로 건축될 가능성이 있는지를 알아본다. 경쟁 상가의 유동인구 흡입력은 자신의 상가에 직접적인 영향을 끼칠 수 있기 때문이다.

자본환원율을 따져보라

부동산 투자에서 부동산의 수익성, 즉 가치가 얼마나 되느냐를 파악할 때 사용하는 기준 중 하나로 자본환원율이라는 게 있다. 자본환원율은 해당 부동산의 순수익(연간 임대소득에서 유지에 들어가는 부대비용을 모두 제한 금액)을 부동산가격으로 나눈 비율을 말한다. 이를 거꾸로 계산하면, 순수익÷자본환원율＝부동산가격이 된다.

예를 들면 시세 5억 원인 A부동산의 연간 임대료 순수익이 2,000만 원이면 A부동산의 자본환원율은 4%다. 똑같이 시세가 5억 원인 B부동산의 경우 연간 임대료 순수익이 3,000만 원으로 자본환원율은 6%다. 입지, 토지와 건물의 규모, 임차인 구성 등의 조건이 모두 동일하다면 투자자는 자본환원율이 더 높은 B부동산을 선택하는 게 이익이다. 그러나 A와 B 두 부동산의 세입자 구성이 다르다면 얘기는 좀 달라질 수 있다. A부동산은 세 명의 임차인이 있고 B부동산은 단 1명의 임차인이 있는 경우, 수익률이 높다고 무턱대고 B부동산을 구입했다가는 낭패를 볼 수도 있다. 불경기로 인해 임차인이 임대료를 내지 못하거나, 임차인이 나간 뒤 새로운 임차인을 구하지 못해 한동안 공실이 발생할 수도 있기 때문이다. 따라서 수익성 부동산을 고를 때 자본환원율이 높으면 리스크가 클 수도 있음을 반드시 함께 고려해야 한다.

위 예에서 살펴봤듯이 상당수의 투자자가 수익성 부동산 투자에서 실패하는 이유는 당장의 임대수익에 지나치게 관심을 두기 때문이다. 보통 재테크 투자자들은 임대수익은 높은데 가격은 저렴한, 이른바 '저평가된 수익성 부동산'을 찾으려고 많은 시간과 정력을 소비한다. 그러나 임대수익이 높으면서 가격까지 저렴한 수익성 부동산은 그 어디에도 없다. 단지 미래가치에 비해 현재가치가 저평가된 수익성 부동산만 있을 뿐이다. 따라서 향후 발전가능성이 풍부한 지역을 관심 있게 지켜보라. 또한 자주 현장을 방문해 발전 속도를 꾸준히 체크해 보라. 현재보다 미래가치가 더욱 뛰어난 알짜상가를 구입할 수 있는 길이 열릴 것이다.

04

보유세를
고려하라

부동산과 관련된 세금은 크게 세 가지가 있다. 부동산을 구입할 때 내는 세금, 부동산은 처분해서 이익이 발생했을 때 내는 세금, 부동산을 보유하고 있는 동안 매년 내는 세금이 그것이다. 첫째를 취득세, 둘째를 양도소득세, 셋째를 보유세라고 부른다. 그런데 이 보유세는 다시 재산세와 종합부동산세로 구분된다.

재산세와 종합부동산세에는 약간의 차이가 있다. 재산세는 지방세다. 지방자치단체(시·군·구)가 부과하는 세금인 것이다. 이에 비해 종합부동산세(이하 '종부세')는 국가에서 부과하는 국세다. 보통 보유세 부담 증가 문제가 이슈화될 때마다 언론의 주목을 받는 세금이 바로 이 종부세다. 재산세에 비해 부담액의 수준이 매우 높아서다.

종부세는 참여정부 시절 제정된 종합부동산세법에 따라 2005년 1월부터 시행되고 있는 보유세로, 최초 도입 이후 몇 차례 변동을 거쳤다. 처음에는 1인당 합산방식으로 과세되었으나, 시행된 지

1년도 안 된 2005년 말부터 과세 강화를 이유로 세대당 합산방식으로 바뀌었다. 이는 다주택 세대의 강렬한 조세 저항을 불러일으켰다. 결국 2008년 말 헌법재판소의 세대별 합산 규정 위헌 결정에 따라 종부세는 다시 1인당 합산방식으로 회귀해 오늘날에 이르고 있다. 종부세가 이 같은 굴곡을 거친 이유는 그만큼 부동산시장에 미치는 파급효과가 큰 세금이기 때문이다.

집값이 높을수록 종부세 부담이 커진다

종부세의 과세표준과 세율은 5단계로 나뉜다. 집값이 높아질수록 세금도 증가하는 구조다. 이는 종부세 부과의 기준이 되는 주택 공시가격이 실제 집값 하락으로 인해 떨어지지 않는 한 보유세 부담은 지속적으로 증가할 수밖에 없는 구조라는 뜻이기도 하다. 그렇다면 종부세 과세대상이 되는 주택공시가격은 얼마나 될까? 1세대 1주택인 경우 9억 원(2주택 이상은 6억 원)이다.

자, 그렇다면 여기서 이런 계산이 가능할 것이다. 실제 사례를 들어보자. 집값이 지속적으로 상승함에 따라 강남구 압구정동 한양1차(전용면적 79m²) 아파트의 경우 2016년에 8억 800만 원이던 공동주택공시가격이 1년 뒤인 2017년에는 9억 400만 원으로 상승했다. 이 아파트 소유자가 1세대 1주택자라면 그는 2017년부터 새롭게 종부세 대상에 포함된다. 만일 1세대 2주택자라면 그가 내야 하는 전체 보유세(재산세+종부세)는 1년 만에 47만 원 정도 증가한 230만 원 수준이 된다. 전체 보유세의 많고 적음을 떠나 집을 보유하고 있는 개인이라면 집값이 상승했다고 해서 마냥 즐거울 수많은 없을 것이다.

고가주택을 많이 소유할수록 보유세 부담은 크게 늘어난다. '보유세=고가주택 겨냥용 세금'이라는 공식이 성립되는 셈이다. 종부세 부담이 커지면 고가주택 소유자는 주택을 계속 보유할지 매도하여 보유세 부담을 덜 것인지를 고민하게 된다. 실제로 종부세가 처음 도입되었을 때 고가주택이 많이 몰려 있는 강남, 과천, 분당 등지에서 종부세 과세기준일과 종부세 부담이 현실화되는 12월을 전후로 매물이 늘어났다.

보유세의 틈새를 노려라

앞으로 부동산 보유세에 한차례 이상 변동이 생길 듯하다. 문재인정부는 출범 이후 보유세를 강화하겠다는 의사를 여러 차례 내비쳤다. 조세 저항이 만만치 않을 것으로 예상되지만, 문재인정부가 보유세를 점진적으로라도 높일 것이라는 데에는 전문가들 사이에서도 큰 이견이 없다.

만약 보유세가 오르면 고가주택 시장은 다소 침체될 가능성이 높다. 반면에 소액투자자들에게는 보유세 인상이 새로운 투자기회를 찾을 수 있는 호재로 작용할 수도 있다. 그 근거로 두 가지 시나리오를 들어보겠다.

첫째, 보유세가 오르면 값이 비싼 우량지역 주택의 매물이 증가한다. 증가한 매물이 쌓이게 되면 우량지역 주택가격이 하락하기 시작한다. 우량지역 주택이 하락하면 뒤이어 비우량지역 주택의 매물도 증가한다. 곧이어 비우량지역의 주택가격도 하락하면서 전체 주택가격이 하락하는 현상이 일어난다. 전체적으로 주택가격이 하락하는 분위기가 조성될 경우, 일시적으로 우량지역 주택가격의 하락폭보다 비우량지역 주택가격의 하락폭이 더 커진다. 이때 우량지역과 비우량지역 간 주택가격차가 극대화되는 시점을 잘 찾으면 헐값에 주택을 매수할 기회를 잡을 수 있다.

둘째, 보유세가 오르면 우량지역의 고가주택 구입을 망설이던 매수 대기자들의 관심이 종부세 부과대상에서 제외되는 6억 원 이하 주택으로 쏠린다. 그들의 매수가 늘어나면서 점차 6억 원 이하 주택의 매물이 줄어든다. 수요는 많은데 매물이 줄어들면 가격은 올라갈 수밖에 없다. 그러므로 이런 현상이 나타나는 초기 단계에 선취매를 하면 상대적으로 적은 투자금액으로도 꽤 높은 수익을 올릴 수 있다.

이렇듯 보유세 인상이 부동산 투자에 있어서 무조건 악재인 것만은 아니다. 보유세 인상으로 부동산시장이 침체되면 그것을 소액투자의 기회로 활용하는 전략, 다시 말해 적극적인 선취매 전략을 활용할 필요가 있다.

그러나 노파심에서 한 가지만은 부탁하고 싶다. 종부세 대상에서 제외되는 6억 원 이하 주택이라고 해서 무조건 구입해선 안 된다는 것이다. 임대사업을 목적으로 하지 않는 한 1세대 다주택자가 되는 것은 피해야 한다. 거래세인 취득세와 양도소득세도 고려해

야 하기 때문이다. 이 점만 명심한다면 소액투자자들도 성공으로
가는 문을 열 수 있을 것이다.

05

부동산가격에는
정가가 없다

'일물일가의 법칙'이라는 것이 있다. 하나의 상품에는 하나의 가격이 존재한다는 뜻이다. 실제로 크게 느끼지 못해서 그렇지 우리의 일상생활에서 '일물일가의 법칙'은 적용되고 있다. 라면을 예로 들어보자. 편의점에서 개당 1,050원 하는 N사의 컵라면이 다른 곳에서는 1,500원에 거래되는 경우는 거의 드물다. 물론 특별한 행사를 위한 촉진수단으로 정상가격보다 크게 할인해서 판매할 수는 있다. 하지만 그것은 어디까지나 일시적인 것이고 행사가 끝나면 다시 정상가격으로 판매하게 된다는 점에서 '일물일가의 법칙'이 적용되지 않는다고 하기엔 무리가 있다.

부동산시장에도 일물일가의 법칙이 적용되는가?

사실 부동산시장에서는 일물일가의 법칙이 적용되지 않는다. 그 이유는 바로 부동산이라는 상품이 지니는 몇 가지 특징에 있다. 그

것은 다음과 같다.

첫째, 부동산은 위치가 고정되어 있다. 때문에 부동산은 그 지역이 지니고 있는 독특한 가치에 따라 가격차이가 발생한다.

둘째, 부동산 중에서도 토지는 물리적으로 양을 늘리지 못한다. 즉 주택이나 상가처럼 수요에 따라 공급을 조절하는 것이 불가능하고, 이는 우량지역과 비우량지역에 따른 가격차이를 발생시키는 요인이 된다.

셋째, 하나의 부동산은 그 자체로 유일하다. 모든 부동산은 각각 독특한 특징을 지니고 있다. 전자제품처럼 표준화된 성능과 품질은 기대하기 어렵다. 즉 A라는 부동산과 동일한 조건을 갖춘 부동산은 없으므로 그에 따라 가격차이가 발생하는 것이다.

넷째, 부동산은 다양한 용도로 사용될 수 있다. 토지를 예로 들면 B라는 토지를 논으로 쓸 수도 있고 밭으로 쓸 수도 있고 또 대지*로도 쓸 수 있는데, 동일한 토지를 그 쓰임새만 달리해도 가격차이가 발생한다.

대지
집터로 사용할 수 있는 땅.

이처럼 부동산은 시장에서 정한 가격으로 거래되지 않는 상품이다. 다시 말해 정가라는 게 별 의미를 갖지 못하는 상품이다. 그래서 비슷한 지역에 있는 대동소이한 부동산일지라도 가격차이가 크게 발생하는 경우가 자주 있기 때문에 터무니없는 고가에 부동산을 매수하는 실수를 범하기도 하는 것이다.

턱없이 높은 가격에 토지를 매수한 최황당 씨의 사례를 살펴보자.

● 사례 7

충주가 고향인 최황당 씨. 부친이 부농이었던 관계로 어린 시절을 남부럽지 않게 보냈고, 당시로서는 드물게 서울에 유학까지 해서 대학을 마쳤다. 그 후 잠시 직장생활을 하다 사업을 하게 되었는데 사업에 우여곡절이 많아 선친이 물려주신 고향의 논밭을 팔아서 위기를 넘겼고, 그 덕분에 사업은 어느 정도 제 궤도에 올랐다. 하지만 선친께서 물려주신 그 많던 논밭이 하나도 남아 있지 않다는 것이 최황당 씨 마음에 늘 무거운 짐이 되었다. 그러던 2014년 초 최황당 씨는 선친의 땅을 다시 사들여야겠다고 결심하고 즉시 고향으로 내려갔다.

고향에 이르자 선친이 경작하던 논밭이 한눈에 들어왔다. 순간 최황당 씨는 만감이 교차했지만 이내 마음을 진정시키고 매물로 나온 토지를 수소문하기 시작했다. 그러나 선친 소유였던 땅 중 당장 매물로 나온 땅이 없었다. 할 수 없이 최황당 씨는 좋은 논밭이 나오면 연락해 달라는 부탁을 남기고 돌아갔다.

약 1달 후 적당한 매물이 나왔다는 연락을 받은 최황당 씨는 다시 고향에 내려갔다. 하지만 매물로 나온 땅은 시세인 평당 15만 원보다 훨씬 비쌌다. 평당 20만 원이었던 것이다. 최황당 씨는 시세보다 비싼 이유를 물었다. 땅주인은 "우리 땅보다 못한 땅이 평당 20만 원에 거래됐어요"라고 말하면서 덧붙이기를 "땅값이 정해진 것도 아닌데 시세라는 게 어디 있어요? 또 시세가 있다 해도 이미 평당 20만 원에 매매된 땅이 있으면 시세도 평당 20만 원으로 바뀌는 게 아닌가요?" 했다. 할 말이 없어진 최황당 씨는 결국 평당 20만 원에 그 땅을 사고 말았다.

그 후 몇 개월이 지나 다시 고향을 찾은 최황당 씨는 어이없는 사실을 알게 되었다. 자신이 매입한 땅은 평당 12만 원이 적정 시세였던 것이다. 이전 소유자가 말한 "자신의 땅보다 못한 평당 20만 원짜리 땅"은 매수자에게 그 땅을 사야만 하는 절박한 사정이 있어서 시세보다 턱없이 높은 가격에 매매되었던 것이다. 현재 최황당 씨는 선친께서 물려주신 땅 중 일부를 되찾았다는 것을 마음의 위안으로 삼고 있다.

이번에는 반대로 '부동산가격에는 정가가 없다'는 특징 덕분에 턱없이 싼 가격에 토지를 매수한 이제일 씨의 사례를 보자.

● **사례 8**

평촌에 사는 이제일 씨는 퇴직하면 시골에 내려가 집 짓고 소일 삼아 농사나 지으면서 살겠노라고 입버릇처럼 말하곤 했다. 하지만 그놈의 돈이 문제였다. 그러던 차에 여름휴가차 홍천에 들른 이제일 씨는 동네 주민들이 하는 얘기를 우연히 듣게 되었다.

"산 밑에 있는 조그만 밭이 얼마나 한다고 그거 팔아 자식 학비를 대줘. 어휴, 그놈의 대학등록금은 왜 그리 비싼지 참……. 그래도 그렇지 아무리 못 가도 평당 16~17만 원은 족히 될 텐데 왜 그리 헐값에 팔려고 그러는지 모르겠네. 하기야 시세만 높으면 뭐 하나. 막상 필요할 때 팔려야 시세지."

대부분은 무심히 듣고 가던 길을 갔겠지만 평소 시골에 내려가 살기를 소망하던 이제일 씨로서는 그냥 지나칠 수 없는 내용이었다. 이제일 씨는 즉시 수소문 끝에 땅을 처분하고자 하는 사람 찾아갔고, 산 밑자락에 붙은 밭 300평을 평당 10만 원에 매입했다.

그리고 며칠 후 휴가를 마치고 집으로 돌아가는 길에 잠시 공인중개사 사무소에 들러 자신이 매입한 땅의 적정 시세를 알아본 이제일 씨는 깜짝 놀라고 말았다. 평당 10만 원에 매입한 땅은 현재 17만 원 정도로 시세가 형성되어 있고, 앞으로 전원주택 단지로 개발될 가능성이 높아 추가적인 가격상승 여력이 충분하다는 대답을 듣게 된 것이다.

현재 이제일 씨가 사둔 산 밑자락의 밭 주위는 대부분 전원주택 부지로 탈바꿈되어 있고, 이제일 씨 역시 전원주택이 완공될 날만을 손꼽아 기다리고 있는 중이다.

06

정책과 언론의
흐름을 살펴라

정책과 언론의 흐름을 살피는 것은 부동산 재테크에 성공하기 위한 필수요소다. 물론 정책과 언론 외에도 정보, 인적 네트워크, 투자자본, 발품팔기 등등 성공을 위한 필수요소는 많다. 그러나 정책과 언론은 부동산 재테크의 성공을 가늠하는 거시적 측면에서의 필수요소라는 점에서 다른 요소들보다 중요하다.

정책과 언론은 투자계절을 만들어낸다

부동산 관련 정책과 언론은 봄, 여름, 가을, 겨울이라는 계절로 표현할 수 있다. 부동산시장을 따뜻하게 만들 수도 있고 춥게 만들 수도 있기 때문이다. 한편, 봄이 예년에 비해 춥다 하더라도 하루 이틀 정도는 따뜻할 수 있는데, 이처럼 따뜻한 날씨로 만들어주는 것이 바로 정보, 인적네트워크, 투자자본, 발품팔기 등 미시적 요소라 할 수 있다.

미국이나 여타 국가들을 보면 부동산가격에 가장 큰 영향을 미치는 요인은 시장법칙, 즉 수요와 공급이라는 것에 국민적 공감대가 형성되어 있는 것 같다. 따라서 특별한 경우가 아니면 정부가 나서서 직접적으로 시장을 규제하지 않는다.

반면에 우리나라는 어떤가? 한 인터넷 포털 사이트에서 "우리나라 부동산시장에 가장 큰 영향을 주는 요인이 무엇인가?"라는 설문조사를 실시한 적이 있다. 결과는 "정부의 정책"이라고 응답한 숫자가 압도적으로 많았다. 굳이 이런 조사를 언급하지 않더라도 정책이 부동산가격을 결정하는 가장 중요한 요인이라는 것에 국민적 공감대가 형성되어 있다는 것쯤은 삼척동자도 알 수 있을 정도다. 때문에 정책의 방향에 따라 부동산가격의 흐름이 큰 폭으로 출렁이곤 하는 것이다.

그런데 한 가지 재미있는 사실은 역대 정권의 부동산정책과 정책의 시행에 따른 부동산시장의 흐름을 살펴보면 공통적인 특징을 발견할 수 있다는 것이다. 부동산 재테크 전문가들은 하나같이 부동산 재테크에 성공하려면 이와 같은 공통적인 특징을 더 자주 그리고 더 많이 활용하라고 조언한다. 그 이유는 정책이 부동산시장의 투자환경을 조성하기 때문이다. 다음의 공식은 바로 이러한 공통적인 특징들의 흐름을 나타낸 것이다.

> 부동산가격 상승

> ∨

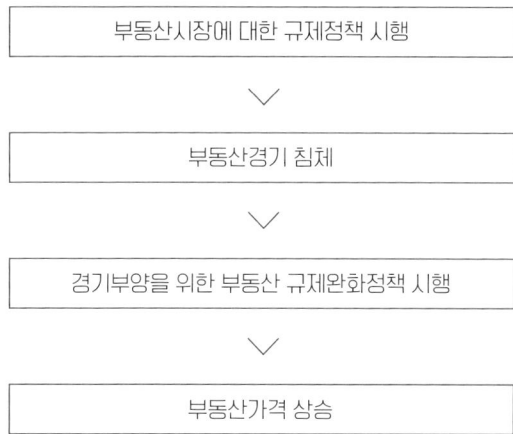

부동산시장에 대한 규제정책 시행

↓

부동산경기 침체

↓

경기부양을 위한 부동산 규제완화정책 시행

↓

부동산가격 상승

정책 변화에 언론은 반응한다

언론은 부동산 재테크와 밀접하게 연결되어 있다. 대부분의 사람이 언론에서 부동산 투자 전망이 밝다고 보도하기 시작하면 부동산시장에 눈을 돌린다. 그러다 특정 지역의 부동산가격이 크게 오르고 있다는 보도가 나오기 시작하면 앞 다투어 매수행렬에 동참하려 든다.

그러나 지나친 과열현상으로 부동산가격이 불안해지면 각 언론은 부동산가격을 안정시켜야 한다는 신호를 정부와 국민에게 보내기 시작한다. 정부는 이러한 보도가 국민적 공감대를 얻고 부동산가격 변동이 경제운용에 부담이 된다는 판단이 들면 강력한 부동산가격 안정대책을 발표한다. 이러한 과정에서 소신 없이 이른바 '따라쟁이'식 구입을 한 사람은 큰 낭패를 겪게 되는 것이다.

이상으로 정책과 언론의 흐름을 살피는 것이 왜 부동산 재테크 성공에 꼭 필요한 요소인가에 대해 살펴보았다. 이제 정책과 언론을 활용해 부동산 재테크, 그중에서도 소액으로 부동산 재테크에 성공하기 위해 반드시 기억해 두어야 할 성공공식을 정리해 보겠다.

정책과 언론을 활용해 부동산 재테크에 성공하는 7가지 공식

하나, 최적의 구입시점은 부동산정책의 시행으로 시장이 침체된 시기다. 새로운 부동산정책의 시행이 예상되면 저점 매수기회를 살펴라.

둘, 부동산정책이 규제에서 완화로 방향을 전환하면 조만간 부동산시장은 상승국면으로 전환된다. 따라서 매도시점을 미리 포착하라.

셋, 정책의 효과가 지속되는 기간은 ① 시행되는 정책 자체의 강도 ② 직전 정책의 강도 ③ 시행될 정책의 사전 예측가능성에 의해 결정된다. 따라서 정책 발표 직후 이 세 가지를 비교하라. 새로운 부동산정책하에서의 투자환경이 따뜻한 봄이냐 한겨울이냐는 전적으로 위 세 가지에 달려 있다.

넷, 정책의 주요 목표로 규제되는 지역은 장기적으로 가장 유망한 지역이다. 따라서 장기적인 관점에서 적극적으로 매수하라.

다섯. 언론에서 "부동산시장이 침체의 골이 깊어졌다" "미분양 물량이 쌓여 간다"라는 보도가 나오기 시작하면 매수시점을 찾아라.

여섯. 수도권 신도시를 중심으로 가격상승세가 두드러진다는 보도가 나오기 시작하면 서서히 매도시점을 살펴라. 이어 '과열' '묻지마'라는 표현이 등장하면 최적의 매도시점으로 볼 수 있다. 이때 매도 성숙단계를 놓치면 정책이 규제에서 완화로 바뀔 때까지 기다려야 하므로 신속하게 결정하라.

일곱. 부동산정책과 언론은 함께 움직이는 특성이 있는데 대개 언론은 정책보다 앞서 나간다. 이러한 언론과 정책의 시차를 잘 활용해 재테크에 성공한 사례는 많다. 따라서 언론보도와 부동산정책의 시차를 투자에 활용하라.

07

자금의 성격이
성패를 좌우한다

우리의 계절은 늘 봄, 여름, 가을, 겨울을 순환하며 바뀐다. 계절과 마찬가지로 부동산시장 역시 상승, 보합, 하락, 회복기를 거치면서 순환한다. 그래서 부동산을 구입한 목적과 관계없이 가격상승과 하락에 따라 희비가 교차하는 것은 지극히 자연스러운 현상이라 할 수 있다.

구입자금의 성격이 이익이나 손실의 폭을 결정한다

부동산시장이 상승과 하락을 거듭하면서 자연스럽게 순환하기는 하지만 항상 일정한 패턴을 보이는 것은 아니다. 부동산시장은 마치 살아 움직이는 생물과도 같아서 그때그때 조금씩 다르게 변화하는 모양새를 보인다. 시장에 영향을 미치는 요인이 무엇이냐에 따라 변동폭이 커지거나 작아지기도 하고, 변동주기가 길어지거나 짧아지기도 한다. 이러한 변화는 투자손실이나 투자수익 혹은 투자자금 회수기간과 직결되어 있다는 점에서 매우 중요하다.

부동산시장의 순환에 영향을 주는 요인을 시장 전체에서 각각의 부동산 투자자들로 그 범위를 좁혀서 살펴보면, 인위적 요인이 매우 중요한 역할을 하고 있다는 사실을 알 수 있다. 그중 가장 대표적인 것이 바로 구입자금의 성격이다. 구입자금이 자기자본인지, 아니면 대출 등과 같은 타인자본인지 여부는 부동산시장이 호황국면인지 또는 불황국면인지 여부에 따라 매우 다른 투자 결과를 가져올 수 있다. 손실의 폭을 크게 할 수도 있고 이익의 폭을 크게 할 수도 있는 것이다. 따라서 부동산 재테크를 계획하고 실행하는 데 있어 가장 중요하게 고려해야 하는 요인 중 하나가 구입자금의 성격이라고 할 수 있다.

다음 두 사례를 통해 자금의 성격이 투자 결과에 얼마나 큰 영향을 미치는지를 살펴보자. 하나는 여유자금으로 침체기를 매수기회로 활용한 고소득 씨의 사례이고, 다른 하나는 단기자금으로 부동산을 구입해 손해만 보고 큰 수익은 놓쳐버린 다날려 씨의 사례다.

● **사례 9**

무역업을 하는 고소득 씨는 1999년 초 고교동창 3명과 함께 용인에 있는 토지를 매입했다. 당시는 IMF 경제위기 여파로 부동산시장이 위축된 상황이었다. 그렇지만 고소득 씨는 이미 상당한 수준의 부동산가격 폭락이 있었고, 특히 토지의 경우 그 하락폭이 더욱 컸다고 생각했다. 그래서 은행에 넣어둔 여유자금과 고교동창들이 가지고 있는 여유자금을 합쳐 부담 없는 금액으로 용인의 토지를 매입했다.

매입 후 몇 년이 지나지 않아 '용인 난개발 문제'가 이슈화되면서 가격이 급락하기도 했고 글로벌 금융위기 여파로 가격이 출렁하는 모습을 보이기도 했다. 그러나 여유자금으로 투자한 고소득 씨와 동창들은 단기적인 악재로 인한 가격하락이라 생각하고 손절매*에 대한 유혹을 떨쳐낼 수 있었다. 그리고 구입시점으로부터 20여 년이 흐른 지금, 고소득 씨와 동창들은 구입 당시와 비교했을 때 엄청난 시세차익을 거둔 상태다. 그들은 요즘 그 토지를 처분할 것인지, 직접 개발하여 수익을 극대화할 것인지를 놓고 행복한 고민을 하고 있다.

손절매

주식 등 투자한 상품의 가격이 앞으로 더 떨어질 것으로 예상해서 손해를 감수하고 매수한 가격 이하로 파는 행위.

● **사례 10**

굴지의 대기업에 다니는 다날려 씨는 향후 재건축 대상 아파트의 가격이 크게 오를 것이라고 예상했다. 그는 거주하고 있는 아파트를 담보로 대출을 받아 2010년 6월에 안산시에 있는 J아파트 49.58㎡를 2억 1,000만 원에 매입했다.

그러나 다날려 씨가 아파트를 구입한 지 얼마 안 돼 J아파트 가격이 하락하기 시작했다. 조금 지나면 나아질 것으로 기대했지만, 그의 바람과 달리 가격하락폭은 더욱 커져만 갔다. 급기야 2013년 6월 J아파트 가격은 1억 7,000만 원대까지 떨어졌다. 그동안 납입한 대출금 이자와 앞으로 납입해야 하는 대출금 이자를 생각하니 다날려 씨는 눈앞이 캄캄해

졌다. 결국 다날려 씨는 자신이 구입했던 가격보다 4,000만 원이나 낮은 1억 7,000만 원에 아파트를 처분하고 말았다. 이미 납입한 이자 비용 등을 더하면 손해액은 훨씬 컸다.

몇 개월 뒤 반전이 일어났다. 그토록 오를 것 같지 않던 J아파트 가격이 상승을 거듭하더니 2억 5,000만 원까지 오른 것이다. 이는 다날려 씨가 구입했던 가격보다 4,000만 원, 판 가격보다는 무려 8,000만 원이나 높은 금액이었다. 만약 여유자금으로 투자했다면 다날려 씨가 서둘러 아파트를 처분하지 않았을지도 모른다. 대출이라는 구입자금의 성격이 다날려 씨를 조급하게 만들어 결국 큰 손실을 보게 만든 것이다.

부동산은 지렛대 효과를 적절하게 활용할 수 있는 시점을 제외하고는 여유자금으로 구입하는 것이 좋다. 특히 부동산시장이 호황에서 불황으로 바뀌는 시점에 대출 등 타인자본으로 투자하면 손해를 보고 처분할 확률이 매우 높아진다. 대출 상환에 대한 부담으로 인해 투자자의 마음이 조급해지기 때문이다. 그러므로 '투자는 가능한 한 여유자금으로 한다'는 원칙을 고수하는 것이 좋다.

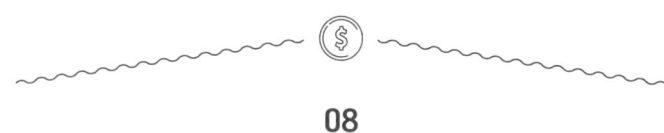

08

소액 재테크를 꿈꾸는 그대여 불편을 즐겨라

"투자자금이 부족해도 불편을 견뎌낼 준비만 되어 있다면 부동산 재테크에 성공하실 수 있습니다!"

필자가 소액 재테크를 꿈꾸는 서민들에게 늘 하는 말 중 하나다. 어찌 보면 재테크의 가장 큰 적은 편안함을 바라는 욕구인지도 모른다. 사람은 누구나 좀 더 편안하고, 즐겁고, 자유로워지고 싶어한다. 다만 이러한 욕구를 지금 당장 채우느냐 좀 더 뒤에 채우느냐의 기로에서 제각각 다른 선택을 할 뿐이다. 재테크를 꿈꾸는 사람이라면 이러한 욕구의 충족 시점을 좀 뒤로 미룰 필요가 있다. 안락과 즐거움을 누리는 데 쓸 시간과 자금을 재테크에 쏟아 부어야 하기 때문이다.

당장의 안락과 즐거움을 포기하고 재테크에 몰두하는 과정에는 필연적으로 불편함이 따른다. 소액투자자에게 그 불편은 때때로 고통의 수준이 될 수도 있다. 하지만 그런 불편함을 견뎌내고 재테크에 성공하면 훨씬 큰 안락과 즐거움을 누릴 수 있다.

투자자금이 부족해도 불편만 견뎌내면 성공할 수 있다

가진 돈이 적으면 거주용 주택과 재테크용 주택을 따로 두기가 어렵다. 이럴 땐 거주와 재테크를 동시에 하면 된다. 이를테면 미래가치가 높을 것으로 예상되는 주택을 신중하게 고른 후 한동안 그곳에서 살다가 주택가격이 목표치에 도달하면 되팔아서 차익을 챙긴 뒤 또다시 미래가치가 높아질 주택을 구입해 이사하는 것이다.

이 방법은 큰 위험 없이 재테크와 내 집 마련이라는 두 마리 토끼를 동시에 잡을 수 있는 매력적인 방법이긴 한데, 실행하기가 그리 쉽지만은 않다. 미래가치가 높은 곳을 찾아내려면 끊임없이 발품을 팔고 공부해야 한다. 또 그렇게 어렵사리 선택한 예측이 빗나갈 수도 있다. 설령 예측이 정확히 들어맞았다 하더라도 미래가치가 높은 주택은 대체로 재개발, 재건축이 유력한 노후주택이기 때문이다. 지어진 지 수십 년 된 낡은 주택에서 살려면 생활 전반에서 수많은 불편함을 감내해야 한다. 뿐만 아니다. 잦은 이사로 인한 자녀 교육문제, 직장 출·퇴근 문제, 각종 대인관계 형성의 어려움 역시 견뎌내야 한다. 정신적으로나 육체적으로나 결코 쉽지 않은 일인 것이다. 그렇지만 포기하지 말고 극복해야 한다. "피할 수 없다면 즐기라"는 말을 떠올리며 힘든 나날을 견디다 보면 반드시 노력한 것 이상의 보상을 받을 것이다.

다음은 잦은 이사로 인한 불편을 감수하고 소액재테크에 성공한 지대로 씨의 사례다. 이른바 이사재테크의 좋은 예라고 할 수 있다.

- **사례 11**

  인천광역시에 살고 있는 지대로 씨. 그가 현재 거주하고 있는 아파트는 자신이 거주하던 빌라가 재개발 되면서 입주하게 된 아파트다. 원래 지대로 씨는 서울에 있는 33평 아파트에 살고 있었다. 그러다 2004년 1세대 1주택에 따른 양도소득세 비과세 기간을 채우자마자 그 집을 팔고, 향후 개발가능성이 높은 지역을 찾아다니기 시작했다.

  그러던 중 지대로 씨는 서울과 가깝다는 장점이 있음에도 집값이 저평가된 인천지역을 주목하고, 틈나는 대로 발품을 팔아 이곳저곳 살피고 다녔다. 아이들이 아직 초등학교와 중학교에 다니고 있었기 때문에 학교가 가까우면서도 인근 지역에 비해 저평가된 곳을 찾아 나가던 지대로 씨. 마침내 적당한 주택을 발견했다. 가까운 곳에 초등학교 2곳, 중학교 2곳, 고등학교 2곳이 자리 잡고 있어 교육환경이 양호할 뿐 아니라 지하철 1호선 동암역과 가깝고 인천도시철도 간석오거리역과도 가까워 교통접근성 또한 매우 양호했다. 그럼에도 불구하고 빌라와 오래된 단독주택들이 밀집한 곳에 있어서 집값은 아주 저렴했다. 지대로 씨는 "바로 이곳이다!"라는 생각에 쾌재를 불렀다. 결정을 하면 즉시 행동으로 옮기는 성격의 지대로 씨는 곧바로 인근 공개중개사 사무소에 들러 적당한 매물을 찾아 계약을 체결했고, 얼마 후 온 가족이 이사를 했다.

  그로부터 2년 후인 2006년 지대로 씨가 구입한 빌라는 재개발이 진행됐다. 지대로 씨의 예측이 정확히 들어맞은 것이었다. 지대로 씨는 재개발 호재로 가격이 오른 집을 당장 처분하기보다 거주와 수익을 동시에 노리는 전략을 선택했다. 재개발은 이변 없이 착착 진행됐고, 지대로 씨는 조합원 자격으로 새 아파트를 분양받아 2014년 말에 입주한 이후 지금까지 거주하고 있다. 물론 적지 않은 시세차익이 발생한 상태다.

재미있는 것은 지대로 씨가 이런 방식의 재테크를 한 게 처음이 아니라는 사실이다. 지대로 씨는 결혼생활 18년 동안 이사를 8번이나 했다. 2년에 한 번꼴로 이사를 다닌 셈이다. 처음 한동안은 잦은 이사에 지친 아내와 다툼이 많았지만, 이제는 오히려 아내가 더 적극적이라고 한다. 한 번 이사할 때마다 작게는 수천만 원에서 크게는 억대의 차익을 남겼으니 당연한 결과 아닐까. 현재 지대로 씨는 또다시 어디로 이사할까를 놓고 고민에 빠져 있다. 지대로 씨에게 이사는 곧 재테크이기 때문이다.

지대로 씨의 사례는 불편함만 견디면 누구나 재테크에 성공할 수 있음을 증명해주는 좋은 본보기다. 재테크를 꿈꾸는 사람들, 특히 소액으로 재테크를 할 수밖에 없는 사람들이여, 성공하고 싶은가? 경제적으로 풍요로워지고 싶은가? 그렇다면 먼저 불편을 감내할 준비를 하라. 그리고 그 불편을 즐겨라. 그리하면 성공의 문이 열릴 것이다. 재테크와 편안함은 절대로 함께할 수 없다.

09

고령사회가
부동산시장을 변화시킨다

우리나라도 이제 고령화사회를 지나 고령사회로 진입했다. 통계청에서 발표한 자료에 따르면 2015년 기준으로 우리나라의 65세이상 고령인구는 전체 인구의 13.2%를 차지하는 656만 9,000명인 것으로 나타났다. 이는 10년 전(436만 5,000명)보다 220만 4,000명(29.5%)이 늘어난 수치다. 같은 기간 유소년인구(0~14세)는 208만명 줄어든 것으로 나타났다. 이는 우리 사회의 고령화가 매우 빠른속도로 진행되고 있음을 알게 해주는 대목이 아닐 수 없다. 우측의표는 성별 고령인구의 규모 및 추이를 나타낸 것이다.

이미 절반가량의 시·도가 고령사회로 진입했다

일반적으로 65세 이상 인구의 구성비가 얼마나 되느냐에 따라고령화사회, 고령사회, 초고령사회로 나뉜다. 65세 이상 인구의 구성비가 7% 이상이면 고령화사회, 14% 이상이면 고령사회, 20%

성별 고령인구 규모 및 추이

(단위: 천 명, %, 여자 100명당 명)

	65세 이상	남자	비중[2]	구성비[3]	여자	비중[2]	구성비[3]	성비[4]
1960T[1]	935	385	41.1	3.1	548	58.9	4.4	70.2
1970T	1,039	398	38.3	2.5	641	61.7	4.1	62.1
1980T	1,446	540	37.3	2.9	907	62.7	4.9	59.5
1990T	2,162	811	37.5	3.7	1,352	62.5	6.3	60.0
1995T	2,640	975	36.9	4.4	1,666	63.1	7.5	58.5
2000T	3,372	1,287	38.2	5.6	2,084	61.8	9.1	61.8
2005T	4,365	1,736	39.8	7.4	2,629	60.2	11.2	66.0
2010T	5,425	2,198	40.5	9.2	3,227	59.5	13.4	68.1
2010R[1]	5,360	2,181	40.5	8.9	3,179	59.5	13.1	68.6
2015R	6,569	2,763	42.1	11.1	3,806	57.9	15.3	72.6

1) T(Traditional): 전통적 방식, R(Register-based): 등록센서스 방식   자료: 통계청, 「인구총조사」 각 년도
2) 비중 = (65세 이상 남자(여자) 인구 / 65세 이상 인구) ×100
3) 구성비 = (65세 이상 남자(여자) 인구/총 남자(여자) 인구) ×100
4) 성비 = (65세 이상 남자인구/65세 이상 여자인구) ×100

이상이면 초고령사회라고 한다.

우리나라의 17개 시·도 중 전남은 이미 초고령사회에 진입했다. 고령사회로 진입한 시·도는 전북, 경북, 강원, 충남, 충북, 부산, 제주 등 모두 7개 지역에 이른다(다음 페이지의 표 〈시·도별 고령인구 비율〉을 참조하라). 이는 앞으로 부동산시장에 적지 않은 영향을 주게 될 것이라는 점에서 주목할 필요가 있다.

고령사회가 되면 사회의 활동 동력이 점차 떨어지면서 경제성장이 둔화되는 것을 피할 수 없게 된다. 이렇게 되면 부동산시장 역시 커다란 변화를 겪을 수밖에 없다. 그리고 이런 현상은 초고령사회

로 변화함에 따라 더욱 두드러질 것이다. 주택에 대한 근본적인 수
요가 줄어들 것이기 때문이다.

고령사회를 만든 주요원인은 평균수명의 증가와 저출산이다. 특
히 저출산 문제가 심각하다. 우리나라는 2015년 기준 합계출산율
이 1.24명으로 저출산 현상이 심화되고 있다. 이로 인해 국내 인구

시·도별 고령인구 비율 (단위: 천 명, %)

	2000T[1]	비율	2005T	비율	2010R[1]	비율	2015R	비율	순위
전국	3,372	7.3	4,365	9.3	5,360	11.0	6,569	13.2	-
전남	271	13.6	321	17.7	335	19.0	372	21.1	1
전북	212	11.2	253	14.2	278	15.5	324	17.9	2
경북	314	11.6	374	14.4	411	15.8	468	17.8	3
강원	147	9.9	188	12.9	221	14.9	254	16.9	4
충남	222	12.1	268	14.2	301	14.7	331	16.3	5
충북	142	9.7	176	12.1	201	13.3	229	14.8	6
부산	225	6.2	304	8.7	393	11.4	500	14.7	7
제주	43	8.4	55	10.4	68	12.4	83	14.1	8
경남	267	9.0	330	10.8	381	12.0	452	13.9	9
대구	147	5.9	197	8.0	249	10.1	311	12.8	10
서울	535	5.4	711	7.3	953	9.7	1,203	12.6	11
광주	75	5.6	101	7.2	131	8.8	166	11.2	12
인천	137	5.5	179	7.1	234	8.7	306	10.8	13
대전	75	5.5	101	7.0	129	8.6	164	10.8	13
경기	519	5.8	753	7.3	1,000	8.8	1,286	10.7	15
세종	-	-	-	-	-	-	21	10.5	16
울산	41	4.0	56	5.3	75	6.9	101	8.9	17

1) T(Traditional): 전통적 방식, R(Register-based): 등록센서스 방식 　자료: 통계청, 「인구총조사」 각 년도

는 2031년 5,296만 명으로 정점을 찍은 후 2065년에는 1990년 수준인 4,302만 명으로 감소할 것으로 예상된다.

우리나라가 급속하게 고령화사회에서 고령사회로 접어든 것도 바로 저출산이 선진국을 앞지르는 속도로 진행되었기 때문이다. 주요 선진국들의 고령사회 진입기간을 살펴보면 우리나라의 고령화가 얼마나 빠른 속도로 진행되는지를 알 수 있다. 프랑스는 고령화사회에서 고령사회로 진입하는 데 115년, 독일은 40년, 영국은 47년, 일본은 24년이 걸렸다. 이에 비해 우리나라는 겨우 17년 만에 고령사회로 진입했다.

저출산과 고령화사회로의 진입은 부동산시장을 양극화시킨다

물론 인구고령화와 저출산으로 인한 인구감소가 반드시 부동산가격 하락 현상으로 이어지지는 않을 수도 있다. 다만 전반적인 부동산가격의 하락을 초래하지는 않더라도 부동산시장의 양극화 현상이 보다 더 심화될 것임은 분명하다. 따라서 인구감소가 어떻게 부동산시장의 양극화를 심화시키는지 알아두면 부동산 재테크를 하는 데 큰 도움이 될 것이다.

인구가 감소하면 주택 수요 역시 감소할 수밖에 없다. 이렇게 되면 사람들은 출퇴근, 교육, 문화, 쇼핑, 의료 등 생활이 편리한 도심으로 몰려들기 시작한다. 사람들이 도심을 선호하게 됨에 따라 주로 베드타운 역할을 하던 수도권 외곽의 신도시들에서는 인구 이탈이 일어나게 되고, 자연히 해당 지역의 주택 수요도 줄어들게 된다.

인구가 고령화되어도 도심 주택의 선호도가 높아진다. 의료 및 운동시설과 같이 노인층에게 필수적인 각종 생활시설은 주로 도심에 발달돼 있기 때문이다. 경제력이 없어서 어쩔 수 없이 외곽에 머물러야 하는 경우가 아니라면 노령층 인구가 양질의 삶을 찾아 도심 주거지로 몰려들 수밖에 없다.

실제로 우리보다 먼저 초고령사회로 진입한 일본에서 이러한 도심 U턴 현상이 두드러지게 나타났다. 이로 인해 일본 도심지역의 부동산가격은 급등했고, 도심 외곽의 부동산가격은 큰 폭으로 떨어졌다.

따라서 저출산·고령화 현상이 지속되는 한 우리는 도심권 부동산에 보다 주목할 필요성이 있다. 미래를 위한 현명한 투자전략! 그것은 도심권을 되돌아보는 것에서부터 시작된다.

10

실수요는 지역 선택,
투자 목적은 시점 선택이 중요하다

역대 모든 정권에서 부동산 관련 대책은 빠진 적이 없다. 또한 정부가 발표하는 부동산대책에는 항상 주택시장뿐 아니라 전체 부동산시장을 크게 뒤흔들 만한 내용이 담겨 있었다. 그렇다 보니 정부의 대책 발표 이후에는 한동안 부동산시장의 전망에 대한 의견이 분분해질 수밖에 없고, 국민들의 관심 또한 그 어느 때보다 뜨거워지게 된다.

시작은 내 집 마련으로

재테크는 이제 특정 계층이 아니라 온 국민의 공통 관심사가 되었다. 평생직장의 개념이 사라지면서 고용이 불안정해진 상황에서 어찌 보면 자연스러운 현상이라 할 수도 있겠다. 그래서 서점에는 제목에 '부자' '재테크'라는 단어가 들어간 서적이 넘쳐나고 있다. 어디 그뿐인가. 인터넷에는 수많은 재테크 관련 블로그와 카페가 만들어져 활발하게 운영된다. 모바일은 또 어떤가? 재테크 관련 앱들이 넘쳐나고 있다.

이렇듯 극소수의 사람만이 정보를 독점하는 시대는 꽤 오래전에 지났다. 이제 인터넷만 검색해도 어지간한 정보는 쉽게 얻을 수 있는 세상이다. 다양한 실용서적과 인터넷에서 끌어 모은 정보만 제대로 활용하면 한 번에 대박까지는 아니더라도 어느 정도의 수익을 올릴 수 있다.

그럼에도 불구하고 많은 사람들은 여전히 재테크에 대한 자신의 열망을 이루지 못하고 있다. 그들은 조급한 마음으로 오늘도 특급 정보, 비결, 비법을 찾아 방황하고 있다. 필자는 이런 사람들을 종종 접할 기회가 있다. 그리고 그들을 만나 대화를 나누면서 두 가지 공통점을 발견할 수 있었다.

첫 번째 공통점은 그들이 이미 재테크에 관련된 정보를 충분히 습득하여 자신 있게 실행에 옮길 만한 수준임에도 불구하고 이제막 재테크 공부를 시작하는 사람처럼 "재테크에 성공하려면 무엇을 제일 먼저 해야 합니까?"라는 질문을 한다는 점이다. 두 번째 공통점은 그들 중 상당수가 아직 내 집을 마련하지 못했다는 점이다.

참으로 아이러니하고 안타까운 일이다. 그들은 부자가 되기 위해 부자의 재테크 전략을 열심히 공부하고 있지만, 정작 부자가 알려주는 가장 기본적인 가르침을 간과하고 있다. 그것은 바로 '내집 마련이 재테크의 시작'이라는 사실이다.

어떤 분야에서건 성공 확률을 높이기 위해서는 주변 여건이 안정적이어야 한다. 불안정한 상황은 조급함을 불러오고 조급함은 판단착오와 같은 실수를 유발하기 십상이다. 그러므로 내 집 마련으로 주거의 안정을 이루고 나면 보다 여유로운 마음으로 재테크에 임할 수 있다. 게다가 내 집 마련은 이미 그 자체로 재테크이지 않은가.

내 집 마련이냐 단순 투자냐에 따라 고려 요인을 달리하라

내 집 마련으로 첫 재테크를 시작하는 사람이라면 '입지 선택'에 중점을 두고 주택을 물색하는 것이 좋다. 학교나 학원 등의 교육환경, 대중교통시설, 병원이나 스포츠시설 같은 웰빙환경이 잘 갖춰진 지역에 있는 주택을 매입하라. 현재는 그러한 환경이 미미하게 갖춰져 있더라도 가까운 미래에 제대로 갖춰질 것이라는 신뢰할 만한 개발계획이 나온 곳도 좋다. 이런 곳에 내 집을 마련하면 쾌적하고 편리한 삶을 살면서 동시에 미래의 수익까지 노릴 수 있다.

실거주용 주택을 매입할 때는 '지금 사도 괜찮을까 혹시 상투를 잡는 것은 아닐까' '내가 산 뒤 집값이 떨어지면 어쩌지'와 같은 구입 시점에 대한 고민은 잠시 접어둬도 괜찮다. 실제로 IMF 직전에 부동산을 사들인 사람의 상당수가 IMF 직후 심각한 경제적 타격을 입고 부동산을 잃었지만, 실거주용으로 주택을 구입한 사람들은 위기를 극복하고 경제가 안정된 뒤에는 주택가격이 급반등해 상당한 자본 수익을 얻었다. 집값 폭등으로 거품논란이 일었던 2003년과 2007년 서브프라임 모기지 사태로 촉발된 글로벌 금융위기 무렴에도 마찬가지였다. 실거주용으로 집을 산 사람은 매입 직후 집 값이 폭락하는 위기를 잘 극복하고 수년 후에는 적지 않은 이익을 거두었다.

반면에 이미 내 집 마련을 하고, 순수한 투자의 관점에서 부동산을 물색하는 사람이라면 '언제 매입할 것인가'에 중점을 두고 계획을 세워야 한다. 투자라는 것은 매수나 매도 타이밍에 따라 성패가 갈라질 뿐 아니라 똑같이 성공하더라도 수익률이 크게 달라지기 때문이다.

요약하자면, 목적이 무엇이냐에 따라 주택을 구입할 때 가장 우선적으로 고려해야 하는 요인이 달라진다. 투자가 목적일 때는 '구입 시점'을 우선시하라. 내 집 마련이 목적이라면 '입지 선택'을 우선시하라. 구입 시점 선택에 지나치게 매달리면 내 집 마련은 한층 어려워질 수밖에 없다. 이렇듯 목적에 따라 고려 요인을 잘 구분하는 지혜가 필요하다.

11

부동산의 종목별
투자순환주기를 고려하라

부동산은 종목별로 투자하기 적합한 시점이 조금씩 다르다. 어느 시기에는 주택에 투자해야 더 높은 투자수익을 올리고, 어느 시기에는 수익성 부동산, 또 어느 시기에는 토지에 투자해야 가장 높은 투자수익을 올릴 수 있다. 이러한 투자적합 시점을 찾기 위해서는 우선 투자순환주기부터 읽어내야 한다.

정책이 투자순환주기를 바꾼다

우리나라는 정부의 부동산정책이 부동산시장에 가장 큰 영향을 미치는 나라다. 특정 종목의 부동산가격이 과열 양상을 띠며 불안정해지면 정부는 어김없이 이를 안정시키기 위해 부동산대책을 발표한다. 그때마다 언론, 전문가, 투자자가 발표된 부동산대책의 파급효과를 분석하며 갑론을박을 벌이느라 한동안 사회가 떠들썩해진다. 이는 발표된 대책이 부동산시장에 매우 큰 영향을 주기 때문이다.

참여정부, MB정부, 박근혜정부가 발표한 각각의 부동산정책과 각 정책이 당시의 부동산시장에 어떠한 변화를 불러일으켰는지를 상기해보라.

참여정부는 당시 집값 급등의 주범으로 낙인찍힌 재건축시장을 억제하기 위해 재건축 조합원 지위 양도금지, 소형평형 의무비율 적용, 양도소득세 강화, 재건축초과이익환수제도 도입, 리모델링제도 도입 등의 대책을 연이어 내놓았다. 하나의 대책이 발표될 때마다 재건축 아파트 가격은 크게 출렁였다. 그러나 각종 규제의 시행에도 불구하고 식을 줄 모르는 재건축 규제 완화에 대한 기대감으로 인해 재건축 아파트 가격이 다시 상승할 기미를 보이자, 정부는 주택법을 개정하여 리모델링 규제를 대폭 완화했다. 이에 따라 건축한 지 15년이 지난 아파트는 전용면적을 기존의 30%까지 늘릴 수 있게 됐다. 그러자 리모델링 후 가격상승을 기대할 수 있는 수도권 리모델링 대상 아파트의 가격이 크게 뛰기 시작했다. 재건축에서 리모델링으로 우량 투자 종목의 변화, 즉 부동산의 종목별 투자 순환주기가 변화한 것이다.

참여정부에 이어 들어선 MB정부가 발표한 부동산정책도 부동산시장의 투자순환주기를 바꾸어 놓았다. 참여정부가 발표한 강력한 규제책이 서서히 효력을 발휘하여 MB정권이 들어선 뒤 부동산시장은 크게 침체됐다. 그러자 MB정부는 부동산시장의 부양에 초점을 맞춘 정책을 발표했다. 이에 따라 참여정부 때 시행된 규제책이 대거 완화됐다. 투기과열지구 및 투기지역 해제, 종합부동산세 하향 조정, 재건축 규제 완화, 양도소득세 감면 등이 대표적이다. MB정부는 또 서민의 내 집 마련을 지원하기 위한 보금자리 주택사업을 의욕적으로 추진했다. 이로 인해 분양시장이 주목받기 시작했다. 리모델링에서 신규분양시장으로 부동산의 종목별 투자순환주기가 변화한 것이다.

　박근혜정부는 침체된 일반경기를 회복시키기 위해 부동산시장을 인위적으로 부양하는 정책을 펼쳤다. 참여정부 시절 시행된 부동산규제책 중 가상 마지막까지 남아 있던 DTI, LTV 같은 금융규제가 드디어 해제됐다. 그러자 MB정권 후반기부터 서서히 떠오르던 신규분양시장이 본격적인 활황세를 보이기 시작했다. 장기간 쌓였던 미분양 물량이 해소되고, 전국적으로 아파트가격이 바닥을 찍고 오름세로 돌아서기 시작했다. 특이하게도 박근혜정부가 끝날 때까지 부동산의 종목별 투자순환주기는 달라지지 않았다. 정권 내내 신규분양 아파트가 투자자들 사이에서 가장 큰 인기를 끌었다. 대신 박근혜정부의 인위적 부양책은 부동산시장 전체의 경기순환주기를 하락에서 상승으로 바꾸어 놓았다. 그리고 신규분양시장에서부터 시작된 부동산가격 오름세는 점차 다른 종목으로 이어져서 박근혜정권 말기부터 재건축시장이 다시 떠오르기 시작했다.

　박근혜정부 말기부터 전국 주요 지역의 부동산가격이 최고가를 갱신하며 급등하자, 새롭게 들어선 문재인정부는 8.2 부동산대책을 발표하며 부동산시장의 안정화를 꾀했다. 8.2 대책은 주택의 구입, 분양, 처분, 금융 등 거의 모든 부분에서 부동산을 규제하는 아주 강력한 규제책이다. 정책이 발표되자 강남권 재건축 아파트 단지들이 직격탄을 맞았다. 인기 지역을 대상으로 갭투자에 나섰던 투자자들도 대거 관망세로 돌아섰다. 뒤이어 9.5 대책, 10.24 대책 등이 발표되었다. 향후 부동산시장이 어떤 식으로 흘러갈지 매우 주목된다.

투자순환주기는 투기 수요의 영향을 받는다

투자순환주기에는 정해진 공식이 없다. 마치 살아 있는 생물처럼 비정형적으로 바뀐다. 그렇지만 우리가 투자순환주기를 절대로 예측할 수 없는 것은 아니다. 과거와 현재의 시장흐름에 관심을 가지고 유심히 들여다보면 다가올 미래에 새롭게 바뀔 투자순환주기를 충분히 파악할 수 있다.

부동산은 소유하기 위해서 그 대가를 지불해야 하는 경제재 중 하나다. 옷이나 가구 같은 경제재가 고급 상품이냐 보통 상품이냐에 따라 상당한 가격의 차이를 보이듯 부동산 역시 고급이냐 아니냐에 따라 가격 차이가 있다. 그런데 부동산에는 보통의 경제재 시장이 가지고 있지 않은, 가격 차이를 발생시키는 한 가지 특별한 요인이 있다. 바로 투기 수요가 그것이다. 투기 수요가 개입했느냐 아니냐에 따라 부동산가격은 엄청난 차이를 보인다.

일단 투기 수요에 의해 가격이 움직이기 시작한 부동산 종목에는 또 다른 투기 수요가 몰려 들어가게 되고, 결국 그 종목의 부동산은 투기장이 돼 버린다. 부동산시장이 폭등하는 것도 폭락하는 것도 원치 않는 정부에게 이것은 결코 용납할 수 없는 상황이다. 당연히 정부는 그 시장에 개입할 수밖에 없다.

정부가 개입하면 투기 수요로 인해 가격 차이가 심화됐던 종목은 시차를 두고 점차 안정화된다. 정부의 개입으로부터 최대한 벗어나 있는 다른 종목으로 투기 수요가 이동하기 때문이다. 이때 해당 종목에서는 투기 수요뿐 아니라 일반적인 투자 수요까지 덩달아 빠져 나가기도 한다. 어떤 종목에서 한 번 빠져나간 자금이 다시 그 종목으로 되돌아가기까지는 상당한 기간이 소요된다.

만일 주택시장에 정부가 개입한다면, 얼마 지나지 않아 토지나 수익성 부동산시장으로 투자순환주기가 옮겨갈 것이라고 보면 된다. 둘 중 어떤 종목으로 투자순환주기가 옮겨갈 것인가는 언론이나 큰손의 투자 행태를 살펴보고 예측하면 된다. 예를 들어 "주택시장에서 빠져나온 뭉칫돈들이 토지시장으로 흘러들어가고 있다"는 기사가 자주 등장하면 다음 투자순환주기는 토지가, "주택에 대한 강력한 규제로 갈 곳을 잃은 부동자금이 수익성 부동산시장을 기웃거리고 있다"는 기사가 속출하면 다음 투자순환주기는 수익성 부동산이 될 가능성이 높은 것이다.

투자순환주기를 예측하라 = 정책에 맞서지 마라?

"현재의 부동산시장 상황을 통해 미래의 투자순환주기를 읽어내라!"

"정책에 맞서지 마라."

이 두 가지는 부동산 투자자 입장에서 보면 결국 같은 말이다. '부동산시장 안정화 대책'은 부동산시장의 과열이 최고조에 이르기 전에 발표된다. 그래야만 거품이 꺼지면서 발생할 수 있는 충격을 최소화할 수 있기 때문이다. 그런데 대책이 발표된 이후에도 얼마 동안은 가격상승이 계속된다. 달리는 자동차의 브레이크를 밟아도 곧바로 멈춰 서지 않는 것과 비슷한 이치다.

하지만 이러한 현상을 '정부의 정책이 시장의 대세를 뒤엎을 수 없다'는 것으로 해석하여 무모하게 뛰어드는 사람이 있다. 이들은 큰 손실을 볼 가능성이 무척 높다. 투자순환주기를 읽고 투자하는 사람은 정책에 맞서는 우를 범하지 않는다. 성공을 원하는가? 그렇다면 이미 투자에 적합한 주기가 지나버린 종목에 집착하지 말고 새롭게 떠오르는 종목을 찾아가라.

12

재건축,
장기적으로 접근하라

　내 집 마련 방법은 신규공급 주택을 분양받는 방법, 기존 주택을 취득하는 방법, 그리고 재개발 또는 재건축 조합원이 되어 신규 주택을 분양받는 방법 등 크게 세 가지로 구분 할 수 있다. 딱 꼬집어 말할 수는 없지만 현재 내 집 마련 방법으로 가장 선호되는 방법은 신규분양이라고 할 수 있다. 그러나 이에 못지않게 항상 주목을 받고 있는 것이 바로 재건축을 통한 내 집 마련 방식이다. 이 같은 흐름은 재건축 아파트 단지들의 가격 흐름을 통해서도 잘 나타나고 있다.

　다음은 대표적인 중층 재건축 아파트 단지인 대치동 은마아파트 101.52m²(전용 76.79m²)의 시세 흐름이다. 2013년 1월 7억 원을 넘어선 가격은 꾸준히 상승해 2017년 6월에는 무려 12억 원대까지 도달했다. 실수요는 물론 투자수요까지 겹쳐 재건축 아파트 가격을 끌어올렸기 때문에 발생했던 현상이라고 할 수 있다.

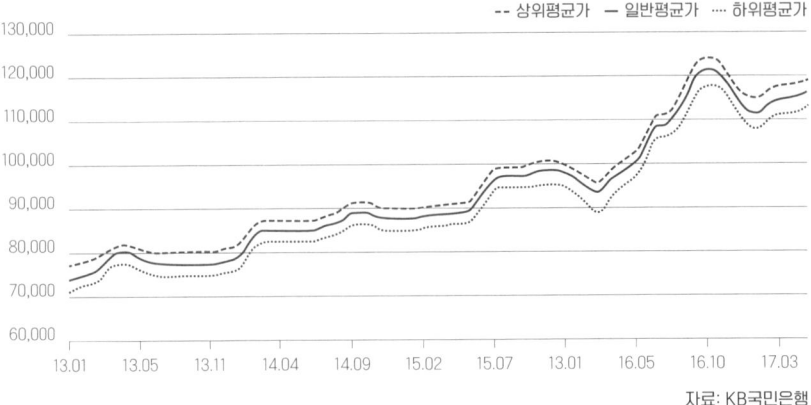

대치동 은마아파트 시세 흐름

-- 상위평균가　— 일반평균가　‥‥ 하위평균가

자료: KB국민은행

재건축 투자전략은?

　재건축시장이 종전과 같은 뜨거운 주목을 받을 가능성에 대해서는 다소 의구심이 든다. 문재인정부는 출범 이후 발표한 첫 번째 부동산대책인 6.19 대책에 이미 강남 등 주요 재건축 아파트 지역에 대한 맞춤형 대책을 포함시켰다. 재건축 조합원이 취할 수 있는 주택 공급수를 종전 최대 3주택에서 2주택으로 제한한 것은 물론 조정대상지역에서 주택을 구입할 경우 적용받을 수 있는 LTV·DTI 비율을 각각 LTV는 70% → 60%로, DTI는 60% → 50%로 10%p씩 강화하는 내용이었다.

　뒤이어 발표한 8.2 부동산대책은 재건축시장을 겨냥한 핵폭탄급 규제대책이라고 할 수 있다. 이 대책에는 투기과열지구 내 재건축 조합원 지위양도 금지(조합설립인가 후), 재건축 조합원당 재건축 주택공급수 제한(1주택), LTV·DTI 40% 적용(주택담보대출 1건 이상 보유세대 30%, 실수요자 50%) 등의 내용이 포함돼 있다.

이에 더해 재건축초과이익환수제의 본격 시행으로 향후 재건축시장은 상당한 타격을 받을 것이다. 재건축초과이익환수제란 재건축된 주택가격의 상승분이 인근의 주택가격 상승분의 평균 수준을 초과하고, 그 초과액이 조합원 1인당 3,000만 원이 넘을 경우 그중 50%를 국가가 환수하는 제도다. 이 제도는 2006년 처음 도입되었다가 글로벌 금융위기 이후 부동산시장을 침체시킨다는 이유로 2013년부터 2017년까지 일시 유예됐다. 재건축초과이익환수제가 부활함에 따라 이전에 비해 재건축 조합원의 부담이 증가할 게 거의 확실시되고 있다.

종합해보면, 단기적으로 재건축시장은 바짝 움츠러들 가능성이 농후하다. 투자는 곧 심리와 직결되는데 정부가 재건축에 대한 규제에 나선 이상 투자심리가 급속도로 냉각될 것이기 때문이다.

그렇다면 장기적으로는 어떨까? 지역에 따라 차이가 있겠지만, 강남을 비롯한 종전의 투자유망지역이라고 불리던 지역의 재건축 단지들은 여전히 매력적인 투자처가 될 것이다. 안정적인 수요가 있는 데다 정부의 규제 여파로 한동안 공급이 위축될 경우 수요공급의 원칙에 따라 장기적으로는 상당한 가격상승이 이루어질 수 있기 때문이다. 따라서 재건축 아파트에 대한 투자는 향후 경쟁력 있는 우량지역들로 투자 범위를 한정한 후 장기적으로 접근하는 전략을 세워야 할 것이다.

13

도시재생사업을
주목하라

도시재생 뉴딜이 주목받고 있다. 문재인 대통령의 대표적인 부동산 공약이 바로 '도시재생 뉴딜정책'이었기 때문이다. 다음은 도시재생 뉴딜정책 공약의 내용이다.

뉴딜정책 공약

- 도시재생 뉴딜사업에 매년 10조 원을 투입하고, 공공기관 주도로 추진
- 뉴타운·재개발 사업이 중단된 노후 저층 주거지를 살 만한 주거지로 바꿀 수 있도록 도시재생사업 지원. 저층 주거지에도 아파트 단지 수준의 커뮤니티 시설(마을주차장, 작은 도서관, 어린이집, 무인택배센터 등)을 지원하여 열린 단지로 육성하는 저층 주거지 재생모델 개발
- 원도심, 전통산업 집적지, 재래시장 등을 새로운 산업 여건에 맞

칙 집약적으로 정비하여 일자리를 창출하고 도시경쟁력을 높이
는 자산으로 활용. 개발 및 재개발사업 시 도시계획 특례 등으
로 저소득층의 주거, 영세 상업공간 확보 의무화 등 젠트리피케
이션 방지대책 수립
- 노후된 기존 주택을 공공기관이 주도하여 공동으로 정비하거나
매입 혹은 장기 임차하여 수선한 후 공공임대주택으로 활용
- 쇠락한 농촌 지역 노인들의 공동주거인 노인공동생활가정 건설
과 농촌의 노후 주택 개량사업 추진

위 내용 가운데 특히 관심을 끌고 있는 것은 첫째, "도시재생 뉴
딜사업에 매년 10조 원을 투입하고, 공공기관 주도로 추진"하겠다
는 것과 둘째, "뉴타운·재개발 사업이 중단된 노후 저층 주거지를
살 만한 주거지로 바꿀 수 있도록 도시재생사업 지원"을 하겠다는
것이다.

비슷한 사업을 서울시도 추진 중이다. 서울시의 도시재생사업은
4가지 유형의 중점 추진 지역을 설정하고 각각의 목적과 특성에 맞
게 도시재생사업을 추진하는 것이다. 중점 추진 지역의 4가지 유형
은 저이용·저개발 중심지역, 쇠퇴하거나 낙후된 산업(상업)지역, 역
사문화자원 특화지역, 노후 주거지역이다.

저이용·재개발 중심지역

저이용·재개발 중심지역은 철도나 하수처리장 같은 기존 기반
시설에 의해 단절돼 있어 복합적인 정비와 기능강화가 필요한 지

역, 차량기지나 공공기관 또는 공장이 이전함으로써 새로 개발할 수 있는 대규모 토지가 확보되는 지역, 대중교통 접근성이 양호하여 향후 개발할 경우 성장 잠재력이 높은 지역이다. 서울시는 이러한 지역으로 서울역 일대, 광운대역 일대, 창동·상계 일대, 상암·수색 일대, 영동 MICE 일대 등 5곳을 선정하여 1단계 사업을 추진할 계획이다.

서울시가 저이용·재개발 중심지역으로 선정한 5곳의 구체적인 개발 방향은 다음과 같다.

- 서울역 역세권
  철도 등 교통시설에 의한 단절로 쇠퇴하고 있는 서울역 일대를 역사도심과 연계하는 국제적 관광·문화 허브로 조성
- 창동·상계 일대
  전철차량기지, 면허시험장 등 대규모 이전적지를 활용하여 동북권 일자리·문화의 신경제중심지로 육성
- 광운대역 일대
  일자리 창출 등 지역경제 활성화를 위한 창조산업거점 조성
- 상암·수색 일대
  단절된 수색·상암 지역을 연결하여 문화·상업·업무 중심지로 활성화
- 영동 MICE
  대규모 공공기관 이전적지를 활용하여 코엑스와 잠실운동장 일대 국제교류 복합지구 조성

저이용·재개발 중심지역도 위치도

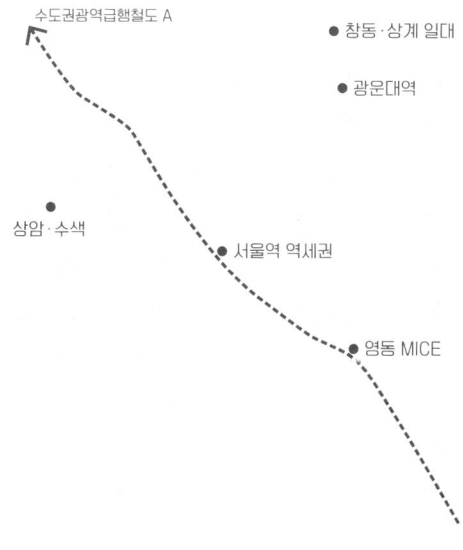

자료: 서울시

쇠퇴하거나 낙후된 산업(상업)지역

쇠퇴하거나 낙후된 산업(상업)지역은 과거에는 산업(상업)활동이 활발하게 이루어졌으나 산업구조가 변화함에 따라 활력이 떨어져 새로운 발전방향을 모색할 필요가 있는 지역이다.

세운상가 일대, 장안평 일대, 금천·가산 G-Valley 일대 등 3개 지역이 이에 속한다.

쇠퇴하거나 낙후된 산업(상업)지역의 개발 방향은 다음과 같다.

- 세운상가 일대

  과거 첨단산업의 중심지역이 지닌 잠재력을 되살려 문화·관광과 연계한 도심산업거점으로 조성함으로써 해당 지역의 경제에 활력 부여

- 장안평 일대

  노후 산업지역을 정비하여 '자동차 산업벨트' 구축. 차량관련 부품판매, 중고차 매매 등 자동차 유통산업의 수출거점으로 특성화

- 금천·가산 G-Valley

  G-Valley의 환경개선 및 중소기업 육성·지원을 통해 산업단지 경쟁력 제고 및 일자리 창출

쇠퇴하거나 낙후된 산업(상업)지역 위치도

자료: 서울시

역사문화자원 특화지역

역사문화자원 특화지역은 우리 근·현대사의 자취가 오롯이 남아있는 지역이다. 문화와 산업 등에서 중요한 역사적 자원이 개발로 인해 훼손되지 않게 하고, 복원을 통해 역사문화 명소로서 지역경제 활성화를 꾀하겠다는 게 서울시의 계획이다.

세종로 일대, 마포 석유비축기지 일대, 노들섬 일대, 남산 예장자락, 당인리 발전소 일대, 낙원상가 돈화문로 일대, 돈의문 역사공원 등 7개 지역이 해당 지역으로 선정됐다.

역사문화자원 특화지역의 개발 방향은 다음과 같다.

- 세종로 일대
  국세청 남대문별관을 철거하고, 대한제국 시기 및 근대 서울 중심지의 원풍경을 회복(지하공간 네트워크를 구축하여 주변 지역과 역사문화자원 연결)
- 마포 석유비축기지 일대
  마포 석유비축기지 일대의 산업유산자원을 활용하여 친환경 복합문화공간 조성
- 노들섬 일대
  한강예술섬 사업 보류 이후 시민참여 프로그램을 통해 공론화 및 공감대를 형성
- 남산 예장자락
  공공청사 철거 후 공원으로 복원하여 자연환경을 회복(곤돌라 노선을 신설하여 남산 방문객의 이용 편익 및 공익성 증대)
- 당인리 발전소 일대

경의선 녹지축·홍대 걷고 싶은 거리와 한강을 연결하는 보행 (관광)루트 조성(주요 역사문화자원(절두산성지, 양화진)과 근대산업유산(화력발전소)을 활용한 문화거점 조성)

• 낙원상가 돈화문로 일대

주변의 역사문화유산과 악기, 귀금속 등 전통산업을 연계하여 지역의 정체성을 강화하고 서울 도심부 가치의 회복을 도모

• 돈의문 역사문화공원

주변의 역사문화자원과 연계해 역사적 장소성과 상징성 회복

역사문화자원 특화지역 위치도

노후 주거지역

노후 주거지역은 노후로 인해 주거환경이 매우 열악하지만, 지역의 특성상 전면 철거형 정비사업을 벌이는 것이 바람직하지 않거나 불가능한 지역 또는 예방적 차원에서 주거지의 보존과 관리가 필요한 지역이다. 시는 각 해당 지역의 특성을 잘 반영해 점진적으로 주거환경을 정비할 계획이다.

이에 속하는 곳으로는 성곽마을 9개 권역, 백사마을, 해방촌 일대, 서울형 재생시범사업(성수동), 서울형 재생시범사업(신촌동), 서울형 재생시범사업(암사동), 서울형 재생시범사업(장위동), 서울형 재생시범사업(상도동), 북한산 주변주거지, 서촌 일대, 창신숭인 선도지역, 가리봉동 일대 등 12개 지역이 있다.

노후 주거지역의 개발 방향은 다음과 같다.

- 성곽마을 9개 권역
  낙후한 성곽마을을 통합·재생하여 역사문화와 생활문화가 공존하는 미래융합자산으로 형성
- 백사마을
  기존 마을의 지형, 터, 길을 보존하면서 다양한 형태의 임대주택을 건립하여 보전·재생 개념의 새로운 주거정비 모델 개발
- 해방촌 일대
  인근의 남산, 용산공원 등 자연환경과 다양한 인종으로 구성된 다문화지역의 특색을 활용해 지역 명소화, 골목상권 활성화 도모
- 서울형 재생시범사업(성수1·2가)

토착 수제화산업을 중심으로 장인의 기술체험 등 산업경제를 활성화하고 주민 간 상호협력을 통한 커뮤니티 재생

- 서울형 재생시범사업(신촌동)
  청년문화를 주도하는 대학문화거리를 중심으로 대학과 지역사회 간 상호협력을 통해 지역특화 및 공동체 활성화 도모
- 서울형 재생시범사업(암사1동)
  암사선사유적지 등 역사문화자원을 활용한 지역 특화 및 가죽산업 재활성화를 통한 자족기반 마련
- 서울형 재생시범사업(장위1동)
  다양한 계층의 주민과 함께 지속가능한 친환경 주거환경 개선 및 안전한 마을 만들기 추진
- 서울형 재생시범사업(상도4동)
  골목시장 등 전통시장의 활력회복과 마을기업 지원 등 지역경제 활성화를 통해 어르신과 어린이가 함께 어우러지는 커뮤니티마을 지향
- 북한산 주변주거지
  북한산의 자연환경 보전과 주변의 지역특성을 고려하여 물리적 재생과 더불어 공동체 유지·발전
- 서촌 일대
  서촌의 가치와 잠재력을 기반으로 역사, 문화, 생활이 어우러진 지속가능한 신마을재생 모델 구현
- 창신숭인 선도지역
  서울성곽 등 역사문화자원과 봉제산업을 기반으로 주민공동체 활성화를 통한 지역 맞춤형 주거, 산업, 문화의 통합적 재생
- 가리봉동 일대
  G-valley와 연계하여 기반시설 정비, 주거환경개선, 공동체 활성화, 중국동포와의 관계 개선

노후 주거지역 위치도

자료: 서울시

    지금까지 서울시의 도시재생사업에 관해 살펴보았다. 사업지로 선정된 각 지역의 위치와 개발 방향을 적극 검토해보기를 권한다. 이왕이면 각 지역의 특성에 맞는 투자전략도 짜보라. 사업이 본격적으로 구체화하는 시점에 맞춰 미리 세워둔 전략을 실행한다면 성공적인 투자결과를 얻게 될 것이다.

14

금리가 부동산시장에
미치는 영향을 읽어라

코픽스
(COFIX: Cost Of Fund Index)
코픽스는 은행들의 자본조달 비용을 고
려한 주택담보대출 기준금리로 2010
년 2월 최초로 도입되었다. 코픽스는
은행연합회가 시중 9개 은행의 자금조
달 금리를 모두 취합한 후 은행별로 조
달 잔액을 고려해 가중평균 금리를 구
하는 형태로 정해진다. 이때 자금조달
원에는 정기예금, 정기적금, 상호부금,
주택부금, 양도성예금증서(CD), 환매
조건부채권, 표지어음, 금융채 등이 포
함된다. 보통 은행들은 코픽스에 일정
한 가산금리를 더해 대출금리를 정한
다. 또 코픽스는 은행의 매월 말 자금
잔액을 기준으로 한 잔액 기준 코픽스
와 한 달 동안 신규로 조달한 자금을
기준으로 산출되는 신규 취급액 기준
코픽스 등 두 가지로 구분된다.

투자자의 상당수가 금융기관에서 돈을 빌려 투자자금을 조달한다. 금융기관은 자금을 빌려주는 대가로 적정한 금리를 적용한 이자를 받는다. 시장의 수요와 공급에 의해 결정되는 금리는 그 종류가 다양하다. 국고채 3년물, 회사채, CD 91일물, 콜금리, 코픽스˙ 단기, 코픽스 잔액 등이 모두 다양한 금리의 종류를 지칭하는 용어다.

이 가운데 부동산시장에 가장 큰 영향을 미치는 금리는 코픽스다. 코픽스의 변동이 대출금리에 곧바로 영향을 주기 때문이다.

낮은 대출금리는 부동산시장의 기를 살려주는 최고의 자양강장제

전체 부동산시장에서 주택시장이 차지하는 비중은 매우 크다. 주택시장이 어떤 국면에 있느냐를 가지고 부동산시장이 호황기인지 불황기인지를 논할 정도다. 따라서 대출금리가 부동산시장에 어떤 영향을 주고 있는지를 알기 위해서는 대출금리가 주택시장에 어떤 영향을 주고 있는지부터 살펴볼 필요가 있다.

2012년 6월 5% 중반대를 넘는 수준에 형성되어 있던 대출금리

예금은행 대출금리 추이

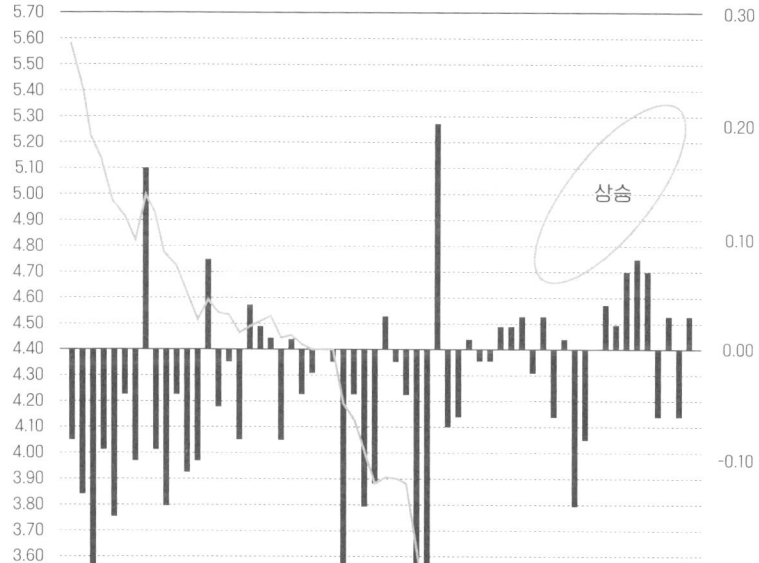

자료: 통계청

는 지속적으로 하락하기 시작하더니 2016년 8월에는 3% 초반대까지 하락하는 모습을 보였다. 이는 우리나라의 가계부채가 큰 폭으로 증가했던 시기와 정확히 일치하는 것이다. 당연히 가계부문의 주택담보대출 역시 큰 폭으로 증가했으리라 추정할 수 있는 대목이다. 그렇다면 과연 대출금리 하락은 주택가격 상승에 기폭제가 되었을까? KB국민은행의 주택매매가격지수를 통해 그 해답을 찾아보자.

KB국민은행의 매매가격지수 장기추이를 보면, 2012년 이후에도 지속적으로 주택매매가격이 상승하고 있는 것을 확인할 수 있

매매가격지수 장기추이

자료: KB국민은행

다. 물론 주택매매가격이 상승하는 이유가 무조건 낮은 대출금리에 따른 것만은 아니다. 그러나 낮은 대출금리가 주택매매가격에 상당한 영향을 미치고 있다는 것은 부인할 수 없는 사실이다. 문재인정부가 처음으로 발표한 6.19 대책에 대출규제가 포함된 이유도 바로 여기에서 찾을 수 있다.

과거의 사례 역시 크게 다르지 않았다. 2006년은 정부의 강력한 부동산대책에도 불구하고 주택가격의 상승세가 꺾일 줄 몰랐던 해였다. 언론은 이를 꺾을 수 있는 길은 금리인상밖에 없다는 보도를 연일 내보냈다.

금리가 주택시장에 큰 영향을 주기 시작한 것은 어제오늘의 일이 아니다. 우리나라의 대출금리는 1996년 이후 꾸준히 하락하는 모습을 보였다. 특히 주목해 봐야 할 시기는 심리적 마지노선이었던 한 자릿수 대출금리로의 진입이 이루어진 2000년 2/4분기, 7%대의 대출금리시대가 개막된 2001년 3/4분기, 그리고 6%대 대출금리시대로 진입한 2002년 1/4분기다.

2000년 2/4분기는 대출을 활용한 주택구입의 심리적 전환시점이라고 볼 수 있고, 2001년 3/4분기는 레버리지 효과*를 이용한 주택구입이 본격적으로 시작된 시점이라 할 수 있으며, 2002년 1/4분기는 6%대의 저금리로 인해 대출을 활용한 주택구입이 일반화된 시기라 할 수 있다. 다시 말해 2002년 1/4분기 이후부터는 실수요자와 투기목적의 수

레버리지 효과
소위 지렛대 효과로, 타인자본을 활용해 자기자본 이익률을 상승시키는 효과.

요자가 뒤섞여서 대출을 활용한 주택구입에 적극 나서게 되었고, 그 결과 공급에 비해 수요가 더 많은 이른바 초과수요가 발생해 주택가격이 크게 상승했던 것이다. 한마디로 낮은 대출금리가 주택가격을 상승시키는 데 일조했다고 할 수 있다.

금리가 오르면 부동산시장은 위축된다

저성장시대에 들어선 우리 경제의 숨통을 한동안 트이게 해주었던 낮은 금리도 이제 인상이 불가피해 보인다. 이미 금리인상에 나선 미국과 금리역전 현상이 발생할 경우 우리 경제에 미칠 악영향이 크기 때문이다.

한국은행이 기준금리를 인상하면 곧바로 시중은행의 대출금리도 따라 오른다. 그러면 은행에서 돈을 빌린 가계의 대출금 상환압박이 커지고, 이는 신규 대출수요의 감소로 이어진다. 자연히 대출을 활용한 내 집 마련 수요는 물론 투자수요도 함께 냉각되기 십상이다. 다시 말해 기준금리 인상 → 코픽스금리 인상 → 대출금리 인상 → 주택수요 감소 → 수요감소에 따른 주택가격 약세 혹은 하락현상이 나타날 수 있다는 의미다.

금리인상을 눈앞에 두고 정부는 대출규제를 단행했다. 금리가 인상되면 급격히 증가할 수 있는 가계부채 및 부담을 사전에 차단하기 위해서다. 이로 인해 대출금리 상승을 감안하고서라도 주택을 구입하고자 했던 사람도 대출받을 수 있는 금액 자체가 줄어들어 주택을 구입하기 어려워졌다.

정부가 발표한 대출규제에는 DTI*와 LTV* 강화, DSR* 적용 등이 있다.

대출규제가 완화되는 시점이
주택가격 상승시점이다

그동안 부동산시장, 그중에서도 주택시장은 대출금리 인상과 대출규제에 즉각적인 반응을 보여 왔다. 대출금리 인상은 구입 이후 보유에 대한 부담 요인으로, 대출규제는 구입 자체에 대한 부담 요인으로 작용하기 때문이다.

대출금리 인상과 대출규제가 실수요자를 배제하고 투자 목적의 수요자에게만 적용되는 것은 아니다. 실수요자와 투자자를 명확히 구분하는 것 자체가 사실상 불가능에 가깝다. 따라서 실수요자나 투자자 모두 주택 구입에 부담을 느끼기는 하겠지만, 상대적으로 큰 피해를 보는 것은 실수요자 쪽이다.

투자자는 전세 등을 레버리지로 활용하거나 최악의 경우 자기자본만으로 주택을 구입하면 대출금리 인상이나 대출규제로 인한 부담에서 벗어날 수 있다. 그러나 자기 자본이 부족한 실수요자는 대출을 활용하지 못하면 내 집 마련 자체가 어려워진다. 바로 이런 이유로 인해 정부의 대출규제안에는 서민 실수요자에 대한 예외

DTI(Debts To Income)
총부채상환비율
매년 갚아야 할 대출원리금이 연간 소득에서 차지하는 비중. 이 수치가 높으면 빚을 갚을 능력이 나쁘거나 소득 규모에 비해 대출이 많다는 것을 의미한다.

LTV(Loan To Value Ratio)
주택담보대출비용
은행들이 주택을 담보로 대출해 줄 때 적용하는 담보가치 대비 최대 대출가능 한도.

DSR(Debt Service Ratio)
총부채원리금상환비율
소득 대비 연간 대출원리금 상환액이 차지하는 비율. 예를 들어 연소득이 5,000만 원인 사람의 연간 대출원리금 상환액이 2,500만 원이면 DSR은 50%가 된다.

규정이 일부 포함돼 있다.

　장기적인 관점에서 볼 때 대출규제는 다시 완화될 것이다. 물론 그 시점은 언제나 그랬듯 부동산시장이 안정세로 돌아선 이후가 될 것이다. 그때가 되면 주춤했던 주택 수요가 다시 살아나게 되고, 이는 곧 주택가격 상승으로 이어질 것이다. 그 시점을 제대로 포착하면 적은 돈으로도 성공적인 투자를 할 수 있다.

15

학교가 아니라
학교 인프라를 주목하라

우리나라의 주택가격을 결정짓는 가장 중요한 요소는 단연코 학군이라 할 수 있다. 이는 미국도 마찬가지다. 디파스켈(Dipasquale)과 휘튼(Wheaton)은 보스턴 대도시권역의 주택가격과 매사추세츠 교육평가프로그램이 고등학교 3학년을 대상으로 실시한 시험의 평균 점수 간에 통계적으로 유의미한 상관관계가 있음을 입증했다. 즉 주택가격과 높은 시험성적 사이에 일정한 관계가 있다는 뜻이다.

교육적·경제적인 면에서 우리보다 진일보한 미국도 그러한데 우리나라에서 강남으로 대표되는 8학군 주변의 주택가격이 최고가격을 형성하는 것은 전혀 이상할 게 없다. 틈만 나면 낙후된 지역에 특목고니 자립형 사립고니 하는 것들을 유치해야 한다는 주장이 제기되는 이유는, 우리나라 역시 미국과 마찬가지로 주택가격과 학군 사이에 밀접한 인과관계가 있다는 사실을 경험을 통해 터득했기 때문이다.

명문 고등학교 몇 곳이 생긴다고 집값이 오르는 것은 아니다

부동산정책이 나올 때마다 빠지지 않고 등장하는 주제가 바로 교육문제다. 명문 8학군으로 인해 집값이 상상을 뛰어넘는 강세를 보이는 강남 아파트가격을 잡기 위해 강북과 신도시, 뉴타운 등에 특목고나 자립형 사립고 등이 들어설 수 있도록 하겠다는 정부 계획이 수차례 발표됐다. 하지만 강남과 여타 지역 아파트들 사이의 가격차는 좀처럼 좁혀질 기미가 보이지 않는 게 현실이다.

사실 강남 이외에도 소위 말하는 명문 고등학교가 없는 것은 아니다. 가장 대표적인 경우로 민족사관고등학교(이하 민사고)를 들 수 있다. 강원도 횡성군 안흥면 소사리에 자리 잡고 있는 민사고는 1996년 개교한 이래 2017년 3월까지 총 2,057명의 졸업생을 배출했다. 2016년 기준 해외 명문대 진학생이 862명에 달하는 것은 물론 2017년 기준 국내 주요 명문대 입학생 또한 무려 1,143명에 달하고 있다. 말 그대로 국내 최고의 영재교육 산실이자 명문 고등학교인 것이다. 과연 국내의 어떤 고등학교가 이보다 더 우수한 결과를 보일 수 있단 말인가.

민사고 외에도 우리나라 최고의 대학인 서울대학교에 많은 학생들을 진학시키는 지방의 명문 고등학교들은 많이 있다. 대구의 경신고, 능인고, 대륜고, 경남의 경남과학고, 김천고, 거창고, 경북의 포항제철고, 경북고, 충북의 세광고, 청원고, 충남의 한일고, 천안북일고, 공주사대부고, 대전의 대성고, 충남고, 부산의 한국과학영재학교, 부산외국어고, 동아고, 브니엘고, 강원도의 강릉고, 전남의 광양제철고, 해룡고, 목포고, 전북의 상산고 등을 들 수 있다. 그런데 이들 지방 명문고 주변 지역의 주택가격은 강남의 주택가격과는 비교가 불가능할 정도로 큰 차이를 보인다. 심지어 수도권 주요 지역의 주택가격에도 못 미친다.

왜 이런 현상이 생기는 것일까? 학교가 주택가격을 결정하는 가장 중요한 요인임이 분명하다면 명문 고등학교가 자리 잡고 있는 지역의 주택가격이 강남 수준은 아니더라도 최소한 수도권 주택가격 수준은 되어야 마땅하지 않은가.

'학교'가 아니라 '학교 인프라'가 중요하다

사실 사람들은 크게 착각하고 있다. 주택가격을 결정짓는 가장 중요한 요인은 학교가 아니다. 사람들이 이런 착각을 하게 된 데는 부동산 전문가들의 잘못이 크다. 그들의 정확하지 않은 표현이 착각의 주원인이다. 그들이 주택가격의 가장 큰 결정 요인이라고 한 '학교'는 실은 '학교 인프라'를 의미하는 것이었다.

학교 인프라는 학교뿐만 아니라 학원, 독서실, 교육환경 등 학업 생활을 뒷받침하는 각종 교육지원 시스템 전체를 가리킨다. 좋은 학교 인프라를 구축하고 유지하기 위해서는 적지 않은 돈이 필요하다.

학원을 예로 들어보자. 훌륭한 시설과 수준 높은 강사를 확보하고 있는 학원은 그야말로 좋은 학교 인프라라고 할 수 있다. 문제는 이런 학원을 만들려면 막대한 자본이 투자되어야 한다는 점이다.

학원도 일종의 사업이다. 투자자금의 회수와 그에 비례하는 수익이 보장되어야 한다. 학원의 수익은 학생들의 수강료로 이루어진다. 따라서 학원은 수익을 높이기 위해 학원비를 높게 책정할 수밖에 없다. 그리고 이렇게 비싼 학원비를 지불하려면 학부모의 소득수준이 당연히 높을 수밖에 없다.

정리해 보면 이렇다. 학교 인프라의 가장 대표적인 예가 좋은 학원인데, 좋은 학원은 비싼 학원비를 감당할 수 있을 만큼 소득수준이 높은 사람들이 사는 지역에 위치할 수밖에 없고, 이러한 요건을 충족시키는 곳이 강남으로 대표되는 수도권 우량지역이기 때문에 그곳들의 주택가격이 높을 수밖에 없는 것이다.

그러므로 특목고니 자립형 사립고니 하는 고등학교 몇 곳이 새로 생기므로 주택가격이 상승할 것이라 기대하고 투자했다가는 큰 낭패를 볼 수 있다는 점을 잊어서는 안 된다. 소위 명문학교가 어느 곳에 생기는가 하는 것보다는 학원을 중심으로 하는 학교 인프라가 어떻게 구축되어 있는지, 학교 인프라를 뒷받침하는 주민들의 소득수준은 어떤 방향으로 움직이고 있는지에 좀 더 관심을 기울일 필요가 있다.

반드시 명심하라. 학교보다는 학교 인프라에 주목해야 한다!

16

수요를 억제하면
부동산가격은 폭등한다

문재인정부는 출범한 지 얼마 안 돼 부동산정책을 발표했다. 몇 년간의 침체기를 끝내고 반등을 시작한 부동산가격의 오름세가 심상치 않은 가운데 폭등을 차단하고 투기를 통한 불로소득을 막기 위해서다. 폭등과 투기를 막겠다는 정부의 의도는 근본적으로는 옳다. 그러나 강력한 규제책을 잇달아 내놓고 있는 정부가 반면교사로 삼아야 할 것이 있다. 그것은 비슷한 과정을 밟았던 참여정부의 부동산정책이 실패했었다는 것이다.

참여정부는 9번의 부동산시장 안정대책과 3번의 서민주거복지대책을 발표했다. 당시 정부대책의 기본 방향은 '증세와 수요 억제'로 요약할 수 있다. 정부 고위관료들은 집값이 들썩일 조짐을 보일 때마다 '거품' '버블세븐'•'수도권 주택보급률 100% 초과' 등

버블세븐
참여정부가 아파트 가격에 거품이 끼어 가격이 붕괴되기 시작할 것이라고 예상한 7개 지역. 서울의 강남구, 서초구, 송파구, 양천구 목동, 분당 신도시, 평촌 신도시, 용인시 등이 이에 속한다.

을 언급했다. 이는 주택가격 폭등의 원인 공급부족이 아니라 투기세력에 의한 것이며, 이 투기적 수요만 사라지면 주택가격도 즉시 안정될 것이라는 당시 정부의 논리를 그대로 표현한 것이었다.

이러한 참여정부 시절 부동산시장의 흐름과 그에 대한 정책은 새로 들어선 문재인정부의 그것과 상당부분 닮아 있다. 참여정부 때 '버블세븐'이 주택가격 폭등의 중심에 있었다면, 문재인정부에서는 '노블세븐*'이 폭등을 선도하고 있다.

노블세븐
귀족들이 사는 지역이란 의미의 신조어. 박근혜정부 말기부터 주택가격 상승을 주도하고 있는 서울의 강남구, 서초구, 송파구, 강동구, 마포구, 용산구, 과천시 등을 말한다.

되풀이되는 수요억제 중심의 부동산대책

현재 시행되고 있거나 도입될 가능성이 있는 부동산대책을 열거해 보면 다음과 같다.

전월세상한제·계약갱신청구권 도입, DTI·LTV·DSR 강화, 가계부채총량제 도입, 재건축초과이익환수제 부활, 분양권 전매제한, 투기과열지구와 투기지역 지정, 종부세 등 보유세 강화.

열거한 부동산대책에는 공통점이 있다. 하나같이 부동산 수요억제책이라는 것이다. 이러한 정책이 한꺼번에 시행되면 주택가격은 빠르게 안정될 것이다.

우선 신규분양시장에 부정적인 영향을 미칠 정책은 투기과열지구 지정이다. 투기과열지구로 지정된 지역에서는 분양권 전매제한, 청약 1순위 자격제한이 가해진다. 이에 따라 분양권을 팔아 단기로 시세차익 보려는 투자자의 진입이 차단될 것이다. 또한 DTI·LTV·DSR 강화로 분양자금 마련에 어려움을 느끼게 된 실수요자들의 주택 수요를 감소시키는 결과도 초래할 것이다.

그런가 하면 투기지역의 지정은 중고주택시장에 큰 타격을 줄 것으로 보인다. 조정대상지역에서는 1세대 1주택 비과세 요건에 의무거주 요건을 추가하는 한편, 1세대 2주택 이상 주택 보유자가 주택을 양도하는 경우에는 일반 양도소득세율(현행 6~40%)에 10%p(3주택 이상 보유자는 20%p)를 가산하여 세금을 부과하고, 장기보유특별공제(현행 10%~30%) 적용도 배제하도록 했다.

투기과열지구에서는 LTV와 DTI를 40% 적용하되(주택가격 6억 원 이하는 50%), 세대원 중 주택담보대출을 받은 이가 있는 가구는 LTV와 DTI를 30%로 낮춰 적용한다. 투기지역에서는 세대당 1건의 주택담보대출만 받을 수 있다.

그 밖에 새로 부활된 재건축초과이익환수제는 강남을 필두로 뜨겁게 타오른 재건축시장에 직격탄을 날릴 것으로 예상된다.

수요억제, 잘못된 타깃에서 출발하면 역효과가 난다

정부가 내놓은 부동산대책의 취지는 분명히 바람직한 것이다. 그러나 취지가 좋다고 해서 그 정책이 합리적인 주택가격 형성에 큰 도움이 될 것이라고 단정할 수는 없다. 우리는 이미 참여정부의 부동산정책이 그 취지를 살리지 못하고 오히려 주택가격 폭등이라는 역풍을 불러온 것을 목격했다. 그러므로 문재인정부는 참여정부의 부동산정책이 실패했던 원인을 꼼꼼하게 따지고 살펴 결코 그 전철을 밟지 않아야 한다.

그렇다면 참여정부의 부동산정책이 실패했던 이유는 무엇이었을까? 참여정부의 부동산정책이 제대로 효과를 거두지 못한 원인을 두 가지만 꼽는다면, 첫 번째는 주택보급률을 오판해 수요를 억제했다는 것이고, 두 번째는 강남을 타깃으로 설정했다는 것이다.

강남의 아파트가격이 오르면 곧이어 수도권 신도시 아파트가격이 오른다는 관료들의 인식이 100% 틀린 것은 아니다. 이론상으로는 분명 문제의 원인이 되는 강남 아파트가격을 잡으면 여타 지역의 아파트가격이 잡혀야 한다. 그러나 이미 부촌으로 자리 잡은 강남의 아파트는 각종 규제로 인해 공급이 제한될수록 희소성이 높아져서 오히려 가격이 올라가는 기현상을 보인다. 실제로 참여정부 시절, 잇따른 규제책에도 불구하고 강남 아파트가격은 늘어난 매수대기자들에 의해 가격이 밀어 올려졌다. 반대로 비우량지역의 아파트가격은 정책이 발표될 때마다 가격이 떨어져 자산가격의 양극화라는 또 다른 사회문제를 만들어냈다.

결국 문제는 강남의 아파트가격이 투기적 수요에 의해 올라갔기 때문에 투기적 수요를 원천봉쇄하면 강남에서 시작해 수도권으로 번지는 아파트 가격상승의 고리를 끊을 수 있다는 판단하에 강남 수요를 억제한 데 있었던 것이다. 잘못된 타깃 설정이 불러온 불행한 결과였다.

현재의 주택보급률은 참여정부 시절에 비해 상당히 개선되었다.

그래서 주택보급률 자체가 주택가격에 부정적인 영향을 줄 가능성
은 크지 않을 수 있다. 그러나 마땅한 대체재가 없는 상태에서 강남
과 같은 우량지역의 수요를 억제한다면, 참여정부 시절의 악몽이
되살아날 수도 있다. 강남을 타깃으로 하는 부동산정책이 우려스
러운 이유가 바로 여기에 있다.

주택시장은 철저하게 양극화될 것이다

참여정부는 '주택을 통해서는 절대로 돈을 벌 수 없도록 만들겠
다'는 확고하고 강력한 의지가 있었지만, 그것을 시장에 온전하게
전달하지 못했다. 방법이 적확하지 않았기 때문이다. 사실 주택의
투자가치를 떨어뜨리는 가장 강력한 방법은 공급을 획기적으로 늘
리는 것이다. 게다가 당시 수도권에는 매년 약 30만 가구의 주택공
급이 필요했다. 하지만 정부는 신규주택공급은 제쳐두고 세금부담
확대와 수요억제에만 매달린 결과 주택가격관리에 실패했다.

지금의 주택공급 상황은 참여정부 시절과는 사뭇 다르다. 그동
안 수도권 재개발과 보금자리주택, 지방 혁신도시개발 등으로 상
당수의 신규주택이 공급됐다. 앞으로 저출산, 고령화, 일자리 부족
현상이 심화될 경우, 어쩌면 주택의 수요가 크게 감소할 수도 있다.
그렇지만 전체 주택수요가 감소하는 와중에도 일부 우량지역의 주
택수요는 줄어들지 않을 것이다. 이는 즉, 앞으로 주택시장의 양극
화가 심화할 것이라는 얘기다. 따라서 투자자들은 지역 선택에 신
중을 기해야 한다.

17

전세가격으로 매매가격을
예측할 수 있을까?

2016년의 아파트가격 상승 배경에는 전세가격의 상승이 있었다는 분석이 지배적이다. 일반적으로 전세가격이 오르면 전세가와 매매가 사이의 가격차가 좁혀지면서 전세 수요자가 매수자로 전환된다. 여기에 갭투자*자들까지 대거 매수에 뛰어들면 아파트 거래량이 폭발적으로 늘어난다. 공급이 일정한 상태에서 이렇게 매수가 증가하면 곧바로 매매가가 오르게 된다.

갭(Gap)투자
매매가격과 전세가격의 차이를 이용해 주택을 매입한 후 가격 상승시 처분함으로써 매매차익을 창출하는 투자형태.

그런데 전세가격이 정말 매매가격을 예측할 수 있는 선행지표라고 할 수 있을까? 이를 확인하기 위해서는 매매가격과 전세가격 추이를 살펴보는 것이 필요하다.

다음은 KB국민은행이 매월 발표하는 'KB주택가격동향'에서 발췌한 매매가격과 전세가격 추이다.

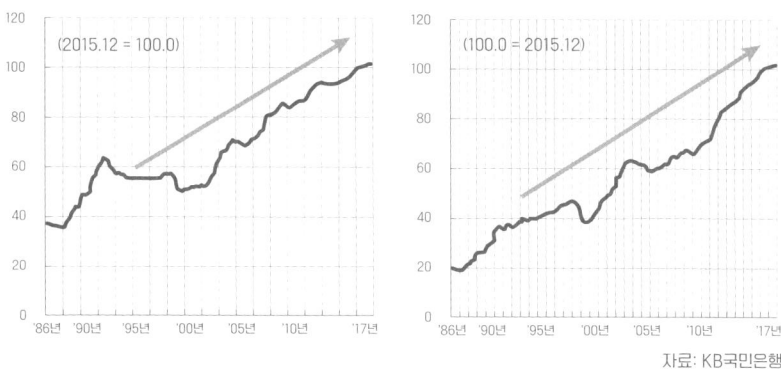

매매가격지수와 전세가격지수 장기추이

자료: KB국민은행

　위 자료를 살펴보면 단기적으로는 두 추이가 서로 일치하지 않는 모습을 종종 보인다. 하지만 장기적으로 두 추이는 거의 동일한 방향으로 움직이고 있는 것을 확인할 수 있다. 전세가와 매매가가 동조화하는 모습을 보이고 있는 것이다.

　전세는 우리나라에만 있는 특유한 주택임대 형태인데, 주택을 매매하는 데 드는 초기 투자금을 대폭 줄여주는 역할을 한다. 예를 들면 이런 식이다. 매매가격이 3억인 아파트가 있다. 이 아파트의 전세가격은 매매시세의 65%다. 만약 이 아파트에 전세입자가 살고 있다면, 이 아파트를 구입하는 데 드는 돈은 1억 500만 원으로 줄어든다.

전세가격 상승, 투기적 수요 때문에 상승한 것이다?
　전세가격이 오르는 원인은 일정하다. 공급은 평균적인데 수요가 공급을 초과하거나 수요는 평균적인데 공급이 수요를 밑돌 때, 혹은 어떤 이유로 매매보다 전세를 선호하는 현상이 높을 때 전세가격 상승현상이 발생하게 된다. 그런데 최근 몇 년 사이에 나타나고 있는 전세가격 상승현상은 어느 하나의 특징이 아니라 위에서 열거한 요인들이 복합적으로 작용한 결과라고 보는 것이 타당할 듯하다.

2010년 이후 전세가격 상승이 매매가격 상승보다 더 가파르게 이루어졌다. 글로벌 금융위기 이후 미래의 자산가격 향방이 불확실한 가운데 주택보유 심리가 크게 위축됐기 때문이다. 장기간 침체가 지속되자 박근혜정부는 경기부양 차원에서 주택구입을 적극 장려했다. 당시 정부는 가계부채 증가라는 위험에도 불구하고 금융규제 완화카드까지 꺼내들어 주택구입을 유도했다.

각종 규제가 풀리고 시중에 돈이 돌기 시작하자 한동안 얼어붙어 있던 주택매수 심리가 되살아났다. 전례 없이 많은 사람들이 갭투자에 참여하면서 아파트 거래량이 폭발적으로 늘어났다. 늘어난 거래량은 곧바로 아파트가격의 상승으로 이어졌다. 이는 곧 투기적 수요에 의한 주택가격 상승이라고 할 수 있다. 박근혜정부의 뒤를 이어 들어선 문재인정부가 8.2 부동산대책을 통해 강력한 규제책을 내놓은 이유다.

그렇다면 문재인정부에서도 전세가격 상승현상은 계속될까? 그럴 가능성이 농후하다. 그 이유는 다음과 같다.

첫째, 미래 주택시장에 대한 불확실성이 심화될 가능성이 높다.

인구 고령화, 출산율 감소, 생산가능인구 감소 등의 인구구조 변화가 본격적으로 주택시장에 영향을 미치게 될 시기가 코앞으로 다가왔고, 이는 필연적으로 주택수요의 감소로 연결될 것이다.

둘째, 갭투자의 일반화 등 투기적 수요가 주택시장에 진입한 뒤로 상당한 시간이 흘러 주택가격에 거품이 끼어 있다. 일반적으로 경기는 상승과 하락을 차례로 거치며 꾸준히 변동한다. 이러한 경기순환론에 따라, 2013년 이후 꾸준히 지속된 주택가격 상승세는 점차 둔화되다 하락세로 바뀔 수 있다. 그렇게 되면 매수심리가 얼어붙고 전세수요가 늘어날 것이다.

셋째, 비록 일시적일 것으로 보이기는 하나 강남 등 수도권 내 주요 우량지역들에서 재건축 재개발이 추진됨에 따라 이주수요가 많이 발생하게 될 것이다.

넷째, 정부가 강력한 부동산 규제대책을 잇달아 내놓음에 따라

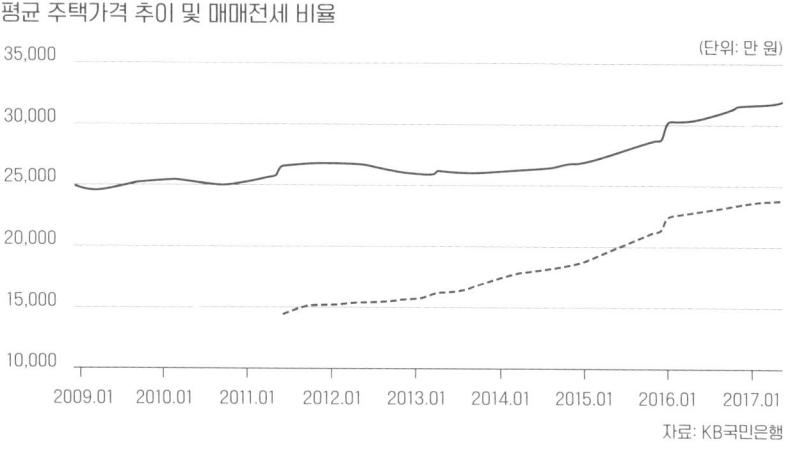

평균 주택가격 추이 및 매매전세 비율

자료: KB국민은행

주택 매매시장이 단기적으로 크게 위축될 가능성이 높다. 만약 강남 등 우량지역에 대한 적절한 공급 로드맵을 제시하지 못할 경우 장기적인 측면에서는 공급위축에 따른 전세가격과 매매가격의 동반 상승현상이 발생할 수도 있다.

전세가격 강세가 계속되면 매매가격도 오를까?

한동안 강남권은 재건축 재개발에 따른 이주수요가 크게 늘어나 극심한 전세품귀 현상을 빚을 것으로 예상된다. 이렇게 되면 '전세가격 상승 → 매매가격 상승'이라는 전통적인 주택가격 상승공식이 다시 재현될 수 있다. 그러나 입지가 탁월한 일부 우량지역을 제외하면, 전세가격 상승이 매매가격 상승으로 이어지는 현상이 발생할 가능성은 낮아 보인다.

2017~2018년 2년간의 입주물량만 해도 전국적으로 72만 가구가 넘는다. 특히 2018년에만 41만 가구가 한꺼번에 입주한다. 입주폭탄이라는 말이 실감나는 물량이다. 금리인상 등 금융시장의 환경 또한 녹록치 않다. 금리인상이 시작되면 대출상환 압박을 받는 가구가 큰 폭으로 늘어나게 될 것이고, 이는 대한민국 경제 전체에 적지 않은 악영향을 줄 것이 분명하다.

이 두 가지 측면으로 우리는 주택매매가격 하락을 조심스럽게 예상할 수 있다. 그러므로 과거처럼 전세가격이 강세를 보이고 있다고 해서 무조건 향후 집값 상승세가 재연될 것으로 판단하는 것은 지극히 위험하다. 다만 서울 및 수도권의 우량지역을 중심으로 소형평형을 주목하는 것은 좋은 선택이 될 가능성이 높은 만큼 이에 기초한 주택구입 전략을 수립하는 것이 바람직할 것이다.

18

사소한 것에
눈을 부릅떠라

아직도 '부동산 투자'라고 하면 신도시, 대규모 개발사업, 그린 벨트 해제지역 등에 투자하거나 남들은 모르는 부동산 개발정보를 이용해 큰 투자이익을 얻는 것이라고 생각하는 사람이 많다. 그러나 그런 대규모 투자를 하지 않더라도 괜찮은 수익을 올릴 수 있는 방법은 많다.

작은 것을 활용하는 '재테크 감성', 결코 운이 아니다

필자는 사소한 것에도 관심을 기울이는 습관을 잘 활용해 우연한 기회에 전혀 뜻하지 않았던 곳에 부동산 투자를 한 것이 큰 이익을 내는 경우를 종종 접하곤 한다. 언뜻 보면 운이 좋아서 성공한 것처럼 보이지만, 그 이면을 들여다보면 하나같이 평소의 생활습관을 바탕으로 한 섬세한 재테크 감성이 있었다.

재테크 감성으로 투자에 성공한 박감성 씨의 사례를 살펴보자.

사례 12

부천에 거주하는 박감성 씨. 그는 2016년 여름휴가 기간에 가족과 함께 강화도로 여행을 가다가 그만 엉뚱한 길로 들어서게 되었는데……

그가 잘못 들어선 길은 부천의 구도심으로 이어진 길이었다. 앉은 김에 쉬어간다는 마음으로 박감성 씨는 잠깐 차를 세운 뒤 주변을 둘러보았다. 저층의 단독주택들이 옹기종기 모여 있는 동네 풍경이 눈에 들어왔다. 불현듯 어린 시절을 보낸 고향집이 생각난 박감성 씨. 왠지 운치 있고 정감이 넘치는 풍경이 너무도 좋아보였다. 게다가 일대가 모두 오래된 단독주택이 밀집한 지역이어서 재개발도 가능할 것 같다는 생각도 들었다.

평소 경매로 부동산을 저렴하게 취득하는 방법을 모색해 온 박감성 씨는 휴가를 보내고 집으로 돌아가자마자 대법원 경매정보 사이트에 들어가 해당지역에 경매로 나온 집이 있는지를 꾸준히 살펴보기 시작했다. 그러던 어느 날 박감성 씨의 눈에 단층짜리 단독주택이 경매로 나온 것이 발견되었다. 도로에 접해 있으면서 면적도 적당한 좋은 물건이었다. 박감성 씨는 취득 비용을 포함해 총 1억 5,000만 원 수준에 그 집을 낙찰 받았다. 그리고 필요한 수리를 하여 보증금 1,500만 원에 월세 50만 원의 조건으로 임대를 놓았다.

그런데 이게 웬일인가. 해가 바뀌고 얼마 안 돼 박감성 씨가 낙찰 받은 주택 주변지역에서 재개발 논의가 활발하게 진행되기 시작했다. 상당한 시세차익이 발생한 가운데 박감성 씨는 지나가다 접하는 주변 풍경도 그냥 지나치지 않는 자신의 섬세함에 감사하고 있다.

이처럼 작은 것에 주목해 부동산 재테크에 성공하고 싶다면 다음의 사항을 잘 기억해두었다가 활용해 보라.

구도심의 주택을 구입하고자 할 경우 첫째, 오래된 집 또는 낡은 집이라고 허투루 보지 말고 주변 환경은 어떤지, 개발 가능성은 있는지 등을 종합적으로 살펴보는 습관을 갖도록 하자.

둘째, 일단 관심지역을 정했다면 지역 전체의 가능성을 보는 동시에 주시하고 있는 주택의 상태나 입지를 꼼꼼하게 살펴보도록 하자. 비슷한 곳에 있으니 다 같은 집이려니 하고 생각하다가는 큰 코를 다칠 수 있다. 비슷해 보이지만 향후 가격은 천차만별로 형성될 수 있다.

셋째, 경매나 공매를 통해 해당지역에서 저렴하게 취득할 수 있는 물건이 있는지를 꾸준히 찾아보도록 하자. 의외의 투자기회를 창출할 수 있다.

주택이 아닌 토지인 경우라면 이런 점을 살펴보는 것이 좋다.

첫째, 여행지로 가는 도중에 병목현상이 심하게 일어나는 곳이 있다. 그 이유가 사고 등 인위적 요인에 있는 게 아니라 도로 자체의 문제에 있는 것이라면 머지않아 우회도로가 생길 것이 분명하니 주위의 토지를 눈여겨보라.

둘째, 작년에도 왔었는데 올해는 새로운 도로가 개통되어서인지 차량운행 시간이 상당히 줄어들어 놀라는 곳이 있을 것이다. 이미 가격이 많이 올랐을 거라고 섣불리 판단하지 말고 관심을 가져보라. 앞으로 더욱 상승할 것이 분명하다. 시간이 지남에 따라 주5일

근무제의 위력은 더욱 강력해질 것이고, 그렇게 되면 접근이 용이해진 지역의 땅은 더욱 주목을 받을 것이다.

셋째, 고향에 관심을 가져라. 자신의 고향이 가장 좋은 재테크 투자처라는 것을 잊고 있거나 전혀 고려하지 않고 있는 사람이 많다. 그런데 나만큼 내 고향을 잘 알고 있는 사람이 어디 있겠는가. 시시각각 변하는 고향의 정보를 확인하라. 시간이 없다면 여름휴가나 명절을 활용해서라도 꼭 확인해 보라. 의외의 소득이 기다리고 있을 것이다.

19

공동투자를
활용하라

얼마 전 재테크 강의를 진행하면서 수강생분들에게 다음과 같은 질문을 한 적이 있다. "투자목적으로 부동산을 구입해서 적지 않은 시세차익을 거두었다는 직장동료나 친지 혹은 지인들의 성공담을 접하면 어떤 생각이 드십니까?" 대답은 "사촌이 땅을 사면 배가 아프다"는 옛말처럼 "마음이 편치 않다"는 것이 주를 이루었고, 그 외에 "나는 뭐 했나" "종잣돈도 없는데 투자는 무슨. 다 남의 얘기지"와 같은 대답들도 꽤 많았다.

재테크 자금부족은 공동투자로 해결하라

투자목적으로 부동산을 구입하려면 적지 않은 규모의 자금이 필요하다. 물론 "부동산을 투자목적으로 구입하려거든 여유자금으로 하라"고 말하는 것은 여유자금이 충분치 않은 서민에게는 어찌 보면 사치스러운 이야기일지도 모르겠다. 하지만 이 투자원칙이 여전히 중요한 투자 성공법칙으로 그 역할을 다하고 있는 한 꼭 지켜야 되지 않겠는가.

이 시점에서 독자 여러분은 이렇게 묻고 싶을 것이다. "그렇다면 도대체 어떻게 해야 된단 말입니까? 여유자금은 충분치 않고, 그렇다고 레버리지 효과에 기대 대출받는 것은 대출금액의 규모나 경기에 따른 위험부담 때문에 선뜻 내키지 않습니다. 이런 상황에서 서민들에게 부동산 투자는 결코 쉽게 잡을 수도, 쉽게 포기할 수도 없는 계륵이 될 수밖에 없단 말입니까?"

답부터 먼저 말씀드리면 방법은 있다. 바로 공동투자다. 공동투자로 두 마리 토끼를 잡은 전원말 씨의 사례를 보자.

● **사례 13**

평소 조그마한 텃밭이라도 가져보는 것이 소원이었던 전원말 씨. 하지만 높은 가격에 엄두를 내지 못하고 마음속으로 '언젠간 꼭 마련해야지!'라는 다짐만 했다.

그러던 2007년 봄 전원말 씨는 직장 동아리활동을 통해 친해져 호형호제하며 지내던 문주택 씨, 조전원 씨 가족과 함께 강원도 홍천으로 나들이를 가게 되었다. 이런저런 얘기를 나누던 중 우연히 텃밭 이야기가 나왔고, 전원말 씨는 길가에 펼쳐져 있는 아름다운 풍경을 보면서 "언젠가는 이렇게 경치 좋은 곳에 작아도 좋으니 나만의 텃밭을 꼭 사고 싶다"는 말을 했다. 그런데 이심전심이라고나 할까. 문주택 씨와 조전원 씨도 평소 전원말 씨와 비슷한 생각을 하고는 있었지만 여유자금이 부족해 엄두를 내지 못하고 있었다. 서로의 마음을 알고 의기투합한 세 사람은 1인당 3,000만 원을 투자해 강원도 홍천의 임야와 임야에 접한 밭 1,500평을 평당 6만 원에 공동으로 구입했다.

그 후 세 사람은 틈나는 대로 텃밭을 가꾸고 나무도 심는 등 행복한 시간을 만끽하느라 땅값에는 큰 관심을 두지 않고 지냈다. 그러다 몇 년 후 우연히 들른 공인중개사 사무소에서 자신들 토지의 시세가 구입가격의 5배를 넘는다는 기쁜 소식을 들었다. 그동안 토지의 수도권 접근성이 크게 개선되고 인근에 생태공원이 조성되는 등 호재가 발생해 땅값이 오른 것이다.

전원말 씨의 사례는 공동투자의 두 가지 장점인 위험의 분산과 투자금액의 최소화를 활용해 성공한, 전형적인 공동투자 성공사례라 할 수 있다.

"예상외의 수익을 거두셨는데 앞으로 투자계획은 없으신가요?"라는 필자의 물음에 전원말 씨는 "예나 지금이나 저는 자연을 벗삼아 텃밭을 가꾸는 행복에 빠져 사는 서민입니다. 은퇴할 쯤에는 동생들과 조금 더 구입해 볼 요량입니다만, 현재는 더 구입한다 해도 행복이 아니라 스트레스가 될 것 같아 싫습니다"라고 대답했다. 하긴 어떻게 보면 세 사람은 평소에 그렇게 소망하던 작은 텃밭을 가꾸며 큰 행복을 맛보고 있기 때문에 이미 충분한 보상을 받고 있는 것 아니겠는가. 어찌 됐든 행복에 덤으로 투자수익까지 얻은 전원말 씨 사례는 곰곰이 새겨볼 만하다.

3부

종잣돈 없이
대박 터뜨리는
부동산 재테크 비법

01

내 집 마련,
신규분양을 노려라

주택마련 자금을 충분하게 갖고 있지는 못하지만 2~3년 안에 내 집 마련을 계획하고 있는 사람은 신규 아파트를 분양받는 것이 가장 유리한 방법이다. 집값을 중도금 형식으로 입주 때까지 여러 차례 나누어 낼 수 있어 자금 부담이 덜하기 때문이다. 경우에 따라서는 중도금과 잔금에 대한 대출을 지원받을 수도 있다. 또 미분양 등으로 분양시장이 크게 침체된 시기에는 각종 세금감면 등의 혜택을 받게 될 수도 있다.

청약통장을 만들자

신규분양 아파트에 청약하기 위해서는 우선 자격을 갖춰야 한다. 그런데 청약자격을 갖추기 위해서는 가장 먼저 청약통장이 있어야 한다. 그렇다면 어떤 청약통장을 만들면 될까? 바로 주택청약종합저축이다. 주택청약종합저축은 국민주택 및 민영주택에 모두 청약할 수 있는 입주자저축이다. 그래서 한때는 청약을 위한 만능 통장이라고 불린 적도 있다.

다음의 표는 주택청약종합저축과 관련된 내용을 정리한 것이다.

주택청약종합저축

	내용
정의	- 국민주택 및 민영주택에 모두 청약할 수 있는 입주자저축.
특징	- 매월 약정납입일(신규가입일 해당일)에 월저축금을 납입하는 적금식 상품. - 순위가 발생하고 소정의 청약자격을 갖추면 국민주택 및 민영주택에 모두 청약할 수 있는 입주자저축.
가입대상	- 국민인 개인(국내에 일정한 주거지가 있는 재외동포 포함) 또는 외국인 거주자로서 연령에 관계없이 누구든지 가입 가능. - 단, 전 금융기관을 통하여 주택청약종합저축, 청약저축, 청약예금, 청약부금 중 1인 1계좌만 보유 가능함.
계약기간	해당 없음

자료: KB국민은행

주택청약종합저축은 신규분양을 받기 위해 필요한 통장일 뿐만 아니라 금리 측면에서도 장점이 많은 금융상품이다. 일반 적금보다 상대적으로 높은 금리를 받을 수 있기 때문이다. 게다가 가입연령의 제한도 없어서 미성년 자녀의 명의로 미리 가입해두는 경우도 많다.

그렇다면 주택청약종합저축은 어디에서 가입할 수 있을까? 현재 주택청약종합저축을 취급하고 있는 시중은행은 국민은행, 기업은행, 농협은행, 대구은행, 부산은행, 신한은행, 우리은행, 하나은행 등 8개 은행이다.

어느 지역에 분양받을지 확정하라

청약통장을 만들었다면 분양을 받기 위한 첫걸음은 뗀 것이다. 그런데 청약통장을 만들어놓고 무심하게 시간을 흘려보내는 사람이 있다. '1순위가 되면 그때 어떤 지역에 분양 신청을 할 것인지 찾아봐야지'라고 안이하게 생각하는 것이다. 이는 어리석은 행동이다.

생각해보자. 우리는 1년마다 자동차보험을 갱신한다. 그리고 그때마다 열심히 이런 저런 정보를 비교한 후 가장 효율적인 보험을 선택한다. 몇만 원에서 몇십만 원을 절약하기 위해 수고를 마다하지 않는 것이다. 그런데 왜 몇억 원이나 하는 큰 금액이 소요되는 내 집 마련을 위해서는 그 정도의 수고도 하지 않으려 하는가?

아무런 준비도 하지 않고 청약에 나서면 자신이 생각지도 않았던 아파트를 분양받게 될 확률이 높아진다. 8.2 부동산대책으로 인해 신규분양은 물론 투기과열지구 내 재건축·재개발 지역 내에서 분양한 아파트에 당첨된 세대는 5년간 재당첨을 받을 수 없다. 청약에도 소신이 필요한 이유다. 그러므로 청약을 받을 계획이라면 미리부터 자신이 원하는 지역을 특정해두어야 한다. 일단 지역을 정해두면 조건에 맞춰 보다 구체적인 청약 전략을 세울 수 있다.

갈수록 확대되는 새 아파트 선호 현상

"이미 거래되고 있는 기존 주택도 많은데 왜 하필 신규분양이야?"라고 묻는 사람도 있을 것이다. 그러나 그것은 짧은 생각이다.

앞으로는 신도시와 같은 대규모 개발 방식으로 신규 아파트가

공급될 가능성이 낮다. 이제 서울과 수도권의 핵심 지역에는 대규모로 개발할 택지가 거의 없다. 오래된 아파트 단지를 재건축하거나 낙후된 주거지를 재개발하는 식으로 신규 아파트를 공급하는 방법 정도가 남아 있을 뿐이다. 새 아파트가 점점 귀해지는 것이다. 이러한 상황은 신규 아파트 선호 현상을 갈수록 심화시킬 것이다.

신규 아파트 선호 현상은 인구구조 변화와도 밀접한 관련이 있다. 절대 인구수가 줄어들고 있다. 지금까지는 절대 인구수가 줄어도 1인가구의 수는 늘어났기 때문에 전체 가구수가 줄지는 않았다. 그러나 계속해서 인구가 줄면 결국 가구수도 줄게 될 것이다. 가구수가 줄면 당연히 주택의 수요도 감소할 수밖에 없다. 주거에 대한 선택지가 늘어난 상황에서 사람들은 어떤 주택을 선호하게 될까? 헌 집? 새 집? 당연히 새 집이다. 이러한 현상은 우리와 비슷한 경험을 했던 이웃나라 일본의 사례에서도 극명하게 두드러진 현상이다.

게다가 새 집 선호 현상은 부동산시장의 호·불황 여부와는 무관하게 계속될 것이다. 불황이라고 새 집이 아닌 헌 집을 선호하게 되지는 않는다. 그러므로 내 집 마련으로 새 아파트를 분양받는 전략은 바람직하다.

02

매매계약서는
정직하게 써야 한다

부동산을 매입한 후 수익이 발생하면 보유하는 기간 내내 커다란 행복을 느끼게 된다. 그러나 그 행복은 수익이 난 자산을 처분하면서 발생하게 되는 양도소득세를 납부해야 하는 순간이 오면 크게 반감된다. 수익이 창출된 이상 그에 합당한 세금을 납부하는 것은 지극히 당연한 일이다. 그러나 사람 마음이 그렇지가 않다. 머리로는 충분히 납득이 되는데도 가슴으로는 받아들이기 어려운 것이 바로 세금이기 때문이다.

그래서 사람들은 어떻게 해서든 양도소득세를 줄여 보려고 무리수를 두는 경우가 종종 있다. 대표적인 예로 다운계약서와 업계약서의 작성을 들 수 있는데, 이는 향후 매도인과 매수인 모두에게 큰 손해를 끼칠 수 있는 행위인 만큼 그 유혹에 빠지지 않게끔 경계해야 한다.

다운계약서, 이래서 위험하다!

　다운계약서란 실제 거래금액보다 가격을 낮춰 신고하는 것을 가리킨다. 예를 들어 실제 매매가액이 1억 원인 아파트를 8,000만 원에 매매했다고 신고하는 식이다. 부동산 실거래가 신고제도가 도입되기 전에는 다운계약서 작성이 관행처럼 여겨지던 시절도 있었다. 이로 인해 세무상 불이익을 당했다는 사람은 극히 소수에 불과하던 때였다. 그러나 부동산 실거래가 신고제도가 도입되어 세무당국이 모든 거래를 투명하게 파악할 수 있게 된 지금, 다운계약서는 매우 위험한 탈세행위 그 이상도 그 이하도 아니다.

● **사례 14**

　일산에 거주하는 정세원 씨는 2016년에 처분한 아파트만 생각하면 화가 치밀어 오른다. 2015년 지인의 소개로 아파트 급매물을 살 때만 해도 그는 그것이 화근이 될 줄은 꿈에도 몰랐다. 시세보다 3,000만 원 저렴한 3억 5,000만 원에 매매할 테니 매매가액을 8,000만 원만 낮춰 쓰자는 매도인의 제안에 선뜻 동의한 정세원 씨. 1세대 1주택이고 오래 보유할 거라 양도소득세 걱정은 하지 않아도 된다고 판단한 것이었다. 게다가 주위 친구들이 다운계약서를 작성하고 저렴한 가격에 부동산을 구입했다고 자랑 삼아 얘기하는 것을 종종 듣기도 했기에 전혀 걱정하지 않았다.

　문제는 사업이 생각대로 잘 되지 않아 당초 오래 보유하기로 마음먹고 구입했던 아파트를 구입한 지 1년도 되지 않아 처분해야 하는 상황에

놓이게 되면서 시작되었다. 고민 끝에 아파트를 처분하기 위해 공인중개사 사무소에 들른 정세원 씨는 깜짝 놀랐다. 1세대 1주택자이기는 하지만 구입일로부터 1년 이내에 처분할 경우에는 고율의 양도소득세율을 적용받는다는 말을 들었기 때문이다. 형편이 여의치 않아 처분하긴 해야겠는데 현재 시세가 3억 8,000만 원인 점을 감안할 때, 엄청난 세금을 부담해야 한다니 앞이 캄캄해 이러지도 저러지도 못하는 상황이 된 것이다.

결국 정세원 씨는 고율의 양도소득세율을 적용받아 자신이 부담하지 않아도 될 양도소득세까지 납부하면서 아파트를 처분해야만 했다. 물론 정세원 씨가 만약 부동산 실거래가 신고제도가 시행되기 전에 거래를 했더라면 단속에 걸릴 염려가 거의 없었을 것이고, 그렇게 되면 엄청난 양도소득세를 부담할 필요도 없었을지 모른다. 자신이 그랬던 것처럼 매수자 역시 매매금액을 깎아줄 테니 다운계약서 작성에 협조해 달라고 부탁하면 들어주었을 것이기에. 하지만 요즘은 전혀 그렇지 않다. 매수자가 협조하리라고 장담할 수 없는 것이다. 이처럼 다운계약서의 작성에 협조하면 예상치 못한 엄청난 세금부담에 시달릴 수 있다는 점을 명심해야 한다. 다운계약서는 작성해서도 안 되고 협조해서도 안 된다.

다운계약서와는 정반대 개념인 업계약서 역시 불법 계약서를 작성하는 것으로, 적발되면 법적 처벌을 받아야 한다. 업계약서란 가령 1억 원에 아파트를 거래했는데 1억 5,000만 원에 거래했다고 계약서상 매매가액을 허위로 작성하는 것을 말한다. 주로 매도자는 1세대 1주택자로 양도소득세가 비과세되고 매수자는 투자 목적인 경우 이 같은 업계약서 작성 유혹에 빠지기 쉽다. 그러나 업계약서 역시 다운계약서와 마찬가지로 명백한 범법 행위다. 불법적인 방법으로 세금을 탈루하는 것이기 때문이다. 그러므로 기억하라. 순간의 선택조차도 현명하게 이루어져야만 세금폭탄으로부터 자유로울 수 있다는 사실을! 작은 것을 탐하다가 큰 손실을 입을 수도 있다.

03

잘 키운 연립·다세대주택,
열 아파트 안 부럽다

우리나라 국민의 대다수는 주거수단으로 아파트를 가장 선호한다. 너나 할 것 없이 아파트로 내 집 마련을 하기 위해 저축을 하고 청약통장을 만들어 부지런히 청약을 한다. 하지만 현실은 그렇게 녹록지 않다. 가파르게 상승하고 있는 아파트가격이 서민의 부푼 꿈을 너무나도 허망하게 무너뜨리곤 한다. 그들에게 평당 수천만 원에 달하는 아파트는 꿈같은 얘기다. 평당 천만 원대의 분양가도 부담스러운 실정이다. 그런데 그런 그들도 비교적 저렴하게 아파트를 소유할 수 있다. 그것은 연립·다세대주택을 구입하여 한동안 거주하다가 재개발을 통해 새 아파트로 갈아타는 것이다.

아파트에 대한 욕심을 버리고 낡은 다세대주택으로 내 집 마련을 했지만 재개발로 인해 아파트 입주가 가능해진 유대박 씨의 사례를 통해 소액으로 활용할 수 있는 효과적인 내 집 마련 전략을 배워보자.

● **사례 15**

서울시 신길동에 거주하는 유대박 씨는 2007년 전세로 거주하고 있던 지역 인근에 있는 다세대주택(빌라)을 급매로 구입했다. 구입 당시 "열심히 저축해서 아파트에 청약을 넣어야지 왜 하필 남들은 거들떠보지도 않는 빌라를 사느냐, 빌라는 살 때는 비싸고 계속 값이 떨어지기만 하는 애물단지라고 하던데"라며 극구 반대하던 아내와 부모님을 설득하느라 애를 먹은 유대박 씨. 하지만 '집은 살기 편하고 만족스러우면 그게 최고다. 꼭 아파트라야 살기 편하고 만족할 수 있는 것은 아니다'라는 생각으로 가족을 설득했다.

내 집 마련을 한 후에도 집에 대한 원칙에는 변함이 없었던 유대박 씨. 그런 유대박 씨에게 요즘 고민이 하나 생겼다고 한다. 자신이 구입한 다세대주택이 재개발되어 입주가 서서히 다가오고 있기 때문이다. 아파트를 노래하던 아내를 생각해 재개발 후 완공된 아파트에 입주할 것인지, 아니면 처분할 것인지가 고민이라는 것이다.

재개발 가능성이 높은 연립·다세대주택을 잡아라

급매물로 나온 연립·다세대주택은 시세에 비해 훨씬 저렴하게 구입할 수 있다는 장점이 있다. 또한 유대박 씨의 사례처럼 재개발이 된다면 새 아파트에 입주하게 되는 경제적 이익까지 덤으로 얻을 수 있다. 그러나 재개발에 따른 아파트 입주를 노리려면 재개발 가능성이 높은 지역, 즉 도로상태가 불량하거나 노후불량주택의 비율이 높아 개선이 시급한 지역에 있는 연립·다세대주택을 구입해야 한다.

도로상태가 불량하다는 말은 차량의 출입이 어렵거나 출입 자체가 원천적으로 불가능할 수도 있다는 의미다. 수도권에는 차량출입은커녕 사람만 겨우 다닐 수 있는 길 양쪽에 건축된 다세대주택들이 여전히 꽤 된다. 이런 곳들은 언젠가 재개발될 수밖에 없는 조건을 갖춘 곳이라고 볼 수 있다.

한편 노후불량주택은 한마디로 주거의 질을 크게 떨어뜨릴 만큼 상태가 좋지 않은 주택을 말하는데, 각 지방자치단체의 '도시 및 주거환경정비조례'에서 구체적으로 그 기준을 나열하고 있는 만큼 손쉽게 파악할 수 있다. 또한 노후불량주택 역시 아직 수도권에 많이 남아 있다. 백조가 되기 위해 준비 중인 미운 오리들이 새 주인을 기다리고 있는 것이다.

떠오르는 핫이슈 도심재생

사실 재개발이 대중에게 널리 알려진 지는 비교적 오래됐다. 2000년대 중반 무렵부터 불어 닥친 재개발의 광풍을 타고 한때 서울 전역의 거의 모든 구도심 낡은 주택 지역이 재개발 정비구역으로 지정됐었다. 그중 많은 곳이 실제로 재개발을 거쳐 아파트단지로 탈바꿈했고, 지금도 여러 구역에서 재개발 사업이 활발하게 진행되고 있다.

반면에 정비구역으로 지정된 이후 오랫동안 사업이 제대로 진행되지 못하는 곳도 많았다. 대부분 사업성이 낮거나 분쟁이 많은 지역이었다. 그러던 중 2012년 서울시는 장기간 재개발 사업이 이루어지지 않은 곳을 대상으로 정비구역 지정을 해제할 수 있게 했다. 그러자 사업이 더디게 진행되던 곳의 절반 이상에서 정비구역 해제가 이루어졌다. 이로 인해 재개발 붐이 점차 시들해지고 정비구역에서 해제된 지역의 낡은 주택들은 더 이상 발전 가능성이 없는 것으로 전락하는 듯했다.

바로 이때 새롭게 등장한 사업이 '도심재생'이다. 도심재생은 정비구역에서 해제되고 혼란에 빠진 재개발 지역에 가뭄 끝에 만난 단비 같은 역할을 할 것으로 예상된다. 특히 문재인정부에서 도심재생을 통한 주택공급 정책에 상당한 힘을 싣고 있는 만큼 기존의 노후화된 도심지역을 대상으로 하는 재개발은 더욱 활성화될 것이다. 재개발 가능성이 높은 곳에 있는 다세대주택을 보유하는 것도 매우 효과적인 내 집 마련 전략이 될 수 있다는 뜻이다.

장기적인 안목으로 재개발 가능성이 있는 다세대주택을 구입하라. 소액으로도 얼마든지 아파트로 갈아탈 수 있는 기회를 잡을 수 있을 것이다.

04

내 집 마련에
막차는 없다

내 집 마련을 원하는 사람들이 가장 자주, 그리고 심각하게 고민하는 문제가 있다. 바로 '내 집 마련에 가장 좋은 시기는 언제일까' 하는 것이다. 내 집 마련에 들어가는 금액이 워낙 크기 때문에 조금이라도 더 저렴하게 구입하고 싶다는 소망을 갖는 것은 어찌 보면 당연하다. 부동산시장이 침체되었을 때 내 집을 마련했는데, 얼마 지나지 않아 부동산가격이 오름세로 접어들어 결과적으로 적지 않은 시세차익을 거둔 사람을 우리는 주위에서 종종 볼 수 있다. 그래서인지 조금이라도 더 저렴한 가격에 내 집을 마련하길 원하는 사람이 갈수록 늘어나고 있다. 그러나 이들 대부분이 간과하고 있는 정작 중요한 사실 하나가 있다. 바로 '내 집 마련에 막차는 없다'는 것이다.

침체기는 내 집 마련의 최적기다

부동산시장 침체기는 내 집 마련의 최적기라는 것을 우리는 이미 수없이 경험했다. 그럼에도 불구하고 침체기에 적극적으로 내 집 마련 전략을 구사하는 사람은 의외로 많지 않다. '혹시 더 떨어지는 것은 아닐까' 하는 우려가 앞서기 때문인 것 같다. 그러나 언론이나 주위 사람들 모두 "지금은 내 집을 마련할 시기가 아니다"라고 입을 모아 말하고 있다면, 투기목적이 아닌 한 적극적으로 내 집 마련에 나서더라도 결코 손해 보는 일은 없을 것이다. 이미 부동산시장이 침체기에 접어들었기 때문에 저점 혹은 저점에 가까운 가격으로 내 집을 마련할 수 있기 때문이다.

다음은 침체기에 보다 저렴하게 내 집 마련에 성공한 김대박 씨의 사례다.

- **사례 16**

  김대박 씨는 2012년 11월 용인시 상현동에 있는 157.39㎡ S아파트를 3억 2,000만 원에 구입했다. 당시는 상현동 일대 큰 평형 아파트들의 가격이 지속적으로 하락하던 시기였다. 대다수의 지인들은 "더 떨어질지도 모르니 기다려라"고 말렸다. 하지만 김대박 씨는 그동안 많이 떨어진 가격이어서 앞으로 더 떨어져도 크게 떨어지지는 않을 것이라는 확신을 갖고 적극적으로 구입에 나섰다.

  2년여 뒤 김대박 씨가 구입한 S아파트의 가격은 장기간에 걸친 하락을 끝내고 조금씩 오르기 시작했다. 그리고 구입 5년이 지난 2017년 4월 현재, S아파트는 3억 8,000만 원~4억 3,000만 원에 시세가 형성되어 있다.

호황기라고 내 집 마련에 주저할 이유가 없다

"각종 언론매체들이 연일 부동산시장에 거품이 많다고 보도할 때가 과연 내 집 마련의 적기라고 할 수 있을까?" 조금이라도 저렴한 가격에 내 집을 마련하겠다는 쪽에 초점을 맞추고 있다면 부동산시장의 호황기는 내 집 마련의 적기라고 할 수는 없다. 그러나 내 집 마련 자체가 목적이라면 부동산시상이 호황이라고 해서 굳이 구입시점을 뒤로 미룰 이유는 없다. 어차피 장기적인 관점에서 본다면 일시적인 가격변동은 큰 의미가 없기 때문이다.

자본주의시장에는 매년 일정한 인플레이션이 발생한다. 올해 몇 천만 원 비싸게 구입했다고 해도 몇 년만 지나면 인플레이션에 의해 비싸게 구입한 금액 정도는 상쇄되기 마련이다. 또한 현재 부동산시장이 호황기인지 아니면 호황으로 가고 있는 중간단계인지 정확히 파악하는 것은 불가능에 가깝다는 점 역시 고려해야 한다.

대표적인 경우로 주기적으로 광풍이 몰아치는 재건축시장을 들 수 있다. 재건축시장에 거품이 많다는 언론보도 역시 재건축시장에서 광풍이 불때마다 찾아볼 수 있는 현상 가운데 하나다. 그러나 그런 보도가 나온 이후에도 재건축 아파트가격은 계속 오르는 모습을 보이곤 한다. 결국 재건축 아파트에 거품이 있다고 믿었던 사람들은 좀 더 저렴한 가격에 재건축 아파트를 구입할 수 있었던 기회를 놓치게 되는 것이다. 다음은 불황기에 집을 비싸게 사서 큰 시세차익을 누린 나갑부 씨의 사례다.

- **사례 17**

  2008년 11월 나갑부 씨는 과천시 별양동 소재 91.78㎡ J아파트를 4억 5,000만 원에 구입했다. 당시는 글로벌 금융위기 여파로 부동산시장이 침체된 시기로, 나갑부 씨가 구입한 아파트는 구입 직전 8개월 동안 1억 이 넘게 가격이 하락한 상태였다. 주변 사람들은 "이런 때 무슨 아파트를 구입하느냐" "가격이 더 하락할지 모르는데 신중하게 생각해라" "내 집 마련 시점을 잘못 골랐다" 등등의 말을 하며 나갑부 씨의 선택이 잘못되었다고 지적했다. 그러나 어차피 J아파트를 구입한 목적이 이익을 남기기 위한 것이 아니라 내 집 마련을 위한 것이었기에 나갑부 씨는 주변 사람들의 말에 크게 신경 쓰지 않았다. 언젠가는 제 값어치를 할 것이라는 마음으로 느긋하게 기다리기로 결심한 것이다.

  그런데 그렇게 오를 것 같지 않던 아파트가격이 2009년 5월을 시작으로 오르기 시작하더니 2011년 1월에는 5억 6,000만 원까지 상승했다. 비록 2012년 9월경에는 자신이 구입한 가격까지 재차 가격이 하락하기도 했지만, 어차피 거주목적이었기 때문에 크게 신경 쓰지 않고 보유할 수 있었다. 그 결과 2017년 4월 현재, J아파트의 시세는 구입가격보다 무려 2억 5,000만 원~2억 8,000만 원이 오른 7억~7억 3,000만 원에 이르고 있다.

김대박 씨는 침체기에 내 집을 마련해 서서히 가격상승의 혜택을 본 경우고, 나갑부 씨는 불황기에 내 집을 마련해 하락과 제자리걸음을 경험하다 뒤늦게 가격상승의 혜택을 본 경우다. 두 사례 모두 결국 장기적인 관점에서 내 집 마련을 한 결과 적지 않은 이익을 덤으로 얻은 경우라 할 수 있다. 다시 한번 말하지만 내 집 마련에 막차는 없다. 투기가 아니라 내 집 마련이 목적이라면 단기적인 가격변동에 너무 연연하지 않는 것도 효과적인 내 집 마련 전략이 될 수 있다.

05

주말농장으로
두 마리 토끼 잡기

2003년 농지법이 개정된 이후 도시생활자도 주말농장용 농지를 소유할 수 있게 되면서 농지에 대한 관심이 크게 증가했다. 여기에 도시화가 고도로 진행됨에 따라 자연과 조금이라도 더 가까워지고 싶어 하는 인간 본연의 욕구까지 더해지면서 주말농장용 토지에 대한 수요가 크게 늘어났다. 주말농장은 자녀들에게 삭막한 도시생활에서 벗어나 자연과 접할 수 있는 기회를 보다 폭넓게 제공해 줄 뿐만 아니라 부모들에게는 토지가격 상승에 따른 자본이득을 기대할 수 있게 해준다는 점에서 관심을 가져볼 만한 분야다.

왜 주말농장용 농지인가?

우리나라 농지법은 원칙적으로 비농업인의 농지취득을 금하고 있다. 그러나 농지법 개정을 통해 예외적으로 주말·체험영농*을 하고자 농지를 소유하는 경우, 토지거래 허가구역이 아닌 이상 비농

업인이라 할지라도 1,000m² 미만의 농
지를 취득할 수 있도록 허용하고 있다.
덕분에 주말농장용 농지를 구입하는 도
시인들이 크게 늘어나게 되었고, 도시
근교의 농지를 구입해 주말농장으로 활

체험영농
농업인이 아닌 개인이 주말 등을 이용
하여 취미 또는 여가활동으로 농작물
을 경작하거나 다년생 식물을 재배하
는 것.

용하는 사람들의 숫자도 크게 증가하고 있는 추세다. 그렇다면 왜
사람들은 주말농장을 주목하는 것일까?

그 이유는 크게 두 가지로 나눠 볼 수 있다.

첫째는 웰빙욕구의 충족이다. 주말농장용 보지를 구입한 사람들
이 말하는 주말농장의 가장 큰 매력은 '아이들과 함께 자연을 접하
는 즐거움'이다. 매일은 아니더라도 주말마다 혹은 한 달에 2~3번
씩 자녀들과 함께 각종 채소를 가꾸고, 새소리가 들리는 밭 근처에
돗자리를 깔아놓고 집에서 싸온 도시락을 풀어 도란도란 이야기를
나누며 식사하는 즐거움은 경험해 본 사람만이 알 수 있다.

둘째는 토지보유에 따른 지가상승의 혜택, 즉 자본이득을 얻기
위해서이다.

다음은 주말농장을 하려는 목적으로 토지를 구입해 두 마리 토
끼를 잡고 있는 김환상 씨의 사례다.

● **사례 18**

산본에 살면서 조그마한 가게를 운영하고 있는 김환상 씨. 요즘 김환상
씨의 주말은 즐겁기만 하다. 초등학생인 두 자녀와 함께 화성에 있는 주

말농장에 나가 채소를 가꾸는 재미도 쏠쏠할 뿐만 아니라 무엇보다 아이들이 기뻐하는 모습을 보는 것이 그렇게 좋을 수 없다고 한다. 김환상 씨가 이런 행복을 누리게 된 계기는 다음과 같다.

지난 2009년 초의 일이었다. 김환상 씨는 직장을 그만두고 받은 퇴직금으로 조그마한 가게를 얻은 후, 남은 돈을 어디에 투자할까를 놓고 고민하던 끝에 아이들과 함께 주말농장을 할 수 있는 토지를 구입하기로 결심했다. 그와 동시에 적당한 토지를 물색하던 김환상 씨는 경기도 화성에 있는 자투리땅 200평이 평당 40만 원에 나와 있는 것을 알게 되었다. 비록 자투리땅이긴 했지만 땅 모양도 나쁘지 않고 도로상태도 생각보다 양호했기 때문에 즉시 구입했다.

그 후 김환상 씨 가족은 거의 매주 주말마다 이곳에 와서 채소를 가꾼다. 그러다 보면 가끔 인근 주민들이 찾아와서 "땅값이 많이 올랐다는 소식 들었는가? 평당 60만 원 정도 한다더군. 어떻게 해야 그렇게 정확한 안목을 가질 수 있는지 비결 좀 알려주게나" 하고 말을 건네곤 한다. 그럴 때마다 김환상 씨는 '주말농장을 통해 행복을 느끼고 재테크까지 할 수 있었으니 주말농장용 토지를 구입하길 정말 잘했다'는 생각이 든다고 한다.

주말농장용 농지구입 시 이것만은 주의하자

주말농장용 농지를 구입하기 전에 반드시 알아야 할 사항들이 있다. 이를 간과하면 애써 구입한 토지를 강제로 처분해야 하는 상황에까지 내몰릴 수 있는 만큼 구입 전에 잘 점검해 둘 필요가 있다.

하나, 주말농장용 농지를 취득하는 데 있어 거리제한은 없다. 예를 들어 서울에 살면서 경상남도의 토지를 취득하는 것도 가능하다는 말이다. 그러나 무턱대고 지나치게 먼 곳에 있는 농지를 구입하는 것은 결코 바람직하지 않다. 주말농장을 목적으로 취득한 농지는 최소한 본인 또는 가족들이 농작업의 3분의 1 이상 또는 연간 30일 이상을 경작해야 하기 때문이다. 이를 위반하는 경우 강제처분 대상이 될 수 있다는 점을 반드시 고려해야 한다.

둘, 주말농장용 농지를 취득하는 데 있어 거주지나 나이 등의 제한은 없다. 그러나 경작하기에 적합지 않은 나이의 자녀 명의로 주말농장용 토지를 구입하는 것은 문제가 될 수 있는 만큼 피하는 것이 좋다.

셋, 주말농장용으로 취득한 농지는 휴경,* 임대, 위탁(농작업의 일부 위탁은 가능)이 제한된다. 이를 위반한 것이 적발

> 휴경(休耕)
> 부치던 땅을 농사를 짓지 않고 얼마 동안 묵히는 것.

될 경우(농지를 구입한 후 무단임대 및 휴경·위탁경영 등으로 자영하지 않은 농지)에는 처분명령을 받을 수 있다. 따라서 주말농장용 토지를 구입하기 전에 실제로 주말농장으로 활용이 가능한 상태인지를 먼저 따져봐야 한다.

넷, 농업인이 아닌 사람이 주말농장용 농지를 구입하고자 할 때

는 기존에 소유하고 있는 농지의 면적과 새로 취득하고자 하는 농지의 면적을 합산한 면적이 총 1,000m² 미만이어야 한다. 그리고 이 면적은 세대 전원이 소유한 농지의 면적을 모두 합한 것이라는 점 또한 주의해야 한다. 1,000m² 이상 되는 땅은 주말농장 용도로는 구입할 수 없다는 점을 반드시 기억해 두자.

다섯, 가급적 수도권 근교의 주말농장용 농지를 취득하는 것이 유리하다. 거리상으로 가까울 뿐만 아니라 수도권 외곽의 교통편리성이 점차 개선되고 있는 상황임을 고려할 때 미래가치가 높을 것으로 예상되기 때문이다.

주말농장용 농지를 매입하는 것은 분명 두 마리 토끼를 잡을 수 있는 적절한 재테크 전략이다. 무엇보다 열심히 발품만 판다면 소액으로도 얼마든지 좋은 농지를 구할 수 있다는 장점이 있다. 주택에 대한 규제가 강화된 요즘 웰빙과 재테크를 동시에 충족시킬 수 있는 주말농장용 농지구입을 적극 시도해 볼 것을 권한다.

06

리모델링시장을
주목하라

법령이나 각종 부동산 관련 제도의 변화가 부동산시장에 엄청난 영향을 미친다는 것은 이제 누구나 알고 있는 지극히 자연스러운 현상이 되었다. 따라서 부동산 재테크에 성공하기 위해서는 무엇보다 바뀌는 법령이나 부동산 관련 제도의 변화에 주목해야 한다. 법령이나 부동산 관련 제도의 변화는 주로 부동산시장이 매우 불안정한 때, 즉 투기가 성행해 시장이 과열양상을 띨 때나 반대로 각종 악재로 인해 시장이 심각한 침체에 빠졌을 때 주로 일어난다.

법이나 제도의 변화가 부동산시장에 가져다주는

두 가지 형태의 변화

바뀌는 법령이나 제도를 살펴보면 크게 두 가지로 구분할 수 있다. 하나는 부동산시장의 흐름 자체에는 큰 영향을 주지 못하고 지엽적인 부분에만 영향을 미치는 것(주로 제도나 법령 등에 대한 단순한 보완인 경우)들이고, 다른 하나는 부동산시장의 흐름 자체를 크게 바꿀 수 있는 중요한 것이다.

2006년에 발표되어 현재까지 시행되고 있는 법령과 제도들부터 2017년 새롭게 발표된 법령과 제도들에 이르기까지 모든 부동산 관련 법령과 제도가 마찬가진데, 그중에서 특히 주목해야 할 내용이 바로 리모델링에 관한 것이다. 전국 주요 도시의 주요 입지에 지어진 아파트 단지들이 대부분 리모델링이 가능한 시점에 도달했기 때문이다. 리모델링 이야기가 나올 때마다 빠지지 않고 언급되는 수도권 제1기 신도시들이 대표적이다.

리모델링, 드디어 빛을 보다

리모델링이란 낡고 오래되어 사용하기 불편한 건축물을 증축·개축·대수선 등을 통해 건축물로서의 원래 기능을 회복하고 향상시키는 한편, 내용연수의 연장을 꾀해 경제적 가치를 높이는 것이다. 리모델링이 최초로 크게 주목받기 시작한 것은 재건축 붐이 일면서 집값 급등세가 큰 문제로 대두되면서부터였다. 하지만 초기에는 아파트로 대표되는 공동주택에 대한 리모델링 수요는 거의 전무하다시피 한 수준이었다. 이는 사업성 측면에서 재건축에 비해 크게 뒤졌기 때문에 당연한 결과라고 할 수 있었다.

그런데 찻잔 속의 태풍으로 끝날 것 같던 리모델링은, 재건축에 대한 정부의 규제가 점차 강화되면서 재건축의 대안으로 떠오르기 시작했다. 정부는 2006년 10월 주택법 개정을 통해 리모델링

가능연한을 종전 20년에서 15년으로 완화한 데 이어 2013년에는 건축한 지 15년 이상 된 아파트에 대해 수직증축 리모델링을 허용했다. 또한 2014년 4월 25일 이후부터는 수직증축 리모델링에 의한 가구수 증가 범위가 종전의 10% 이내에서 15% 이내로 확대됐다(다만, 신축 당시 구조도를 보유한 경우에 한하여 15층 이상은 최대 3개 층, 14층 이하는 최대 2개 층까지 수직증축이 가능해졌다는 점은 기억해 두어야 한다. 신축 당시 구조도가 없는 경우 안전성을 담보하기 어려우므로 수직증축을 할 수 없기 때문이다). 뒤이어 2016년에는 리모델링 동의 요건이 종전의 집주인 80% 이상 동의에서 75% 이상의 동의로 완화되었다.

이러한 법제도적 변화는 리모델링이 가능한 중·소형 아파트들이 보다 의욕적으로 리모델링에 도전할 수 있도록 해주는 기폭제가 될 것으로 보인다. 실제로 수도권 주요 아파트 단지 여러 곳이 리모델링에 나서고 있다. 특히 서울에 있는 중층 아파트 단지들이 적극적이다. 2016년 5월에 서울시가 수직증축 리모델링에 의해 증가하는 가구수 한도 조항(50가구)을 아예 폐지했기 때문이다. 이로 인해 서울의 15년 이상 된 중층 아파트는 최고 3개 층 이내에서 가구수에 제한 없이 수직증축 리모델링을 할 수 있게 되었고, 증가한 가구를 일반분양함으로써 사업성을 높일 수 있게 되었다. 변화된 서울시 리모델링 제도의 첫 수혜자는 바로 개포동 대청아파트다.

물론 막대한 리모델링 비용을 감안할 때 리모델링이 된다고 해서 무조건 현재 집값에 리모델링 비용을 더한 금액보다 리모델링 후의 집값이 더 높을 것이라고 장담할 수는 없다. 그러므로 신규분양 가격과 인근 지역 아파트 시세를 비교해 사업성이 높은 지역을 찾아야 한다는 점을 간과해서는 안 된다.

다음은 리모델링 투자 시 고려해야 할 네 가지 요건이다.

하나, '리모델링 전 아파트가격+리모델링 비용≤인근 지역 신규분양가'여야 한다. 만일 리모델링 전 아파트가격에 리모델링 비용을 합한 금액이 인근 지역의 신규분양가를 넘어선다면 경제성 면에서 문제가 있는 것으로 볼 수 있다. 이런 곳은 장기적인 관점에서 조심스럽게 접근해야 한다.

둘, 리모델링 대상 아파트의 입지조건을 고려해야 한다. 리모델링에 따른 아파트의 경제가치 상승을 기대할 수 있는 곳은 교육, 대중교통, 웰빙 주거환경 등이 잘 갖추어진 곳일 수밖에 없다. 따라서 이런 지역의 리모델링 대상 아파트를 선매수하는 전략은 매우 효과적일 것으로 보인다.

셋, 리모델링 대상 아파트의 시세 흐름과 전세가격 흐름을 살펴야 한다. 리모델링 대상이라는 말은 비교적 노후화된 곳이라는 의미로 해석할 수도 있기 때문에 인근 지역 아파트에 비해 시세 흐름이나 전세가격의 흐름이 부정적일 가능성이 높다. 하지만 그 정도가 심하지 않은 아파트들도 있으니 그중에서 리모델링 요건을 충족하는 곳을 선택하는 것이 바람직하다. 그만큼 리모델링 후의 가치상승을 기대할 수 있기 때문이다.

넷. 리모델링 대상 아파트가 있는 지역의 인구변동을 고려해야 한다. 아파트가격을 결정하는 가장 큰 요인 중 하나는 바로 주택에 대한 수요다. 특정 지역에 인구유입이 늘어나게 되면 주택에 대한 수요도 늘어나게 되고, 그에 따라 주택가격도 상승하기 마련이다. 이러한 가격상승은 투기적 수요가 아닌 정상적 수요에 의한 것이라는 점에서 매력적이다. 이것이 인구유입이 꾸준히 늘어나는 지역에 있는 리모델링 대상 아파트를 주목해야 하는 이유다.

문재인정부의 8.2 부동산대책으로 인해 재건축·재개발시장이 타격을 피해갈 수 없게 됐다. 이에 따라 리모델링이 주목받을 가능성이 그 어느 때보다 높아졌다. 따라서 신중하게, 무엇보다 입지를 중요하게 고려하면서 매입 시기를 포착하면 좋은 결과를 기대할 수 있을 것으로 예상된다.

07

재건축, 규제완화 시점까지
기다려라

재건축 아파트는 역대 정권마다 아파트가격 급등의 원인으로 지목되곤 했다. 때문에 각종 부동산대책이 발표될 때마다 집중포화 대상이 되었다.

문재인정부 역시 2017년 8.2 부동산대책을 발표함으로써 수년간 완화되었던 재건축 규제를 다시금 강화했다. 이로 인해 우량지역에서도 재건축 아파트가격의 상승세가 멈추고 가격을 낮춘 매물이 등장했으나 적극적으로 매수에 나서는 수요자는 대폭 줄어든 상태다.

이러한 현상은 향후 재건축 아파트를 중심으로 집값 하락 현상이 일어날 수도 있음을 예측할 수 있게 해준다. 다만 수도권의 경우, 재건축발 집값 상승이 재연될 가능성이 아주 없지는 않다. 대부분의 재건축 대상 아파트들이 매우 훌륭한 입지를 자랑하는 곳에 자리 잡고 있어서 언제라도 인근 지역의 아파트 가격을 자극할 수 있기 때문이다.

재건축시장에 드리운 암운

재건축시장에 또다시 어두운 그림자가 드리우고 있다. 암운은 재건축초과이익환수제 유예 일몰에서부터 시작됐다. 재건축초과이익환수제는 재건축으로 인해 발생한 이익금의 일부를 세금으로 환수하는 제도로 2006년에 도입됐다. 그러다 부동산 경기를 위축시킨다는 지적을 받고 2013년부터 2017년까지 한시적으로 유예되었다. 2018년부터 다시 적용되는 이 제도는 문재인정부가 부동산정책의 방향을 규제 쪽으로 잡으면서 한 번 더 유예될 가능성은 완전히 사라졌다.

재건축초과이익환수제는 재건축 아파트 소유주들에게는 그야말로 큰 부담 요인이 아닐 수 없다. 그렇다면 재건축 조합원 1인당 부담금은 어떻게 계산될까?

부담금 계산의 기준이 되는 기간은 재건축추진위원회 설립이 승인된 날부터 재건축 준공이 인가된 날까지다. 이 기간 동안의 주택가격 상승액이 주변 지역의 평균 주택가격 상승액을 초과해 조합원 1인당 평균 이익이 3,000만 원을 넘을 경우 그 이익금의 규모에 따라 최소 10%에서 최대 50%의 누진방식으로 부과된다. 단, 재건축 과정에서 소요된 개발비용(건축비, 제세공과금 등)은 이익금에서 빼고 계산된다. 이를 구간별 누진세율과 함께 간략한 식으로 정리하면 다음과 같다.

재건축초과이익환수제 부과율 및 부담금액 산정 방식

조합원 1인당 평균 이익	부과율 및 부담금액 산정 방식
3,000만 원 이하	면제
3,000만 원 초과~5,000만 원 이하	3,000만 원 초과금액의 10%×조합원 수
5,000만 원 초과~7,000만 원 이하	200만 원×조합원 수+5,000만 원 초과금액의 20%×조합원 수
7,000만 원 초과~9,000만 원 이하	600만 원×조합원 수+7,000만 원 초과금액의 30%×조합원 수
9,000만 원 초과~1억 1,000만 원 이하	1,200만 원×조합원 수+9,000만 원 초과금액의 40%×조합원 수
1억 1,000만 원 초과	2,000만 원×조합원 수+1억 1,000만 원 초과금액의 50%×조합원 수
부담금 = [준공인가 시 주택가격-(재건축추진위원회 설립 시 주택가격+주변 지역 평균 주택가격 상승분 총액+개발비용)]×부과율	

청약조정대상지역

주택가격의 상승률이 물가상승률의 2배 이상이거나 청약경쟁률이 5대1 이상인 지역을 대상으로 정부가 지정하며, 청약조정대상지역으로 지정되면 분양권 전매제한, 1순위 청약자격 강화, 재당첨 금지 등과 같은 규제를 받게 된다.

재건축시장에 드리운 암운은 이뿐만이 아니다. 2017년 6월에 정부는 청약조정대상지역* 내에서 재건축 조합원이 분양받을 수 있는 주택의 수를 1주택으로 제한했다. 이로써 조정대상지역에 재건축 아파트를 2채 이상 소유한 사람은 1채만 남겨두고 나머지 주택은 미리 매도하거나 청산당할 수밖에 없게 됐다. 예외적으로 조합원이 소유한 기존 주택의 가격이나 전용면적 범위 내에서 2주택까지 분양받을 수도 있지만, 이 경우에도 2주택 중 1주택은 반드시 전용면적이 60m² 이하여야만 한다. 예를 들어 전용면적 150m²인 주택을 소유한 조합원이 2주택을 분양받을 경우 59m²와 91m² 이하 주택 2채를 분양받을 수 있는 식이다.

뒤이어 발표된 8.2 부동산대책에서 재건축 관련 규제는 더욱 강화됐다. 조정대상지역 내에서는 재건축조합이 설립된 후부터 조합원 지위 양도가 제한된다. 또 투기과열지구 내에서는 조합원 분양권 전매 제한, 정비사업 분양분(조합원+일반분양) 재당첨 제한, 재건축조합원 지위 양도 제한이 동시에 적용된다. 이에 더해 투기지역 내에서는 주택담보대출이 세대당 1건으로 제한된다.

재건축, 그래도 아직은 가능성이 있다

이렇듯 강화된 규제들은 재건축 사업이 수익성을 크게 떨어뜨림으로써 결과적으로 조합원의 부담을 증가시킨다. 이렇게 되면 사업성이 떨어지는 지역에서는 재건축 추진이 한층 어려워져 당분간 집값이 약세를 면치 못할 가능성이 있다. 그러나 규제를 통해 재건축아파트의 가격을 잡는 것은 그 효과에 한계가 있을 수밖에 없는데, 그 근거로는 크게 두 가지를 들 수 있다.

첫째, 우량지역에 대한 공급부족이다. 특히 강남3구 등과 같은 우량지역 내 신규 아파트에 대한 수요는 꾸준하다는 점, 대규모 택지개발을 통한 신규 공급이 여의치 않고 재건축을 통한 아파트 신규공급에 크게 의존한다는 점에서 그러하다. 대규모 택지공급을 하기 어려운 상황에서, 그동안 적지 않은 공급물량을 담당해 오던 재건축을 억제하면, 어느 정도는 누를 수 있겠지만 시간이 지나면 터질 수밖에 없다. 이런 이유로 시기가 문제일 뿐 적절한 시점에 재건축에 대한 규제는 완화될 수밖에 없을 것으로 예상된다.

둘째, 재건축 아파트들이 갖고 있는 가장 큰 장점인 입지의 우수성이다. 잘 알다시피 이미 재건축이 완료되었거나 진행 중인 강남, 과천 등의 아파트들이 아파트가격 상승을 주도할 수 있었던 이유는 바로 입지가 가진 높은 경쟁력 덕분이었다. 대부분 학군, 생활편의시설, 대중교통의 편리성, 자족기능, 웰빙환경 등 어느 것 하나 나무랄 데 없는 조건을 두루 갖추고 있어서 사업성이 매우 뛰어날 수밖에 없었던 것이다. 사업성이 뛰어나다는 얘기는 높은 분양가에도 얼마든지 분양이 가능해 조합원들에게 그만큼 혜택이 더 돌아간다는 것을 의미한다. 그런 이유로 재건축규제대책이 발표되면 잠깐 가격이 하락했다가 시장에서 어느 정도 충격을 흡수하게 되면 또다시 상승하는 현상을 보이곤 하는 것이다.

강남으로 대표되는 우량주택에 대한 수요는 매년 일정 수준 이상을 유지하고 있다. 그런데 어떤 원인으로 인해 공급이 일정 수준을 따라가지 못하면 어떻게 되겠는가? 두말할 필요도 없이 가격상승으로 이어질 수밖에 없지 않겠는가!

따라서 재건축시장이 8.2 부동산대책이라는 메가톤급 폭탄을 맞은 지금 시점은 역설적으로 재건축 아파트의 가격동향을 면밀히 지켜봐야 할 시점이라고 할 수 있다. '이제 재건축은 틀렸다'고 단정하기에 앞서, 향후 규제완화가 이루어질 경우 재건축 아파트의 가격이 어떤 방향으로 움직일지를 놓고 그 어느 때보다 심사숙고해 볼 필요가 있는 것이다. 8.2 부동산대책으로 재건축발 아파트가격 폭등은 잡았다. 그러나 만일 우량지역에 대한 공급로드맵을 확실히 시장에 제시하지 않을 경우 우량지역을 중심으로 아파트시장은 다시 불안해질 수밖에 없을 것이다. 조만간 재건축 아파트가격이 다시 상승할 수 있을지도 모른다는 주장의 근거가 바로 이것이다. 그러므로 장기적인 관점을 가지고 재건축 아파트 매입 전략을 수립한다면 좋은 결과를 기대할 수도 있을 것이다.

08

역세권을
주목하라

부동산시장에 가장 확실한 호재로 작용하는 것 중 하나가 지하철 혹은 전철이 개통돼 주변 지역이 역세권으로 거듭나는 것이다. 그런데 왜 '역세권＝호재'라는 공식이 성립하는 것일까?

일단 역세권이 되면 교통이 편리해진다. 이는 곧 직장인들의 출·퇴근이 편리해진다는 말과 같다. 따라서 출·퇴근이 편리한 곳을 찾아 이사하는 사람들이 늘어나면서 주택에 대한 수요가 증가한다. 이렇듯 주택 수요가 증가하면 역세권 주택에 거주하는 고정인구와 지하철·전철을 이용하는 유동인구가 늘어나게 되는데, 이는 역세권 상권이 새로 생겨나게 하는 원동력이 된다. 뿐만 아니다. 역세권이 되는 순간 그 주변 토지시장 역시 일대 전기를 맞이하게 된다. 주택 수요의 증가, 상권의 확대 현상이 주거용·근린생활·상업용 건축물 등을 건축하기 위한 토지 수요의 증가로 이어지기 때문이다.

신규 역세권에도 가격상승법칙이 있다

개발 혹은 신규 역세권에 따른 호재가 발생하면 해당 지역의 부동산가격이 큰 영향을 받게 된다. 이는 지극히 자연스러운 현상이다. 그러나 부동산시장에 커다란 호재가 발생했다고 해서 즉각적으로 해당 지역 부동산가격에 반영되는 것은 아니다. 시차를 두고 단계적으로 반영된다. 사람에 따라 조금씩 견해 차이는 있을 수 있겠지만 필자의 경우 각종 호재들이 부동산시장에 영향을 주는 과정을 크게 4단계로 나눈다.

1단계 호재 발표

2단계 착공

3단계 완료

4단계 완공 1~2년 후

1단계는 부동산시장에 영향을 미치게 될 호재(신규 역세권)가 발표되는 시점이다. 각종 호재가 발표되면 개발(역세권)에 대한 기대심리로 부동산가격이 상승한다. 최근 들어 호재가 발표되는 단계에서 잠깐 가격이 오른 후 개발호재가 가시화되기 전까지 오랜 기간 보합세를 보이는 경우가 많아지긴 했지만, 여전히 적지 않은 가격상승을 보이는 단계라고 할 수 있다.

2단계는 착공 시점이다. 호재가 발표되는 시점으로부터 상당한 시간이 흐른 후 착공에 들어가기 때문에 이미 개발호재가 부동산가격에 대부분 반영되었을 것이라고 생각하는 사람들이 많은 단계다. 그러나 착각은 금물이다. 착공 시점은 오랜 기다림이 드디어 결실을 맺기 위한 첫발을 내딛은 시점이라는 것을 결코 간과해서는 안 된다. 물론 과거에는 1단계인 호재 발표 시점에 비해 언론의 집중적인 스포트라이트를 덜 받았고 가격상승폭도 적었다. 하지만 최근에는 호재 발표 시점 못지않은 가격 흐름을 보이는 경우가 많다.

3단계는 개발이 완료된 시점이다. 개발이 완료되면 이제 본격적으로 그 효과가 서서히 나타나게 되는데, 보통 개발이 완료되기 반년 전부터 개발완료에 대한 기대감으로 부동산가격이 강세를 보이기 시작한다. 개발완료 단계에는 개발이라는 호재가 환경적 요인으로 변화하기 때문에(신규 역세권 호재 → 역세권 교통환경), 개발에 따른 효과가 시장에서 그 위력을 얼마나 발휘하느냐에 따라 부동산가격의 상승폭이 결정된다. 따라서 향후 1~2년 뒤의 부동산가격을 가늠해 볼 수 있는 중요한 단계이기도 하다.

마지막 4단계는 개발완료 후 1~2년 정도 지난 시점이다. 이 단계에 접어들면 부동산시장에서 개발호재가 어떻게 작용하고 있는지가 부동산가격에 본격적으로 반영된다. 개발호재가 지속적으로 부동산시장에 긍정적인 영향을 제공해 왔다면, 부동산가격은 외부적인 충격이 없는 한 개발완료 단계부터 4단계에 이르기까지 견조한 상승세를 보이게 된다. 그러나 개발호재 요인이 부동산시장에 긍정적 영향을 제공하지 못했거나 미미한 영향만을 제공해 왔다면, 부동산가격은 초과상승(평균 이상의 상승)을 하지 못한 채 평균적 가격 흐름만을 보이는 상태로 머무르게 된다.

역세권이 되면 아파트가격이 치솟는다

주택은 수요가 크게 늘어난다고 해서 즉시 공급할 수 있는 제품이 아니다. 공급을 위해서는 최소한 3년 이상의 시간이 필요하다. 따라서 공급은 일정한데 수요가 늘면 가격은 오를 수밖에 없다. 지하철·전철 역세권이 되면 곧 주택에 대한 수요가 늘어나게 되고 상권 형성에도 큰 호재로 작용한다. 결국 '역세권＝호재＝부동산가격 상승'이라는 공식이 성립되는 것이다.

일례로 분당선이 개통함으로써 역세권으로 발돋움한 지역의 주택가격이 이전에 비해 큰 폭의 오름세를 보였다는 점을 유념하고 신규 역세권, 더블·트리플·쿼드러플 역세권으로 거듭나게 될 지역들을 자세히 살펴볼 필요가 있다.

진정한 역세권은 개발사업성이 뛰어나야 한다

일단 역세권으로 거듭나면 역을 중심으로 상권이 확장되면서 역 주변에 있는 상업용 건물들의 가격이 오른다. 또한 교통편리성이라는 호재를 타고 주택가격도 오른다. 이처럼 상업용 건물과 주택의 가격이 오르면 역 주변에 분양이나 임대를 목적으로 하는 각종 상업용 건물이나 다가구주택, 연립·다세대주택, 오피스텔, 주상복합건물 등을 짓는 건축 붐이 일어난다. 역세권이라는 환경적 요인이 분양이나 임대가능성을 높여주는 확실한 재료로 작용하기 때문이다. 지금 당장 지하철을 타고 새롭게 역세권으로 거듭난 지역을 방문해 보라. 주변에 신축건물이 많이 들어선 모습을 어렵지 않게 발견할 수 있을 것이다. 역세권이 된다는 것은 각종 개발에 따른 성공가능성이 높아진다는 것을 의미한다.

그러므로 각자가 '개발사업자'라는 생각으로 역세권으로 거듭날 지역을 분석하는 습관을 길러야 한다. "OO역 주변에 상업용 건물을 건축하면 사업성이 있을까?"라는 질문을 스스로에게 끊임없이 해보라는 말이다. 단순히 지하철역 하나 들어섰다고 해서 언론에서 말하는 것처럼 곧바로 역세권 수혜지역으로 거듭날 수 있는 것은 아니다. 각종 개발사업이 가능할 정도로 사업성이 보장된 지역만이 진정한 의미의 역세권 수혜지역으로 불릴 수 있다.

황금어장으로 자리 잡은 신분당선

최근 개통된 수도권 역세권 가운데 가장 주목을 받았던 곳이 바로 신분당선 연장선 구간이다. 신분당선 연장선 남부 1차구간(정자 ~광교)은 2016년 1월 30일 개통했다. 신분당선 연장선 남부 1차구간은 기존에 운행하고 있던 강남~정자 구간을 연장해 광교신도시까지 연결하는 노선인데, 이 노선의 개통 덕분에 용인 수지에서 서울 강남으로의 접근성이 획기적으로 개선되었다. 1시간 이상 걸리던 이동 시간이 불과 30분으로 확 줄어든 것이다. 당연히 연장 구간 지역에 지어진 아파트단지들이 가격상승이라는 수혜를 입었다. 대표적인 지역으로 손꼽히는 곳이 바로 광교신도시로 3.3m²당 2,000만 원을 자랑하는 곳으로 자리매김하게 되었다. 용인 수지 일대 역시 보다 편리한 강남접근성 확보라는 강점이 두드러지면서 적지 않은 가격상승이 이루어졌다.

이런 점에서 볼 때 남부 1차구간에 포함되었지만 개통이 미루어졌다가 2018년에 개통할 예정인 미금역 주변과, 오는 2020년 개통 예정인 신분당선 연장선 남부 2차구간인 광교중앙역~수원 호매실역 구간 주변을 주목해 볼 필요가 있다.

신분당선 남부 1차구간(정자~광교) 개통과 주변 아파트가격의 상관관계

사례대상: 2016년 1월 개통된 신분당선 남부 1차구간(정자~광교) 아파트들 중 광교2차 e편한세상(2011. 12 입주), 광교 호반베르디움(2011. 12 입주)

가. 광교2차 e편한세상(109.37㎡)

　　2014년 7월 4억 6,500만 원이던 가격이 신분당선 남부 1차구간 개통이라는 호재가 반영되기 시작하면서 가격이 상승하더니 2016년 말 5억 7,000만 원까지 상승한 후 신분당선 남부 1차구간 개통 후 2년째가 되어가고 있는 2017년 7월 말 현재 5억 6,000만 원 수준에 시세가 형성되어 있다.

나. 호반베르디움(106.32㎡)

　　2014년 7월 4억 6,500만 원이던 가격이 신분당선 남부 1차구

광교2차 e편한세상(109.37m²)의 경우 2014년 7월부터 2017년 7월 말까지 약 1억 원의 가격상승이 있었고, 호반베르디움(106.32m²) 역시 같은 기간 동안 약 8,500만 원의 가격상승이 있었다. 물론 위와 같은 가격상승을 온전히 신분당선 연장구간 개통에 따른 효과라고 볼 수는 없다. 전체적으로 수도권 우량지역 내 아파트단지들의 시세가 강세를 보였던 시기와 신분당선 연장구간 개통 시기가 일치하고 있기 때문이다. 그렇지만 간과해서는 안 될 부분은 현재까지 나타나고 있는 높은 가격상승의 주요 원인 중 하나가 바로 신분당선 연장구간 개통에 따른 이른바 역세권 효과였다는 점이다.

09

금리상승기에는
우량지역을 노려라

2017년 11월 1일 현재 기준금리는 1.25%다. 역사적이라고 할 수 있을 정도로 낮은 수준이다. 그러나 조만간 한국은행은 금리인상에 나설 수밖에 없는 상황에 직면할 것으로 예측된다. 속도의 차이는 있을 수 있겠지만 미국이 추가적인 금리인상을 단행할 것으로 보이기 때문이다. 한국은행이 기준금리를 인상할 경우 시중 은행들 역시 대출금리를 인상할 수밖에 없다. 이는 재테크를 목적으로 대출을 받은 투자자들뿐만 아니라 내 집 마련을 위해 대출을 활용한 서민들까지 늘어난 대출이자에 큰 부담을 느끼는 상황에 직면하게 될 것임을 의미한다. 기준금리가 2.5%까지 상승할 경우 기준금리 인상만 고려한다고 해도 대출을 받은 사람이 추가적으로 부담해야 할 이자는, 대출금액 1억을 기준으로 했을 때 연간 125만 원이나 된다. 금리가 부동산시장에 부정적 영향을 주게 될 것이라는 우려가 나오고 있는 이유다.

금리인상은 주거용 부동산시장에 어떤 영향을 미칠까?

첫째, 금리가 인상되면 이미 대출을 받아 부동산을 구입한 사람들의 이자부담이 커진다. 늘어난 대출이자로 인해 심리적 압박감을 느끼게 된 부동산 소유자들이 하나둘 자신의 부동산, 그중에서도 주거용 부동산을 매물로 내놓고, 매물이 점점 늘어나면서 부동산가격이 하락하게 된다. 그런데 이러한 현상도 부동산 소유자들의 행동방식에 따라 두 가지 양상을 보인다.

가장 일반적인 경우는 이러하다. 매물이 풍부해지면 필요에 의해 시장가격보다 더 저렴한 가격에 처분하고자 하는 급매물이 등장하게 되는데, 이를 저점매수의 기회로 활용하는 투자자 또는 실수요자가 매수함으로써 정상가격의 매물만이 시장에 남게 되는 상황이다. 이를 가리켜 조정국면이라고 하며, 주로 정부의 강력한 부동산정책(세금정책, 거래억제정책들) 시행 초기에 강남을 비롯한 수도권 주요 우량지역에서 발생하곤 한다. 이때 부동산가격의 폭락과 같은 문제는 일어나지 않는다.

또 다른 경우는 일정한 시차를 두고 두 개의 국면이 연속적으로 나타나는 특징을 보인다. 가장 먼저 나타나는 것이 침체국면인데, 침체국면에서는 시장에 매물이 충분해져 급매물이 출현해도 매매가 잘 이루어지지 않는다. 곧이어 폭락국면이 나타나게 되는데, 폭락국면에서는 급매기록을 계속적으로 갈아치우는 악순환이 거듭된다. 이로 인해 매도자는 추가적인 매도가격 폭락에 대한 공포로 필사적으로 매도하려고 하고, 매수자는 매수 후 있을지도 모르는

가격폭락에 대한 공포로 매수 자체를 꺼리게 되어 시장기능이 정상적으로 작동하지 않는다는 특징을 보인다. 이런 현상은 주로 부동산시장이 외부로부터 충격(IMF 외환위기, 글로벌 금융위기와 뒤이어 발생했던 글로벌 재정위기가 대표적)을 받았을 때 나타났지만, 향후 부동산시장의 양극화가 급속도로 진행된다면 비우량지역의 주거용 부동산에서 주로 나타날 것으로 예상된다.

둘째, 금리가 인상되면 대출을 받아 부동산을 구입할 계획을 세우고 매수시기를 엿보던 사람들의 매수심리가 위축된다. 특히 자기자본이 부족해서 중도금부터 잔금까지 거의 대부분의 분양대금을 대출로 충당하겠다는 계획을 갖고 있던 신규분양 아파트의 예비 수요자들에게 금리인상은 매우 큰 부담이 될 수밖에 없다. 이로 인해 신규분양시장이 얼어붙는 현상이 일어나고, 이는 다시 건설경기가 위축되는 부작용으로 이어지게 된다.

셋째, 금리인상은 거의 모든 건설회사에 부정적인 영향을 끼친다. 기업이 사업용 또는 영업용으로 대출받은 금액에 대한 이자부담이 늘어나기 때문이다. 경우에 따라 대출금리 인상은 주거용 부동산을 공급하는 건설회사에 최악의 결과를 안겨줄 수 있다. 금리인상으로 인해 신규분양에 대한 수요가 급감함으로써 장기간 미분양이 발생하면, 그 부담은 고스란히 건설회사가 떠안게 되고, 그에 따라 재무건전성이 취약한 대부분의 건설회사들은 부도의 위험에 내몰릴 수밖에 없기 때문이다.

금리인상은 우량지역과 비우량지역에 각각 어떤 영향을 미칠까?

금리인상은 우량지역, 비우량지역을 가리지 않고 전체 부동산시장에 부정적인 영향을 준다. 하지만 그 정도나 시기에 있어서 우량지역과 비우량지역에 미치는 영향이 조금 다르다는 점을 알아야 한다. 우량지역의 주거용 부동산은 조정국면을 거친 후 추가상승 또는 강보합세를 유지하는 특성이 있는 반면, 비우량지역의 주거용 부동산은 일단 단기적인 조정국면에서 신속히 빠져나오지 못하면 침체국면을 거쳐 폭락국면에 이를 수도 있다는 점(이를 가리켜 부동산 문제의 특징 중 하나인 악화성향이라고 한다)을 잊어서는 안 된다.

그렇다면 금리가 상승함에도 불구하고 우량지역의 주거용 부동산이 조정국면에서 폭락국면으로 이어지지 않는 이유는 어디에 있는 것일까?

우량지역의 부동산가격은 비우량지역의 그것에 비해 상당히 높으며 총 매매가격에서 대출이 차지하는 비중이 크지 않다는 특징이 있다. 즉 대출의 절대금액은 비우량지역보다 많지만 대출금액이 매매가액에서 차지하는 비중은 작다. 또한 우량지역의 부동산소유자가 비우량지역의 부동산 소유자에 비해 대출금에 대한 이자 상환 능력이 월등히 높다. 다시 말해 대출이자 상환에 따른 부담을 비우량지역의 부동산 소유자보다 덜 느낀다는 것이다.

그 예를 살펴보자.

산본 S아파트: 시세 8억 3,000만 원, 대출금 1억 원, 추가부담 이자 125만 원/연

안산 S아파트: 시세 1억 3,500만 원, 대출금 1억 원, 추가부담 이자 125만 원/연

대출금 1억 원에 대한 추가이자 부담액은 똑같이 연간 125만 원이다. 그렇지만 두 아파트의 시세 대비 대출금의 비율과 추가부담 이자비율에는 큰 차이가 있다. 산본의 S아파트는 시세 대비 대출금 비율과 추가부담 이자비율이 각각 12%, 0.15% 수준인 반면, 안산의 S아파트는 각각 74%, 0.92%에 이른다. 단순비교만 해봐도 우량지역의 주거용 부동산 소유자는 비우량지역의 주거용 부동산 소유자에 비해 심리적으로 부담을 덜 느껴 충분히 견디리라는 것을 알 수 있다.

우량지역이 비우량지역에 비해 금리상승의 위기를 상대적으로 더 잘 버텨낼 수 있는 이유는 또 있다. 그것은 부동산을 보유하는 데 드는 각종 비용부담을 전가하는 능력에서 우량지역의 부동산이 훨씬 우세하다는 것이다.

일반적으로 우량지역의 주거용 부동산은 각종 규제로 인해 양도소득세나 보유세가 인상되었을 때 혹은 금리인상으로 인해 대출이자가 증가했을 때 그 늘어난 비용을 매도가격 또는 임차가격에 전가시키기가 비교적 수월하다는 장점이 있다. 반면에 비우량지역은 그것이 거의 불가능하다는 치명적인 약점이 있다. 결국 우량지역의 부동산 소유자는 부동산시장이 폭락국면으로 치닫지만 않는다면, 단기적으로는 부담이 커질지라도 장기적으로는 임차인 혹은 매수인에게 그 부담을 고스란히 떠넘길 수 있다. 반면에 비우량지

역의 부동산 소유자는 자신이 고스란히 그 부담을 떠안아야 한다.

금리에 대한 정보를 챙겨라

주거용 부동산은 금리에 민감한 영향을 받는다. 따라서 주거용 부동산을 구입하기에 앞서 항상 금리의 상승 내지는 하락에 대비한 준비를 해야만 한다. 주거용 부동산을 구입하면서 금리인상에 따른 위험을 헷징*하기 위한 가장 확실한 방법은 조정국면을 활용해 우량지역을 노리는 것으로, 여기에는 이견이 있을 수 없다.

금리상승 국면이나 가능성에 대한 정보는 언론매체를 통해 쉽게 얻을 수 있다. 사소한 정보가 모여 커다란 투자이익을 창출하거나 투자손실을 예방하는 고급정보가 된다. 정부관료, 한국은행, 금융통화위원들의 금리상승 가능성에 대한 코멘트가 있는지, 있다면 어떤 내용인지 확인해 보는 습관을 가져야 한다. 정보는 투자의 성패를 가름하는 가장 중요한 변수이기 때문이다.

헷징(hedging)
환율, 금리, 주가지수의 변동 때문에 발생할 수 있는 자산 손실을 최소화하기 위해 일으키는 거래.

10

노후불량주택을 아는 순간
돈이 보인다

낡은 도시와 낡은 건물 그리고 낡은 주택. 신도시에 비해 살기 불편한 점이 한두 가지가 아니다. 그래서 사람들은 너도나도 신도시로 새 아파트로 몰려들었다. 그러다 보니 한동안 돈 되는 부동산은 대부분 신도시에 자리 잡았다. 그런데 앞으로는 조금씩 바뀔 전망이다. 과거와 같은 대규모 신도시 개발이 더 이상 추진되지 않을 것으로 예상되기 때문이다. 좀 더 정확하게 말하자면 적어도 수도권에서는 그렇다고 할 수 있다. 대신 그동안 개발에서 소외되었던 구도심 낙후된 지역에 있는 낡은 건물, 낡은 집들이 돈이 되는 시대가 도래했다. 정부가 부동산 분야의 핵심 정책으로 도심재생사업을 공식화했기 때문이다.

신도시보다 구도심에 알짜가 있다

사실 안 쓰고 안 입고 절약해서 모은 종잣돈을 가지고 재테크를 계획하고 있는 서민들 대부분은 판교나 광교와 같은 수도권 제2기 신도시의 새 아파트에 투자하면 돈이 된다는 사실을 알면서도 쉽게 나서지 못한다. 투자금액이 부족하기 때문이다. 지나가는 사람 아무나 붙잡고 "신도시에 투자하면 돈이 되나요?"라고 물어보라. 아마 열에 아홉은 "돈이 된다"고 대답할 것이다. 지방도 마찬가지다.

그러나 새로 조성되는 신도시가 늘어날수록, 또 신도시의 인프라가 발달할수록 구도심의 주거 환경은 나날이 낙후되어 갔다. 수도권 구도심을 살펴보라. 한때는 중심지로 활기찼던 곳 태반의 기반시설이 낡고 열악해져서 결국 슬럼화하고 있지 않은가. 이제 그런 곳을 주목해야 할 때가 됐다. 구도심의 낙후 정도가 심각할수록 개발의 때가 무르익은 것이라 봐도 무방하다. 도심재생에 대한 뜨거운 관심은 이제 수도권에만 국한되지 않고 전국으로 번져나가게 될 것이다.

도심재생 지역의 투자에도 판단기준이 필요하다

많은 사람들이 가장 전형적인 저비용 고수익 분야라는 이유로 낡은 재개발 대상 주택지에 관심을 가지고 투자에 나선다. 그런데 그들 중 상당수는 재개발 가능성과 관련된 객관적 근거나 기초적인 자료 조사조차 해보지 않고 묻지마 투자를 벌인다. 이는 매우 어리석은 행동이다. 투자자라면 투자에 앞서 그에 대한 근거와 진행 상황 등을 꼼꼼하게 체크해보아야 한다. 특히 여유자금이 충분하지 않은 소액투자자일수록 시간은 투자의 생명줄과도 같다. 언제

시작될지도 모르는 재개발 가능성에만 기대어 무작정 투자했다가 돈이 묶여, 자칫 정말로 좋은 기회를 날려버릴 수도 있기 때문이다.

그렇다면 특정 노후주택 지역이 재개발될 가능성이 있는지 없는지를 판단하기 위해서는 무엇을 알아보아야 할까? 가장 기초적인 자료로 '도시 및 주거환경 정비법(이하 도정법)'이라는 것이 있다. 도정법에서는 재개발 대상이 되는 주택을 노후불량주택이라 규정하고 이에 대한 기준을 상세히 명시하고 있다. 자, 이제 도정법에서 규정하고 있는 노후불량건축물에 대한 규정부터 먼저 살펴보자.

도정법에 따른 노후불량건축물의 기준

가. 건축물이 훼손되거나 일부가 멸실*되어 붕괴, 그 밖의 안전사고의 우려가 있는 건축물

나. 내진성능이 확보되지 아니한 건축물 중 중대한 기능적 결함 또는 부실 설계·시공으로 구조적 결함 등이 있는 건축물로서 대통령령으로 정하는 건축물

다. 다음의 요건을 모두 충족하는 건축물로서 대통령령으로 정하는 바에 따라 특별시·광역시·특별자치시·도·특별자치도 또는 「지방자치법」 제175조에 따른 서울특별시·광역시 및 특별자치시를 제외한 인구 50만 이상 대도시(이하 "대도시"라 한다)의 조례(이하 "시·도 조례"라 한다)로 정하는 건축물

　1) 주변 토지의 이용 상황 등에 비추어 주거환경이 불량한 곳에

*멸실 물건이나 가옥 따위가 재난에 의해 그 가치를 잃어버릴 정도로 심하게 파손되는 것, 또는 그런 일.

위치할 것

　2) 건축물을 철거하고 새로운 건축물을 건설하는 경우 건설에

　　　드는 비용과 비교하여 효용의 현저한 증가가 예상될 것

　라. 도시미관을 저해하거나 노후화로 구조적 결함 등이 있는 건

　　　축물로서 대통령령으로 정하는 바에 따라 시·도 조례로 정하

　　　는 건축물

도정법에 따른 노후불량건축물의 기준을 보면 다소 모호한 측면
이 있다. 따라서 '도정법시행령'과 각 지방자치단체의 조례에서 구
체적으로 규정하고 있는 노후불량건축물의 기준을 살펴볼 필요가
있다. 다음의 표는 이를 정리한 것이다.

도정법시행령에 따른 노후불량건축물의 기준

① 법 제2조 제3호 나목에서 "대통령령으로 정하는 건축물"이란
건축물을 건축하거나 대수선할 당시 건축법령에 따른 지진에 대
한 안전 여부 확인 대상이 아닌 건축물로서 다음 각 호의 어느 하
나에 해당하는 건축물을 말한다. <신설 2013.9.17.>

1. 급수·배수·오수설비 등의 설비 또는 지붕·외벽 등 마감의 노
후화나 손상으로 그 기능을 유지하기 곤란할 것으로 우려되는
건축물

2. 건축물의 내구성·내하력(耐荷力) 등이 법 제12조 제4항에 따
라 국토교통부장관이 정하는 기준에 미치지 못할 것으로 예
상되어 구조 안전의 확보가 곤란할 것으로 우려되는 건축물

② 법 제2조 제3호 다목에 따라 특별시·광역시·특별자치시·도·특별자치도 또는 「지방자치법」 제175조에 따른 서울특별시·광역시 및 특별자치시를 제외한 인구 50만 이상 대도시(이하 "대도시"라 한다)의 조례(이하 "시·도 조례"라 한다)로 정할 수 있는 건축물은 다음 각 호의 어느 하나에 해당하는 건축물을 말한다. <개정 2005.5.18., 2008.10.29., 2009.8.11., 2012.4.10., 2012.7.31., 2013.9.17., 2014.9.24.>

1. 「건축법」 제57조 제1항에 따라 당해 지방자치단체의 조례가 정하는 면적에 미달되거나 「국토의 계획 및 이용에 관한 법률」 제2조 제7호의 규정에 의한 도시·군계획시설(이하 "도시·군계획시설"이라 한다) 등의 설치로 인하여 효용을 나할 수 없게 된 대지에 있는 건축물

2. 공장의 매연·소음 등으로 인하여 위해를 초래할 우려가 있는 지역 안에 있는 건축물

3. 건축물을 준공일 기준으로 40년까지 사용하기 위하여 보수·보강하는 데 드는 비용이 철거 후 새로운 건축물을 건설하는 데 드는 비용보다 클 것으로 예상되는 건축물

③ 법 제2조 제3호 라목에 따라 시·도 조례로 정할 수 있는 건축물은 다음 각 호의 어느 하나에 해당하는 건축물을 말한다.<개정 2005.5.18., 2009.8.11., 2012.4.10., 2013.9.17., 2015.1.28.>

1. 준공된 후 20년 이상 30년 이하의 범위에서 조례로 정하는 기간이 지난 건축물

2. 「국토의 계획 및 이용에 관한 법률」 제19조 제1항 제8호의 규정에 의한 도시·군 기본 계획의 경관에 관한 사항에 저촉되는 건축물

'도정법시행령'을 살펴보면 좀 더 자세한 노후불량건축물의 기준을 알 수 있다. 여기에 각 지방자치단체에서 규정하고 있는 노후불량건축물에 대한 기준을 적용하면 완벽한 노후불량건축물의 기준을 알 수 있게 된다. 참고로 인천광역시의 '도시 및 주거환경 정비조례'를 정리해보았다.

인천광역시 도시 및 주거환경 정비조례에 따른 노후불량건축물의 기준

① 법 제2조 제3호 다목에서 "대통령령이 정하는 바에 따라 시·도 조례로 정하는 건축물"이란 다음 각 호의 어느 하나에 해당하는 건축물을 말한다. <개정 2014-12-31>

1. 분할제한면적에 미달하거나 「국토의 계획 및 이용에 관한 법률」 제2조 제7호에 따른 도시계획시설 등의 설치로 인하여 그 효용을 다할 수 없게 된 대지 안의 건축물

2. 공장의 매연·소음 등으로 인하여 위해를 초래할 우려가 있는 지역 안에 건축된 것으로서 다음 각 목의 어느 하나에 해당하는 건축물

   가. 주요 구조부의 균열·파손 또는 변형 등에 따라 손괴의 우려가 있는 건축물

   나. 노후 정도가 심하여 거주자의 안전에 위험을 초래할 우려가 큰 건축물

   다. 벽·기둥 등 주요 구조부의 보존상태가 불량하여 내열·방습 등의 기능을 다할 수 없게 된 건축물

   라. 목조·조적조 등 화재에 취약한 구조로 축조된 건축물로서

층수가 2층 이하인 것

3. 해당 건축물을 40년간 사용하기 위하여 보수·보강하는 데 드는 비용이 철거 후 새로운 건축물을 건설하는 데 드는 비용보다 클 것으로 예상되는 건축물

② 법 제2조 제3호 라목에서 "대통령령이 정하는 바에 따라 시·도 조례로 정하는 건축물"이란 다음 각 호의 어느 하나에 해당하는 건축물을 말한다. 〈개정 2013-04-08, 2014-12-31〉

1. 준공된 후 다음 각 목에 따른 경과연수가 지난 건축물

가. 1989년 1월 1일 이후에 준공된 공동주택은 30년 〈개정 2015-07-27〉

나. 1984년 1월 1일 이후부터 1988년 12월 31일 이전에 준공된 공동주택은 22년+(준공연도-1984)×2년. 다만, 공업지역이나 항만, 폐기물 처리시설 등의 도시계획시설에 인접하여 소음, 진동, 악취, 분진, 안전문제 등이 법적기준을 초과하거나 군수·구청장(이하 "구청장 등"이라 한다)이 주거환경이 극히 열악하다고 인정하는 상업지역의 건축물은 20년 〈개정 2015-07-27〉

다. 1983년 12월 31일 이전에 준공된 공동주택은 20년

라. 철골조, 철골·철근 콘크리트조, 철근 콘크리트조 또는 강구조로 건축된 건축물(공동주택을 제외한다)은 30년 〈개정 2015-07-27〉

마. 가목부터 라목에 해당되지 아니하는 건축물은 30년

2. 「국토의 계획 및 이용에 관한 법률」 제19조 제1항 제8호에 따른 도시기본계획상의 경관에 관한 사항에 저촉되는 건축물

3. 건축물의 급수·배수·오수설비 등이 노후화되어 수선만으로는 그 기능을 회복할 수 없게 된 것으로서 다음 각 목의 어느

하나에 해당하는 건축물

가. 침실·부엌·화장실 또는 세면장 중 한 가지 이상을 갖추지
   못한 건축물

나. 난방시설이 없거나 수선만으로는 정상적인 작동이 불가능
   한 상태의 건축물

다. 급수·배수 및 오수설비 등 건축물의 위생설비가 노후화되
   어 그 기능적 결함의 회복이 사실상 불가능한 건축물

각 지방자치단체의 조례는 누구나 쉽게 이해할 수 있도록 도정
법이나 도정법시행령에 비해 노후불량건축물에 대한 보다 상세한
내용을 담고 있다. 따라서 소액 재테크를 하려는 투자자의 경우, 이
러한 내용을 확인한 후 구도심에 있는 노후불량주택을 노려본다면
좋은 결과를 거둘 수 있을 것이다.

지금 즉시 눈을 돌려 주위에 이런 노후불량주택이 있는지 찾아
보라. 찾는 순간 당신 앞에 새로운 세상이 열릴 것이다!

11

규제가 많은 곳에
장기 투자하라

우리나라의 현행 부동산제도는 투기를 미연에 방지하기 위한 목적으로 부동산을 취득하는 시점부터 다양한 규제를 하고 있다. 이러한 규제들을 토지와 주택으로 나누어 간략히 살펴보자.

먼저 토지에 대한 규제를 보면 대표적으로 토지 투기지역, 토지거래 허가구역 등이 있다.

다음으로 주택을 보면 기존주택에 대해서는 주택 투기지역, 주택거래 신고제도(부활가능성 있음)가 있고, 신규분양에 대해서는 투기과열지구, 분양가상한제, 분양권 전매제한제도, 청약조정대상지역이 있으며, 재건축에 대해서는 투기과열지구, 조합원지위양도금지제도, 재건축초과이익환수제도가 있다. 이 외에도 보유단계에서는 보유세와 이용의무 강화, 처분단계에서는 양도소득세 강화 등 다양한 형태의 규제가 있다.

각종 부동산규제 내용

구분	내용	비고
토지	투기지역 토지거래 허가구역	• 투기과열지구에서는 금융규제 (DTI, LTV) 강화, 분양권 전매제 한, 재건축조합원 지위양도 금지 가 동시에 적용됨.
기존주택	투기지역 주택거래 신고제도	
분양권	분양권 전매제한 청약조정대상지역 분양가상한제 투기과열지구	• 투기지역은 금융규제(DTI, LTV) 강화, 양도소득세 강화, 세대당 1 건으로 주택담보대출 건수 강화 등이 적용됨.
재건축	투기과열지구 재건축초과이익환수제도(2018년 부활)	
보유단계	보유세 강화(보유세 강화 가능성 있음) 이용의무 강화	
처분단계	양도소득세 강화	

자료: TD경영연구원

규제가 심한 곳이 우량지역이다

이처럼 다양한 규제가 존재하는 이유는 그대로 내버려두면 부동산가격이 폭등할 우려가 있기 때문이다. 생각해 보라. 가격의 흐름이 안정적으로 이루어지고 있는데 왜 규제를 하고 나서겠는가.

규제가 많다는 사실은 그만큼 가격이 상승할 만한 여지, 투자할 만한 가치가 충분하다는 것을 의미한다. 그러므로 규제가 많은 지역에 대한 관심이 필요하다. 어떤 사람들은 이렇게 말하곤 한다. "규제가 많은 곳이 결국 좋은 곳이라는 것은 알고 있다. 그런데 문제는 규제가 많은 지역일수록 부동산을 취득하기가 결코 쉽지 않다는 데 있다!"

이런 말을 들을 때마다 필자는 다음과 같이 대답해 주곤 한다. "궁하면 통합니다!" 그렇다. 궁하면 통하게 되어 있다. 매수하려는 의지가 크면 클수록 가능성은 그만큼 열려 있는 것이다. 토지거래 허가구역이라 할지라도 경매나 공매를 이용하면 한결 취득이 용이해진다는 점을 상기해 보라. 발상을 전환하면 매수할 수 있는 기회가 열리게 되는 것이다.

우연한 기회에 토지거래 허가구역의 토지를 매수하게 된 최필승 씨의 사례를 통해 규제를 활용한 소액투자 전략을 알아보자.

● **사례 19**

서울의 답답하고 각박한 생활에 지쳐 은퇴 후에는 농촌으로 돌아가 자연을 벗 삼아 살겠다는 말을 입에 달고 살았던 최필승 씨. 은퇴 후를 대비해 꾸준히 종잣돈을 모았고, 2004년 초 드디어 7,000만 원을 마련할 수 있었다. 그런데 이 사실을 어찌 알았는지 고향인 금산에서 농사를 짓는 친구가 5,000만 원을 빌려달라고 간곡히 부탁해 빌려주게 되었다. 다행히 최필승 씨의 친구는 금산에 임야를 3,000평가량 소유하고 있었고, 돈을 빌리면서 자신의 임야에 근저당권을 설정해 주었다.

그러나 곧 갚겠다며 돈을 빌려간 친구는 사업이 어려워지면서 자신의 임야를 처분해야만 하는 상황에 처하게 되었다. 설상가상으로 2005년 7월 금산군이 토지거래 허가구역으로 묶이면서 거래마저 뚝 끊겨 어쩔 수 없이 최필승 씨 친구의 임야는 경매로 넘어가기에 이르렀다. 최필승 씨는 불안한 마음이 들기는 했지만 '이럴수록 차분해져야 한다'고 스스로 다짐하면서 빌려준 돈을 회수할 방법을 찾던 중 '어차피 전원생활을 꿈꾸었으니 이번 기회에 임야라도 좀 사두어야겠다'는 생각을 하게 되었다.

최필승 씨는 친구 소유의 임야를 직접 찾아가 살펴봤고, 그 결과 도로에 접해 있으면서 경사가 심하지 않은 괜찮은 임야라는 사실을 확인했다. 한 가지 흠이라면 진입로와 하단부에 분묘가 10기 정도 있다는 점이었다. 그러나 다행히 최필승 씨가 낙찰 받겠다는 의사를 내비치자 최필승 씨 친구는 낙찰을 받게 된다면 분묘를 모두 이장해 주겠노라고 약조를 해주었다. 얼마 후 마침내 최필승 씨는 시세 7,000만 원이 넘는 임야를 절반 수준인 4,000만 원에 낙찰 받는 데 성공했고, 최필승 씨의 친구는 약속한 대로 분묘를 모두 이장해 주었다. 현재 최필승 씨는 1달에 2번 정도 꾸준히 고향에 내려가 낙찰 받은 임야를 살펴보며 귀농준비를 하고 있다.

최필승 씨 사례는 우연을 성공으로 바꾼 경우라 할 수 있다. 만일 규제가 없어 최필승 씨 친구가 일반적인 거래를 통해 자신의 임야를 매매할 수 있었다면, 최필승 씨는 귀농준비의 기쁨이나 지가상승의 혜택을 누리지 못했을 것이다. 최필승 씨의 사례에서 볼 수 있듯 규제가 많은 곳은 거래 자체가 원활하게 이루어지지 않기 때문에 많은 기회를 찾을 수 있다는 특징이 있다. 이러한 특징을 잘 활용한다면 소액으로도 어렵지 않게 재테크에 성공할 수 있을 것이다.

12

상가의 가치는
권리금으로 파악하라

상가의 가치를 평가하는 방법에는 여러 가지가 있다. 그중 일반적으로 실무에서 사용되는 방법은 크게 두 가지 정도다. 하나는 평당 대지가격에 평당 건축비를 산정해 상가가치를 구하는 방법이다. 다른 하나는 투자로 인해 매년 기대할 수 있는 임대수익을 기준으로 적정 가치를 산정하는 방법이다.

그런데 위의 두 가지 방법은 모두 그대로 사용하기에는 무시할 수 없는 단점이 있다. 첫 번째 방법은 상가의 가장 큰 장점인 임대수익을 고려하지 못한다는 단점이, 두 번째 방법은 다른 것은 제쳐두고서라도 임대수익 자체를 정확히 파악하기 어렵다는 단점이 있는 것이다.

때문에 필자는 상가의 적정 가치를 파악할 때 종종 그 상가에 입점해 있는 점포의 권리금이 얼마나 되는지 따져보라고 말한다. 권리금이란 '얼마나 돈을 잘 벌 수 있는 목 좋은 곳에 위치하느냐'에 따라 형성되는 것이다. 때문에 상가의 적정 가치를 파악하는 데 유용한 현실적 지표라고 할 수 있다.

권리금, 이렇게 결정된다

'토지 또는 건물의 임대차에 부수해서 그 부동산이 가지는 특수한 장소적 이익의 대가로 임차인이 임대인에게 지급하는 금전'이 권리금의 사전적 정의다. 한마디로 권리금은 '특수한 장소적 이익의 대가'라고 할 수 있다. 다시 말해 '그 장소에서 다른 곳에 비해 얼마나 많은 초과이익을 기대할 수 있는가'에 따라 형성되는 경제적 가치인 것이다.

그렇다면 '적정 권리금'은 어떻게 계산해야 될까? 여러 가지 방법이 있을 수 있겠지만 실무에서는 보통 '1년간 벌어들인 순이익의 합계액'을 '적정 권리금'으로 계산한다. 즉 아무리 목 좋은 곳에 위치한 점포라고 할지라도 그 점포의 권리금은 1년간 벌어들일 수 있는 순이익을 초과해서는 안 된다는 말이다. 권리금이 적정수준을 초과해 지나치게 높게 형성되어 있는 가게를 인수할 경우, 자칫하면 돈도 못 벌고 과하게 지불한 권리금마저 제대로 회수하지 못하는 상황이 생길 수 있기 때문이다.

우측 박스 안의 글은 미금역 상권 점포들의 시세와 관련된 내용이다. 이를 통해 권리금의 특성에 대해 알아보자.

이 분석자료에서 제시된 미금역 상권을 보면 권리금이 1억 5,000만 원~2억 원 수준인 것으로 나타났다. 따라서 권리금이 과

미금역 상권 점포들은 높은 임대가격이 형성되어 있다. 먼저 미금역 주변의 대로변 1층 상가들을 살펴보면 보증금은 보통 1억 원~1억 5,000만 원 수준에 형성되어 있고 월 임대료는 500만 원~600만 원에 형성되어 있다. 권리금 역시 상당히 높은 수준으로 1억 5,000만 원~2억 원 수준에 형성되어 있다. 대로변에서 한 단계 들어간 이면도로 1층 상가인 경우에는 보증금 5,000만 원~1억 원에 월 임대료는 200만 원~400만 원 수준에 형성되어 있으며 권리금은 6,000만 원~8,000만 원 수준에 형성되어 있다.

자료: BSI경영연구원

도하게 형성된 금액이 아닌 이상 미금역 상권에서 장사를 한다면 1년 동안 1억 5,000만 원~ 2억 원 이상을 순이익으로 남길 수 있어야 한다. 만일 경기불황이나 상권변동 등의 원인으로 인해 순이익이 2억 원에 못 미칠 것으로 예상된다면 권리금이 하락한다. 즉, 1단계: 장사가 잘 안 되고 → 2단계: 매물이 나오기 시작하며 → 3단계: 장사가 안 된다는 이유로 가게가 처분되지 않고 → 4단계: 사정이 급한 가게주인인 임차인이 권리금을 낮춰 거래를 시도하고 임대인도 안정적인 임대수익을 확보하기 위해 임대료를 낮추는 과정을 거치게 되는 것이다. 이처럼 권리금은 점포의 순이익과 직결되어 있다.

권리금이 움직이면 임대수익도 움직인다

경기불황이나 상권재편으로 인해 점포의 영업이익이 감소하면 권리금이 하락한다는 것은 앞에서 말했다. 그런데 권리금 하락이 경영노하우 부족에 따른 순이익 하락에서 기인한 것이라면 별 문제가 없겠지만, 그렇지 않다면 임대수익의 하락으로 연결될 수 있다는 점에서 주의를 기울일 필요가 있다. 물론 권리금이 떨어지는 가장 일반적인 경우는 점포에 적절하지 않은 업종으로 입점해 장사가 잘 안 되고, 이로 인해 임차인이 권리금을 손해 보더라도 더 큰 손해를 방지하고자 스스로 권리금을 낮추는 것이다. 이런 종류의 권리금 하락은 점포 특성에 맞는 업종이 입점해 운영을 잘하면 언제든지 회복할 수 있기 때문에 크게 우려하지 않아도 된다.

그러나 경영노하우 외적인 요인, 즉 경제상황이나 상권재편으로 인한 권리금의 하락은 임대수익의 변동에 직접적이면서 장기적인 영향을 미친다는 점에서 세심한 주의가 필요하다. 경제상황이나 상권재편과 같은 변수는 경영노하우로 극복하는 데 한계가 있다. 생각해 보라. 당신이 배달전문 소규모 치킨체인점을 운영하고 있는데 인근에 KFC, 파파이스, BBQ 같은 대형 치킨체인점이 들어선다면 매출에 얼마나 타격을 입겠는가. 특출한 경영노하우를 발휘해 이와 같은 악재를 극복할 수 있는 사람은 모르긴 몰라도 소수에 불과할 것이다. 결국 점포의 영업실적 하락은 피할 수 없다. 점포의 영업실적이 떨어지면 권리금 역시 떨어진다는 사실은 이미 말한 바 있다.

점포의 권리금이 하락한다는 것은 해당 점포에서 얻을 수 있는 초과수익이 줄어들었음을 의미한다. 이는 결국 과거의 높은 초과

수익에 맞추어 형성된 임차료가 현재로서는 지나치게 비싸다는 공감대를 형성하게 만들어 시장상황에 맞게 조정할 수밖에 없도록 유도한다. 이렇듯 권리금 하락은 임대수익의 변동을 불러일으키는 매우 중요한 요인이라고 할 수 있다.

권리금, 이것만은 조심하라

권리금이 높은 상가는 대부분 목이 좋은 곳, 즉 유동인구가 많아 고객이 풍부한 곳에 위치하고 있다. 상가를 처음 구입하는 초보투자자나 난생 처음 창업의 길에 들어선 초보창업자들은 목이 좋은 곳에 있는 상가를 얻는 것이 좋다. 그래야 투자실패를 최소화할 수 있기 때문이다.

하지만 권리금이 높다고 해서 늘 좋기만 한 것은 아니다. 권리금이 지나치게 높으면 점포에 입점하려는 사람이 쉽게 나타나지 않고, 이런 현상이 지속되면 공실기간이 늘어나 임대수익이 떨어지기 때문이다.

처음에는 뛰어난 상권 덕분에 영업실적이 뛰어났던 점포일지라도 인근에 규모가 훨씬 큰 종합쇼핑시설이 들어서면 영업실적이 떨어지게 되고, 권리금도 덩달아 하락할 수밖에 없다. 그런데 영업실적은 한순간에 급감하진 않는다. 시차를 두고 차츰차츰 감소한다. 따라서 권리금이 지속적으로 하락하는 점포가 있는 상가건물을 취득하는 일은 되도록 피해야 한다. 당장 눈앞에 보이는 임대수익이 아무리 좋다 할지라도 머지않아 임차인이 바뀔 때마다 임대수익이 줄어드는 속 쓰린 현상을 겪을 수밖에 없기 때문이다.

현재뿐만 아니라 미래에도 만족스러운 임대수익을 안겨줄 상가를 구입하고 싶은가? 그렇다면 권리금을 기준으로 상가를 고르되 가급적 권리금이 지속적으로 오르고 있는 상가를 고르라.

13

경기침체기에는
알짜 미분양 아파트를 노려라

미분양 아파트를 어떻게 보아야 할까? 그럴 만한 이유가 있어서, 즉 미분양될 만한 나름의 이유가 있어서 수요자로부터 외면 받은 아파트로만 받아들여야 할까? 결코 그렇지 않다. 종종 시간이 흐름에 따라 금싸라기 아파트로 변모하는 미분양 아파트들도 상당히 많기 때문이다. 실제로 미분양 아파트를 매입해 상당한 시세차익을 만들어 낸 투자자를 어렵지 않게 접할 수 있다. 이는 미분양 아파트를 평가절하하지 않고 옥석을 고르는 안목을 갖추는 것이 얼마나 중요한지를 보여주는 것이라고 할 수 있다.

돈 버는 미분양 아파트의 조건

미분양이 발생하는 원인에는 크게 세 가지가 있다. 첫째, 공급물량이 단기간에 집중적으로 몰렸을 때, 둘째, 부동산경기가 침체국면에 있을 때, 셋째, 주변의 기존 아파트들에 비해 분양가가 과도하게 높을 때 등이 그것이다. 이 세 원인 중 미분양 아파트를 매입해 효과적으로 시세차익을 거둘 수 있는 경우는 부동산경기가 침체국면에 있을 때와 공급물량이 단기간에 집중적으로 몰려 미분양이 발생한 때라고 할 수 있다.

한편, 미분양 아파트 인근에 장기적인 관점에서 호재 요인이 있는 경우에도 시세차익을 기대할 수 있다. 대규모 신도시 인근에서 아파트 분양에 나섰다가 단 한 가구도 분양하지 못한 채 속만 끓이던 건설회사와 그 미분양 물량을 재빠르게 분양받은 사람들은 초기의 고비만 잘 견뎌내면 결국 성공을 경험하게 된다. 혹자는 이를 가리켜 "운이 좋았다"고 평가절하 하겠지만 정확한 분석에 기초한 투자와 그에 따른 수익은 결코 운이 아닌 실력이다. 이들이야말로 탁월한 재테크 감각을 보유한 사람들인 것이다.

어떻게 미분양 아파트로 돈을 버는가?

자, 다시 한번 짚고 넘어가보자. 왜 사람들이 미분양 아파트를 구입하는 것일까? 답은 하나다. 돈이 되기 때문이다. 아니, 그럼 미분양 아파트를 구입하는 것이 돈이 된다는 말인가? 그렇다. 돈이 된다. 특히 소액으로 재테크를 계획하고 있다면 적은 돈을 투자해서 큰 이익을 얻을 수 있는 아이템이 바로 미분양 아파트다. 이제 어떻게 미분양 아파트로 재테크에 성공할 수 있는지 사례를 통해 살펴보자.

다음은 미분양 아파트를 구입해 큰 시세차익을 거두고 있는 김정상 씨의 사례다.

사례 20

경기도 시흥시에 거주하던 김정상 씨. 은퇴 후에 살 적당한 아파트를 구입하기 위해 틈만 나면 수도권 일대 아파트 모델하우스를 다니며 정보를 수집했다. 그러던 중 언론을 통해 송도 신도시 내 미분양 아파트 소식을 듣게 되었다. 평소 관심을 많이 갖고 있던 지역이었기에 김정상 씨는 즉시 미분양으로 고전하고 있던 P아파트 모델하우스를 방문했다.

모델하우스를 방문한 김정상 씨는 한 가지 고민에 빠졌다. 미분양으로 남아 있는 물량이 중대형 평형들뿐이었던 것이다. 며칠간 진지하게 고민한 끝에 김정상 씨는 P아파트를 분양받기로 결정했다. 미분양 아파트를 분양 받으면 세금 등에서 각종 혜택이 많이 주어지는 데다 인근에 개발호재가 풍부하여 가격상승 잠재력이 높다고 판단했기 때문이다. 그리하여 2016년 1월 183.77㎡를 6억 9,000만 원에 매입했다.

김정상 씨가 분양을 받은 뒤로 얼마 지나지 않아 P아파트의 미분양 물량이 서서히 소진되기 시작했다. 그러자 매매가격도 조금씩 올라갔다. 그 결과 매입시점으로부터 1년 6개월쯤 지난 2017년 가을 현재 P아파트의 시세는 매입가격보다 5,000만 원가량 상승한 7억 4,000만 원 수준에 형성되어 있다.

미분양 아파트는 부동산경기가 좋지 않아 팔리지 않은 아파트, 혹은 미계약된 아파트를 말한다. 시쳇말로 건설사 입장에서 볼 때는 장사가 안 되어 남아 있는 재고상품인 것이다. 다른 상품과 마찬가지로 아파트 역시 재고가 되면 건설회사에 커다란 부담이 된다. 자칫 잘못하면 도산이라는 치명적 상황에 이를 수도 있기 때문이다.

따라서 건설회사는 일단 미분양이 발생하면 어떻게 해서든 처분하려고 노력한다. 계약금을 5% 혹은 그 이하로 하거나 중도금을 무이자로 대출해 주거나 입주 시 새시나 구조변경 등을 무상으로 해주는 등 많은 혜택을 제공하곤 한다.

이 밖에도 미분양 아파트에 주목해야 하는 이유가 하나 더 있다. 앞에서 든 송도 신도시의 예처럼 분양 당시에는 미분양으로 어려움을 겪을 수도 있지만 시간이 지남에 따라 문제들은 하나둘씩 해결되거나 개선되기 마련이고, 그에 따라 아파트가격은 서서히 오를 수밖에 없다는 것이다. 이런 이유로 재테크 목적으로 미분양 아파트를 구입하는 것은 훌륭한 전략이 될 수 있다. 특히 소액 투자자들은 꼭 한번 관심을 갖고 지켜봐야 할 것이 바로 '미분양 아파트 재테크 전략'이다.

14

성적표를
활용하라

    초등학교에서 중학교로, 고등학교로, 또 대학교로 진학할 때, 즉 교육단계가 바뀔 때마다 각 교육과정의 기록들은 진학생을 따라다닌다. 뿐만 아니라 대학졸업 후 사회에 첫발을 내딛을 때 역시 대학시절의 성적증명서를 제출한다. 그 이유는 아마도 이전단계의 교육과정과 인성에 대한 평가자료를 통해 향후 이어질 교육과정을 잘 이수할 수 있을지, 직장에서 어떤 성과를 올릴 수 있을지 또는 개발 가능한 잠재력은 어느 정도인지 등을 종합적으로 판단할 수 있기 때문일 것이다.

    재테크 이야기를 하다 갑자기 웬 성적표를 들먹이느냐고 반문하는 사람도 있을 것이다. 물론 뜬금없다 여겨질 수도 있다. 하지만 자세히 살펴보면 부동산 재테크와 성적표가 일맥상통하는 부분이 있음을 발견할 수 있을 것이다. 참 흥미로운 일 아닌가. 도대체 뭐가 일맥상통한다는 것인지 차근차근 짚어보자.

성적표란 대체 무엇인가?

먼저 성적표의 의미부터 살펴보자. 성적표란 대체 무엇인가? 너무 기본적인 것을 물어 당황스러울지도 모르겠다. 그래도 굳이 답을 하자면 '학생의 과거 교과성적을 기록한 것' 정도일 것이다. 여기서 의미 있는 한 가지 추론이 가능하다. 즉 성적표가 '학생의 과거 교과성적을 기록한 것'이 분명하다면 '성적표를 통해 어떤 학생의 교과실력을 정확히 파악할 수 있고, 이에 근거해 그 학생의 향후 성적을 예측할 수 있다'는 추론이 가능한 것이다.

이를테면 A라는 사람이 자신의 이웃인 B를 만난 자리에서 "우리 아이가 이번 중간고사에서 전체수석을 차지했네. 아마도 큰 이변이 없는 한 기말고사에서도 수석을 차지할 것 같아"라고 얘기한다면, B가 "그럴 거야. 아이가 공부를 잘해서 얼마나 좋은가. 부럽구먼"과 같은 형태의 반응을 보이는 것이 타당하다는 말이다. 실제로 과거의 교과성적이 우수한 학생들이 미래의 교과성적도 우수한 경우가 압도적으로 많다는 점을 볼 때, 이러한 반응은 지극히 정상적이라 할 수 있다. 부동산 재테크에서도 마찬가지로 성적표에 주목해야 한다.

부동산 성적표 = 전고점과 전저점으로 나타난다

성적표가 어떤 것인지 살펴보았으니 이번엔 성적표가 부동산 재테크와 어떻게 일맥상통하는지 알아보자. 부동산 재테크에도 성적표와 거의 비슷한 것이 있다. 좀 더 정확히 말하자면 부동산의 성적표라고 할 수 있는 것이 있다. 바로 특정 부동산의 과거 및 현재 시세다. 어떤 부동산의 최초 가격이 얼마였고, 이후 어떠한 패턴으로 오르고 내렸으며 현재 어느 정도의 시세로 형성돼 있는지를 알면 미래의 부동산가격을 어느 정도 예측할 수 있는데, 이때 유용하게 사용되는 것이 전고점과 전저점이다.

전고점은 부동산의 직전 시세 중 최고가격을, 전저점은 최저가격을 말한다. 일반적으로 부동산가격은 하락기에는 전저점 밑으로 떨어지는 경우가 많고, 상승기에는 전고점을 넘어서는 경우가 많으며, 일반경기의 호·불황에 큰 영향을 받는다. 따라서 일반경기의 변농과 부동산시세의 전고점과 전저점을 잘 활용한다면 부동산 재테크에 성공할 가능성이 매우 높다고 할 수 있다.

이제 부동산 성적표를 잘 활용해 재테크에 성공한 이세종 씨의 사례를 한번 살펴보자.

● **사례 21**

직장을 그만두고 공주에서 조그만 장사를 하고 있는 이세종 씨는 지난 2011년 12월 세종시 한솔동에 있는 '세종시 1단계 첫마을 F아파트 1단지' 116.63㎡를 전세 9,000만 원에 얻어 입주하게 되었다. 이세종 씨는 비록 자신의 집은 아니지만 난생 처음 새 아파트에 살게 되었을 뿐만 아니라 집주인의 사정으로 시세보다 저렴하게 전세를 얻었다는 사실에 매우 만족스러워했다. 그러나 기쁨은 오래가지 않았다. 분양가 2억 2,000만 원 수준이던 F아파트 1단지 가격이 입주 1년 만에 2억 9,500만 원으로 올랐던 것이다. 엄청난 가격상승에 깜짝 놀란 이세종 씨는 '이렇게 가만히 있다가는 내 집 마련이 불가능해질 수도 있겠다'는 위기감에 정신이 번쩍 들어 본격적으로 내 집 마련 계획을 세우게 되었다.

계획을 세운 뒤로 이세종 씨가 제일 처음 관심을 가진 지역은 경부고속철도, 수도권 전철 연결 등 광역교통망 확충에 따른 생활편리성 증대 및 아산 신도시 개발 등 다양한 강점이 돋보이는 천안 지역이었다. 그런데 천안 지역 아파트가격의 흐름을 구체적으로 파악하는 과정에서 이세종 씨는 난관에 부닥쳤다. 천안 지역의 범위가 꽤나 넓은 데다 이세종 씨에게는 매우 낯설기까지 한 곳이라 전체 아파트의 가격 흐름을 살펴보는 것이 너무 어려웠던 것이다.

이세종 씨는 계획을 수정해 자신이 살고 있어 가격 흐름에 익숙한 '세종시 1단계 첫마을 F아파트' 중 한 곳을 전세를 끼고 구입하기로 결정했다. 생활기반시설이 막 갖춰지고 있는 단계라서 다소 불편한 점이 없지 않았지만 국가가 정책적으로 개발하고 있는 세종시인 만큼 반드시 아파트가격이 상승할 것이라는 굳은 믿음이 있었기에 가능한 결정이었다.

그렇다고 이세종 씨가 곧바로 아파트를 구입한 것은 아니다. 세종시에 대한 확신은 있었지만 언제가 최적의 매수타이밍인지 알 수 없었기 때문이다. 바로 그때 이세종 씨는 F아파트 3단지의 과거 성적표를 살펴보기로 했다. 그랬더니 입주 이후 안정세를 보이다 2013년 들어서부터 상승하던 가격이 2013년 말부터 조정되는 모습이 발견되었다. 성적표를 꼼꼼히 분석한 이세종 씨는 3억 2,300만 원이 전고점 가격이라고 판단했다. 그리고 이에 기초해 2014년 3월에 F아파트 3단지 118㎡를 2억

9,000만 원에 구입했다.

이세종 씨가 F아파트 3단지를 구입한 이후 3년이 흘렀다. 현재 F아파트 3단지는 3억 3,000만 원~3억 6,000만 원 수준에 시세가 형성되어 있다. 최초 구입가격 대비 4,000만 원~7,000만 원 정도 시세가 상승한 것이다. 요즘처럼 소매경기가 우울한 상황에서도 이세종 씨의 얼굴에서 웃음이 떠나지 않는 이유다.

부동산을 사고팔 때 사람들에게 강력한 영향을 미치는 요인 중 하나가 해당 부동산의 과거 가격이다. 이는 종류에 관계없이 모든 부동산에 공통적으로 적용되는 법칙이라 할 수 있다. 따라서 부동산의 과거 가격, 그중에서도 전고점과 전저점을 주목하고 분석하라. 소액으로도 얼마든지 성공적인 재테크를 할 수 있다.

15

나 홀로 아파트도
고르기 나름이다

보통 나 홀로 아파트는 대단지 아파트에 비해 생활편리성이 떨어지고 부동산가격도 잘 오르지 않아 투자대상에서 제외되는 경우가 많다. 그러나 '진흙 속의 진주'라는 말이 있듯이 잘만 찾아보면 진주가 될 수 있는 나 홀로 아파트도 의외로 많다. 따라서 대단지 아파트 못지않은 생활편의시설을 이용할 수 있고 가격은 훨씬 저렴한 나 홀로 아파트를 찾아내는 것도 현명한 투자전략이 될 수 있다.

학군 좋은 나 홀로 아파트를 찾아라

주변에 좋은 학교나 학원이 얼마나 있는지에 따라 집값은 큰 차이를 보인다. 특히 '대학'이 우리 사회에서 차지하는 비중이 크기 때문에 대학진학을 위한 제반여건이 잘 조성되어 있는 목동, 분당, 과천, 평촌, 일산, 산본 등은 예외 없이 집값이 비싸다는 특징을 보인다. 이런 곳들의 중심에 강남이 자리 잡고 있다.

따라서 학군이 좋은 곳에 있는 나 홀로 아파트라면 적극적으로 투자해 볼 만하다. 다만 고등학교보다는 초등학교나 중학교 중에서 명문으로 발돋움하고 있는 곳을 주목하는 것이 좋다. 그 이유는 학교 배정에 있어 고등학교는 지역구 내 추첨방식을 적용하는 반면 초등학교와 중학교는 근거리 배정을 원칙으로 하고 있기 때문이다.

개발호재가 있는 지역 내 나 홀로 아파트를 찾아라

개발호재는 주택가격을 끌어올리는 가장 확실한 재료다. '분당급 신도시'의 유력한 후보지로 주목받은 바 있는 광주 오포, 용인 모현, 하남, 과천, 성남 서울공항 주변, 용인 남사 등지의 부동산가격이 큰 폭의 상승세를 보인 점이나 각종 개발호재가 본격적으로 부동산가격에 반영되면서 가격상승이 발생했던 송도 신도시, 영종 신도시, 청라지구 등은 개발호재가 부동산가격에 큰 영향을 준다는 사실을 입증하는 대표적인 사례라고 볼 수 있다.

그러나 반드시 대규모 신도시 개발계획과 같은 대형호재일 필요는 없다. 기존의 주거환경을 개선시켜 줄 수 있는 정도라도 집값에는 긍정적인 영향을 미칠 수 있기 때문이다. 자금여력이 충분치 않다면 이러한 개발호재가 있는 나 홀로 아파트를 찾아 구입하는 것이 최선의 방법이 될 수 있다.

교통편리성이 향상되는 지역의 나 홀로 아파트를 찾아라

역세권이나 도로이용이 편리한 지역에 있다면 나 홀로 아파트나 비교적 소외대상인 다세대·연립주택의 인기도 괜찮은 편이다. 교통이 좋아 출·퇴근이 쉽고 각종 편의시설이 밀집되어 있어 생활이 편리하기 때문이다. 따라서 이런 곳에 위치한 나 홀로 아파트들의 가격은 상당히 높은 축에 속한다. 교통이 좋지 않은 지역에 있는 대단지 아파트보다 더 높은 가격을 보이는 경우도 종종 있다. 그러나 자금부족으로 나 홀로 아파트를 공략하는 입장에서는 이런 아파트에 신경 쓸 이유가 없다. 현재가 아니라 향후 역세권으로 편입될 가능성이 있는 지역, 도로의 신규개통이 예정되어 있어 교통편리성이 크게 개선될 지역을 주목해야 한다.

지역을 대표하는 아파트단지 옆의 나 홀로 아파트를 노려라

지역을 대표하는 아파트는 가장 먼저 가격이 올라가고 가장 늦게 가격이 떨어지는 특징이 있다. 강남의 아파트가격이 올라가면 수도권 신도시의 아파트가격이 올라가고 이어 수도권 외곽의 아파트가격이 올라가는 현상이 시차를 두고 일어나는 것처럼 특정 지역 내에서도 지역을 대표하는 아파트가격이 오르고 난 후 여타의 아파트가격이 올라가는 현상이 일어난다. 수도권 1기 신도시들 중 시범단지가 가격상승과 하락의 기준이 되고 있는 것 또한 마찬가지 이치다. 따라서 지역을 대표하는 아파트단지 옆에 위치하고 있는 나 홀로 아파트는 대단지 아파트 못지않게 가격상승 효과를 누릴 수 있다는 이점이 있다. 이것이 바로 지역을 대표하는 아파트 인근의 나 홀로 아파트를 노려야 하는 이유다.

대단지 덕을 볼 수 있는 나 홀로 아파트를 노려라

대단지 아파트의 가장 큰 장점은 여러 가지 생활편의시설이 종합적으로 잘 갖춰져 있다는 것이다. 또한 다양한 평수로 구성되어 있어서 가격 흐름에 긍정적인 효과를 발휘한다는 것 역시 빼놓을 수 없는 장점 중 하나다. 대형 평형과 소형 평형은 가격이 상승할 때는 서로 견인차 역할을 해주고 가격이 하락할 때는 서로 방어막 역할을 해주기 때문이다.

대단지 인근에 위치한 나 홀로 아파트를 노려야 하는 이유는 위와 같은 대단지 아파트의 프리미엄을 거의 공유할 수 있다는 장점이 있기 때문이다. 나 홀로 아파트라 할지라도 주변환경이 뛰어나면 적극 공략해 볼 만하다. 따라서 '나 홀로 아파트는 안 된다'는 편견을 버린다면 꽤 괜찮은 투자기회를 더 많이 접할 수 있다.

다음은 영등포 구치소 이전에 따른 가격상승의 혜택을 경험한 정영등 씨의 사례다.

● **사례 22**

지난 2003년 말 법무부와 구로구는 영등포 교도소와 구치소를 개발제한구역인 구로구 천왕동 120번지 일대로 이전하기로 합의하고 이전계획을 발표했다. 정영등 씨는 이 소식을 듣자마자 영등포 교도소 인근에 있는 고척동 S아파트 32평을 1억 9,000만 원에 사들였다. 당시 S아파트의 시세는 영등포 교도소 인근에 있다는 이유로 평당 600만 원대에 머물러 있었다. 이는 양천구 목동 아파트단지와 가깝고 주변의 낡은 주택들이 재개발되고 있는 상황임을 감안할 때 매우 저평가된 가격이었다. 정영등 씨는 영등포 교도소가 이전하면 S아파트 시세에 영향을 미치는 악재가 완전히 해소되어 가격이 상승할 것이라는 확신을 가지고 매입을 추진한 것이다.

그렇다면 영등포 교도소가 이전한 뒤 S아파트의 시세는 어떻게 달라졌을까? 정영등 씨의 예상대로 S아파트의 가격은 점차 오르기 시작했고, 14년여의 세월이 흐른 2017년 말 S아파트의 시세는 구입 당시보다 약 배가 오른 3억 6,000만 원을 호가하고 있다.

16

등잔 밑이
어둡다

자기 비로 옆에 엄청난 가치를 지닌 귀한 보물이 있음에도 그것을 미처 보지 못하고 멀리 떨어져 있는 보물만을 찾아 헤맨다면 이 얼마나 허망한 노릇이겠는가! 그야말로 "등잔 밑이 어둡다"는 속담이 정확히 들어맞는 것이 아니고 무엇이겠는가!

'정보 찾아 삼만리' '재테크 투자처 따라 삼천리'를 실천하며 돈되는 정보를 얻을 수 있는 곳이면 어디든 찾아갈 준비가 되어 있는 부지런한 사람들이 많다. 성공하기 위해 열심히 노력한다는 점에서 보면 그 열의는 가히 인정할 만하다. 그러나 "지나치면 모자라느니만 못하다"는 말도 있듯이 정보를 찾아, 재테크 투자처를 찾아 이리저리 부지런히 움직이는 사람치고 정작 찾고자 하는 정보나 좋은 투자처를 찾는 경우가 드물다. 이런 점에서 볼 때 '어쩌면 재테크를 하는 데 있어 지나친 부지런함이 독이 되는 것은 아닐까' 하는 기우가 앞서기도 한다.

부지런한 것도 때로는 독이 된다

재테크의 '재'자도 모른 채 오로지 분양받은 강남 아파트 1채만을 수십 년간 꿋꿋이 보유하고 있는 사람과, 일찍부터 재테크의 중요성을 깨닫고 강남 아파트를 처분한 후 그 자금으로 부지런히 투자기회를 찾아다니며 열심히 재테크를 한 사람이 있다. 사람들에게 "누가 더 부자가 되었을까?"라고 물어본다면, 십중팔구 "열심히 재테크를 한 사람이 더 부자가 되었을 것"이라는 대답이 나올 것이다.

그러나 실제로도 그럴까? 안타깝지만 아니다. 수십 년이 흐른 지금 두 사람의 자산현황을 살펴보니 전자가 후자보다 몇 배 이상의 자산을 보유하고 있는 것으로 나타났다. 아니 이게 무슨 조화란 말인가! "가만히 있으면 중간은 간다"는 말을 넘어 "가만히 있어야 부자가 될 수 있다"는 말이 허언이 아니었다는 것인가. 도대체 왜 부지런히 기회를 찾아다니며 투자했던 사람이 그저 지키고만 있던 사람보다 훨씬 못한 결과를 보인 것일까?

등잔 밑이 어두우면 먼 곳으로 떠난다

"등잔 밑이 어둡다"는 말의 재테크적 의미는 가까운 곳에서 투자기회를 찾지 못한다는 것을 뜻한다. 즉 가까운 곳에 훌륭한 투자기회가 있음에도 불구하고 이를 발견하지 못한 채 굳이 먼 곳까지 나가 투자기회를 찾고자 노력한다는 말인 것이다. 재테크, 특히 부동산 재테크를 하는 데 있어 가장 좋은 투자지역은 평소 자신이 지켜

봤기 때문에 잘 알고 익숙한 지역이라 할 수 있다.

예를 들어 현재 자신이 도시 외곽에 살고 있다고 가정하고 살고 있는 지역의 토지를 구입한다고 생각해 보라. 작은 평수를 구입하는 이상 각종 거래규제에서 비교적 자유롭다. 또한 텃밭이나 주말농장으로 활용하면서 틈나는 대로 가족과 알찬 시간을 보낼 수도 있다. 이런 이유로 단기적인 가격하락 내지는 폭락이나 갑작스런 가격폭등 현상이 일어나도 일희일비하지 않고 제 가치를 찾아갈 때까지 여유를 가지고 지켜볼 수 있다. 주변에 도로가 새로 생기고, 새집과 상가가 들어서는 등 발전상황을 날마다 접할 수 있기 때문에 자연스럽게 자신이 소유하고 있는 토지의 과거와 현재 그리고 미래에 대해 어느 누구보다 탁월한 안목을 가질 수 있다.

반면에, 먼 곳으로 투자처를 찾아 떠나면 어떻게 될까. 토지를 구입하든 주택을 구입하든 멀리 떨어져 있으니 그 지역의 정보를 온전히 알 수가 없어 늘 불안한 마음이 앞설 수밖에 없다. 언론을 통해 안 좋은 소식이라도 접하게 되면 처분해야 하는 것은 아닌지 하는 생각에 밤잠을 설치기 일쑤고, 반대로 호재 소식이 들리면 지금이 가장 비싼 가격에 처분할 수 있는 시점이 아닐까 밤새 고민하기 십상인 것이다. 이래서는 자신이 구입한 부동산이 적정 가치를 찾아갈 때까지 기다릴 수 없다. 있다면 오히려 그것이 더 이상한 것이다.

장은 오래 묵혀둘수록 맛이 깊어진다고 했던가. 땅도 그렇고 건물도 그렇다. 아니 모든 부동산이 다 그렇다. 오래 묵혀둘수록 빛나는 법이다. 허나 오래 묵혀두기 위해서는 수많은 처분 유혹을 이겨내야만 한다. 그래야 비로소 수익이라는 열매를 수확할 수 있기 때문이다. 그런데 문제는 처분 유혹을 이겨내기가 쉽지 않다는 점에 있다. 따라서 내 눈으로 쉽게 확인할 수 없는 곳에 투자하려거든 투자한 것 자체마저 잊을 수 있을 때만 하라. 투자한 후에 조바심을 내려거든 가까운 곳, 내 눈으로 쉽게 확인할 수 있는 곳에 투자하라.

가까운 곳에서 투자기회를 찾아 성공한 가상한 씨의 사례를 살펴보자.

● **사례 23**

평소 이곳저곳으로 투자처를 찾아다니던 가상한 씨. 그러나 정작 투자는 제대로 해본 경험이 없었다. 계약을 앞두고는 자신의 결정에 확신이 서지 않아 늘 머뭇거렸기 때문이다. 그러다 보니 실패에 따른 손해도 없었지만 좋은 기회도 여러 차례 날려 보내야 했다.

그러던 2013년 초 가상한 씨는 우연히 자신이 살고 있는 인천광역시 연수동에서 얼마 떨어지지 않은 송도 신도시의 아파트가격이 고점 대비 상당히 하락했다는 소식을 접하게 되었다. 송도 신도시는 경제자유구역과 외국인학교 등에 대한 기대감이 높아지면서 내 집 마련 수요자뿐만 아니라 투기꾼들까지 큰 관심을 갖고 지켜보고 있던 곳이었지만, 전체적인 부동산시장 침체의 직격탄을 맞은 상황이었다. 가상한 씨는 송도 신도시에 대해 치밀하게 분석하는 한편, 지인들 및 전문가들의 조언을 경청한 끝에 송도 신도시 아파트에 대한 확신을 갖게 되었다. 그리고 마침내 2013년 6월 송도 신도시 T아파트를 3억 6,000만 원에 급매로 구입했다. T아파트는 구입 후 한동안 가격이 정체되는 모습을 보였다. 하지만 가상한 씨는 장기 투자를 하겠다는 생각을 했기 때문에 전혀 개의치 않았다. 그만큼 미래가치에 대한 확신이 있었던 것이다. 물론 그 후에도 T아파트의 가격은 크게 상승하지 않았다. 그럼에도 불구하고 가상한 씨는 T아파트가 자신의 주거지와 활동 반경 안에 있었기에 '여차하면 내가 들어가 살아야지' 하는 마음으로 보유할 수 있었다.

그렇다면 가상한 씨의 선택은 결과적으로 올바른 것이었을까? 아직까지는 성공적인 것으로 분석된다. 가상한 씨가 아파트를 구입한 지 4년이 흐른 지금, T아파트의 시세는 4억 8,000만 원 수준에 형성되어 있다. 결국 가상한 씨는 그렇게 찾아 헤맸던 투자기회를 바로 옆에서 찾은 것이다.

17

청개구리가
되어라

성공한 사람들을 보면 하나같이 자기만의 성공노하우를 갖고 있다는 것을 알 수 있다. 그런데 대부분의 재테크 성공노하우에서 공통적으로 제시하고 있는 전략이 하나 있다. 바로 '청개구리 투자전략'이다. '남들이 팔려고 할 때 구입하고 남들이 구입하려 할 때 처분하는 방법'이나 '틈새시장 또는 남들이 주목하지 않는 분야를 노려 고수익을 올리는 방법' 등이 대표적이다. 재테크에 관심 없는 사람이라도 한 번쯤은 들어봤을 법한 내용일 것이다. 그럼에도 불구하고 재테크 성공노하우를 소개할 때마다 거의 빠지지 않고 언급된다는 사실이 재미있다.

청개구리 재테크를 하라

그렇다면 청개구리 투자전략이 자주 언급되는 이유는 무엇일까? 청개구리 투자전략이 정말 강력한 재테크 성공방법일까? 남들이 모두 처분할 때 혼자 취득한 진강호 씨의 사례를 통해 자세히 알아보자.

- **사례 24**

2012년 초 수원에 거주하는 진강호 씨는 투자할 아파트를 물색하던 중 안산에 있는 J아파트에 관심을 갖게 됐다. J아파트는 수도권 재건축 바람을 타고 한때 15평형의 가격이 2억 2,000만 원까지 올랐지만, 부동산경기 침체와 함께 재건축 진행이 멈추면서 더 이상 상승하지 못하고 진강호 씨가 알아보던 시기에는 가격이 지속적으로 하락하고 있었다. 그렇지만 평소 지인들이 많이 살고 있어 안산의 사정을 누구보다 잘 알고 있던 진강호 씨는 J아파트의 미래가치를 보고 그 가격 흐름을 유심히 살펴보았다. 그러다 시장에는 계속해서 매물이 쌓이는데도 가격이 1억 7,000만 원 이하로 떨어지지 않는다는 사실을 발견하고는 '바로 지금이 매수 적기다'라는 확신을 갖게 됐다.

진강호 씨가 J아파트를 구입하려는 것을 안 주위 사람들은 "거품이 빠진 부동산시장이 대폭락을 거듭하고 있는 상황인 데다 재건축 사업마저 엎어져서 별 볼일 없게 된 J아파트를 왜 사려 하느냐"며 만류했다. 그러나 진강호 씨는 '남들이 팔려고 할 때 사야 돈이 된다'는 소신을 가지고 구입을 실행했다. 그 결과 5년이 흐른 지금 J아파트는 구입 당시보다 9,000만 원이 올랐고, 중단됐던 재건축 사업도 다시 추진될 조짐을 보이고 있다. 진강호 씨는 재건축이 완료될 때까지 처분하지 않을 생각이라고 했다. 앞으로 재건축이 본격적으로 추진될 경우 시세차익은 더 커질 것으로 예상된다.

다음은 남들이 거들떠보지도 않은 도로를 경매로 취득해 재테크에 성공한 황금석 씨의 사례다.

● **사례 25**

황금석 씨는 2011년 초 모 지방법원의 경매물건을 보던 중 우연히 최저 입찰가격이 924만 원밖에 되지 않는 토지를 발견했다. 그 내용을 살펴보니 지목이 도로인 토지였다. 처음에 황금석 씨는 '그러면 그렇지. 도로라서 이렇게 싼 거였군'이란 생각이 들어 대수롭지 않게 여기고 지나치려 했다. 그러다 문득 며칠 전 들었던 재테크 강의에서 강사가 말해 준 내용이 떠올라 혹시나 하는 마음에 다시 한번 살펴보았다. 그곳은 '도시계획시설 도로'로 아스팔트 포장이 된 2차선 도로였다. 황금석 씨는 며칠에 걸쳐 그 토지에 대해 꼼꼼히 조사했다. 그 결과 도로로 개설되기 전에는 밭으로 사용했고, 공공사업으로 이미 도로가 개설되었지만 아직 보상이 집행되지 않은 '미불용지'라는 사실을 알게 되었다. 조사를 마친 후 확신이 든 황금석 씨는 최저 입찰가격보다 조금 높은 가격으로 단독 입찰해 낙찰을 받았다. 자세한 내막을 모르는 주위 사람들은 "대체 무슨 생각으로 도로를 낙찰 받았느냐"며 황당해했지만, 황금석 씨는 쾌재를 불렀다. 얼마 뒤 황금석 씨는 미불용지* 보상으로 투자금액의 4배에 달하는 금액을 받았다. 전형적인 '청개구리

미불용지
이미 공익사업용지로 편입되어 이용 중에 있지만 아직 보상금 지급이 완료되지 않은 토지.

투자전략'을 사용해 성공한 것이다.

　진강호 씨와 황금석 씨의 성공은 결코 운으로 이루어진 것이 아닙니다. 철저한 준비 끝에 소액이라는 한계를 극복하고 투자에 성공한 것이다. 진강호 씨는 안산의 J아파트 가격을 꾸준히 지켜보며 시장상황을 체크함으로써, 황금석 씨는 재테크 강의시간에 들은 내용을 잘 기억해 두었다 이를 바탕으로 철저한 조사를 함으로써 높은 투자수익을 거둔 것이다.

　만약 진강호 씨가 다른 사람들처럼 '지금은 처분할 때이지 구입할 때가 아니다'라고 생각했다면, 또한 황금석 씨가 흔히들 그러하듯이 '아무짝에도 쓸모없는 도로이니 쌀 수밖에'라고 생각하고 그냥 지나쳤다면 어떻게 되었을지 생각해 보라. 모두가 처분하려고 할 때 구입하고 구입하려고 애쓸 때 처분한다든지, 아무도 관심을 갖지 않는 대상의 가치를 발견해 그것에 투자한다든지 하는 식의 '청개구리 투자전략'은 소액 재테크 투자자들을 성공으로 인도하는 뛰어난 전략인 것이다.

18

부동산 할인매장을
주목하라

소액으로 재테크를 한다는 것은 참으로 어려운 일이다. 혹자는 이렇게 말한다. "재테크? 어려울 게 뭐 있어? 시세보다 싸게 구입해서 가지고 있다가 값이 많이 오르면 팔면 되는 거 아닌가?" 맞는 말이다. 그런데 문제는 소액이라는 제한된 조건에서 투자가치가 있는 부동산을 구입하는 것이 쉽지 않다는 데 있다. 그럼 값은 싸지만 투자가치는 높은 부동산을 찾아 구입할 수만 있다면 소액으로도 부동산 재테크에 성공할 수 있다는 말인가? 그렇다. 그것이 바로 소액 부동산 재테크를 성공으로 이끄는 중요한 요소다. 지금부터 그 방법을 알아보도록 하자.

경·공매시장이 바로 부동산 할인매장이다

우리가 쓰는 생필품들은 다양한 유통채널을 통해 판매된다. 백화점, 슈퍼마켓, 전통시장, 할인마트, 편의점, 대리점······. 여러 유통채널 중 사람들이 가장 선호하는 곳은 단연코 물건을 값싸게 구입할 수 있는 할인매장이다. 그런데 이런 할인매장이 부동산시장에도 존재한다는 사실을 알고 있는가? 생뚱맞은 소리처럼 들릴 수 있겠지만, 부동산도 일반 생필품과 마찬가지로 할인매장을 통해 저렴하게 구입할 수 있다. 바로 경·공매를 통해 부동산을 구입하는 것이다. 경·공매시장은 한마디로 국가나 공공기관에서 운영하는 부동산 할인매장이라 할 수 있다.

자, 그럼 이제 경·공매로 소액 재테크에 성공한 김성공 씨의 사례를 통해 부동산 할인매장 재테크의 위력을 알아보자.

● **사례 26**

천안에 거주하는 30대 후반의 김성공 씨. 평소 재테크에는 관심이 많았지만 서민을 위한 진정한 재테크는 오직 저축뿐이라는 일념으로 저축에만 매진했다. 하지만 금리가 물가상승률도 따라가지 못하는 정도가 되자 이리저리 재테크할 만한 곳을 알아보기 시작했다. 그러던 차에 김성공 씨는 경매로 알찬 임대수익을 올리고 있던 직장동료의 추천으로 경매에 관심을 갖게 되었다. 그런데 문제는 재테크를 위한 자금. 김성공 씨의 총투자자금은 정기저축에 가입해 있던 3,000만 원이 전부였던 것이다.

처음에 김성공 씨는 아파트 경매에 관심을 가졌다. 그러나 3,000만 원이라는 자금으로는 일정한 수익을 낼 만한 아파트를 낙찰 받는 것이 거의 불가능에 가깝다는 현실을 깨닫는 데는 그리 오랜 시간이 걸리지 않았다. 그때 직장동료가 소규모 다세대주택, 즉 빌라·연립을 낙찰 받아 임대수익을 올리는 것이 어떻겠냐고 제안했다. 반신반의하면서도 '헛말은 아니겠지' 하는 마음으로 직장동료가 권한 부천과 인천광역시의 다세대주택 경매물건을 물색하던 김성공 씨는 깜짝 놀라고 말았다. 자신의 자금으로 다세대주택을 매수할 수 있다는 사실을 알게 된 것이다.

자신감을 얻은 김성공 씨는 즉시 임대가 잘 나가고 발전이 될 만한 지역을 물색했고, 재개발 가능성이 있는 인천의 한 다세대주택을 3,000만 원을 투자해 낙찰 받았다. 그리고 6개월 후 보증금 500만 원 월세 35만 원의 조건으로 임대를 주었다. 그 결과 김성공 씨는 실제로 2,500만 원 정도를 투자해 매달 이자를 공제한 20만 원의 월세소득을 올리고 있다. 연 12%라는 엄청난 이자를 지급받는 부동산저축을 한 셈이다.

김성공 씨의 사례는 부동산 할인매장인 경매시장을 적절히 활용해서 성공한 경우라 할 수 있다. 김성공 씨가 부동산 재테크에 투자한 금액은 결코 크지 않다. 그럼에도 불구하고 큰 금액을 투자한 부동산 재테크에 비해 훨씬 높은 수익률을 올리고 있다는 점을 주목해야 한다. 부동산 할인매장인 경·공매를 적극 활용하는 지혜가 바로 부동산 소액 재테크 성공으로 향한 문을 열 수 있는 또 하나의 열쇠가 될 수 있음을 명심하라.

19

미운 오리
부동산을 찾아라

성경에는 사탄의 유혹에 넘어간 아담과 이브가 먹어서는 안 되는 '선악과'를 몰래 먹고, 그 대가로 죽음과 인생의 고통을 안고 살아가게 되었다는 내용이 나온다. 이 이야기에서 한 가지 재미있는 사실은 사탄의 유혹이 있기 전까지는 그저 그런 평범한 과일로 보였던 선악과가 유혹이 시작된 이후에는 '먹음직스러운 과일'로 보였다는 점이다.

부동산 재테크 실패와 선악과에는 공통점이 있다?

아담과 이브가 선악과를 먹기까지의 과정을 가만히 살펴보면 부동산 재테크 실패와 일치하는 점을 찾을 수 있다. 과연 어떤 점들이 일치할까?

첫째, 평소에는 전혀 관심이 없던 것도 누군가가 이야기를 꺼내면 대단한 것으로 보인다는 점이다. 말 그대로 준비되지 않은 즉흥적인 부동산 재테크를 하기 때문에 실패를 경험하는 것이다.

둘째, 남의 말을 너무 쉽게 믿는다는 점이다. 조금만 주의를 기울이고 전문가의 도움을 받으면 될 것을 너무 쉽게 믿어 실패를 경험하는 것이다.

셋째, 충분한 자원(투자자금)이 없다는 점이다. 아담과 이브에게 선악과에 대한 지식이라는 자원이 부족했다면, 부동산 재테크에 실패하는 사람들은 투자자금이 부족하다. 그래서 적게는 몇백, 몇천만 원으로 큰돈을 벌 수 있다는 거짓정보에 쉽게 속아 쓰디쓴 실패를 경험하는 것이다.

이 마지막 셋째가 부동산 재테크를 할 때 첫째나 둘째보다 더 큰 문제가 되기도 한다는 것은 앞에서도 말했다. 충분한 투자자금이 확보되어 있다면 대부분 투자실패를 피할 수 있기 때문이다. 하지만 부족한 자금 탓만 하고 있을 수는 없는 일. 이제 소액으로 부동산 재테크에 성공할 수 있는 또 하나의 방법을 알아보자. 그것은 바로 '미운 오리 부동산'을 찾는 것이다.

미운 오리는 훗날 백조가 된다

오리들 틈에 끼여 못난 오리 취급을 받고 자란 미운 오리 새끼는 훗날 아름다운 백조로 변해 본래의 가치를 인정받는다. 필자가 말한 '미운 오리 부동산'이란 미래가치는 크지만 현재의 사용가능성과 용도가 미미해서 본래의 가치를 인정받지 못하는 부동산을 말한다.

다음은 '미운 오리 부동산 투자법'으로 소액 부동산 재테크에 성공한 이성식 씨의 사례다.

● **사례 27**

평소 자투리땅에 관심이 많던 이성식 씨는 2009년 초 우연히 집 근처 도로변의 토지가 매물로 나왔다는 것을 알게 되었다. 부동산에 확인을 해보니 4차선 도로에 길게 접해 있고 평수도 50평으로 크지 않고 적당했다. 무엇보다 가격이 저렴했다. 그런데 문제가 있었다. 바로 땅모양이었다. 모양이 자루모양처럼 길고 폭이 너무 좁아 건축이 불가능한 땅이었던 것이다. 이에 실망한 이성식 씨. 포기하려는 찰라 불현듯 땅 모양이 길쭉하기는 하지만 4차선 도로에 길게 접해 있어 향후 상가를 건축하게 되면 그 땅이 꼭 필요할 거라는 생각이 들었다. 그런 생각으로 주변을 다시 한번 살펴보니 노후한 단독주택들이 많아 머지않아 곧 개발행위가 있을 가능성이 높아보였다. '아차, 이런 점을 미처 보지 못하다니, 하마터면 좋은 기회를 날려버릴 뻔했군' 하는 생각이 든 이성식 씨는 그 땅을 구입해야겠다고 결심했다. 다행히 주변 부동산에서는 '현재 상태로는 아무런 행위도 할 수 없는 쓸모없는 땅'이라는 평가가 지배적이었던 터라 이성식 씨는 매도인이 최초로 내놓았던 가격보다 상당히 저렴한 가격인 1억 원에 그 땅을 매입할 수 있었다.

5년 후 이성식 씨가 매입한 땅이 빛을 보게 되는 순간이 왔다. 임대수익을 꿈꾸는 사람이 많아지면서 상가에 대한 수요가 늘어나자 이성식 씨 동네에도 상가건축 붐이 일어난 것이다. 이성식 씨 토지와 접해 있는 단독주택 몇 채를 매입해 철거한 후 그 부지에다 상가를 올리겠다는 건축업자가 나타났다. 그 건축업자는 이성식 씨의 땅에 눈독을 들였다. 상가 전면을 도로와 길게 접하도록 배치하기 위해서는 이성식 씨의 땅이 반드시 필요했기 때문이다. 건축업자는 단독주택 소유주들에게 이성식 씨의 토지까지 포함해 모두 매입할 수 있어야만 전체 부지를 매입하겠다는 조건을 내세웠다. 그러자 단독주택 소유주들이 함께 땅을 매도하자고 간청을 해왔고, 협상 끝에 이성식 씨는 2억 5,000만 원에 토지를 매도했다. 1억 원을 투자해 불과 5년 만에 그 배가 훨씬 넘는 1억 5,000만 원이라는 큰 수익을 올린 것이다.

이성식 씨의 사례는 전형적인 '미운 오리 부동산 투자법'으로 성공을 거둔 경우라 할 수 있다. 이외에도 다양한 방식의 미운 오리 부동산 투자법이 있다. 예를 들어 도로를 개설하는 경우 도로에 접한 토지의 소유자가 인접한 맹지를 구입해 전체 토지를 도로가 접한 토지로 만들어 가치를 올리는 것도 미운 오리 부동산 투자법이라고 할 수 있다.

정리하자면, 미운 오리 부동산 투자법은 미래가치는 유망하지만 현재 그 가치를 인정받지 못하는 미운 오리 부동산을 찾는 것이다. 이 투자법을 잘 활용한다면 부동산 재테크로 적지 않은 수익을 올릴 수 있을 것이다.

20

레버리지 효과를
이용하라

재테크에 성공한 사람들이 공통적인 특징 중 하나로 레버리지 효과를 잘 활용한다는 점을 들 수 있다. 레버리지 효과는 다른 말로 지렛대 효과라고도 하는데, '타인의 자본을 이용해 자기 자본의 수익률을 극대화시키는 것'이다. 다소 이해하기 어려운 면이 없지 않을 것이다. 좀 더 이해하기 쉽게 실제 사례를 통해 레버리지 효과에 대해 알아보자.

레버리지 효과가 투자수익률을 높여준다

먼저 레버리지 효과를 이용한 김연수 씨와 이용하지 않은 김범주 씨의 사례를 비교해 보자.

● **사례 28**

김연수 씨와 김범주 씨는 2014년 7월 세종시 아름동에 있는 P아파트

113.59㎡와 99.15㎡를 각각 구입했다. 김연수 씨는 자금사정을 고려해 전세보증금 1억 3,000만 원과 대출금 3,000만 원을 안고 113.59㎡ 아파트를 2억 8,000만 원에 구입했고, 김범주 씨는 거주목적으로 99.15㎡ 아파트를 2억 4,000만 원에 구입했다. 김범주 씨는 구입 당시 지인들에게 "조금 부담이 되더라도 113.59㎡ 아파트를 구입하라"는 충고를 받았지만 아무래도 대출금이 부담이 될 것 같아 고민 끝에 99.15㎡를 선택했다. 반면에 김연수 씨는 지인들로부터 "당장 들어가 살 것도 아닌데 왜 무리하게 빚까지 내서 집을 사려 하느냐" "부동산 경기가 안 좋아져서 집값이 떨어지기라도 하면 어떻게 하려고 그러느냐"는 등 구입에 신중을 기하라는 충고를 주로 받았음에도 불구하고 향후 P아파트 가격이 꾸준히 오를 것이라 예상하고 용기를 내서 투자를 감행했다.

구입 후 3년이 지난 지금 김연수 씨가 구입한 113.59㎡ 아파트의 시세는 3억 6,000만 원을 호가하고 있고, 김범주 씨가 구입한 99.15㎡ 아파트는 2억 9,000만 원을 호가하고 있다. 단순비교만 해도 두 사람 모두 자신들이 구입한 가격에 비해 각각 8,000만 원과 5,000만 원의 시세차익을 거두고 있는 상태다.

위 사례를 읽고 여러분은 어떤 생각이 들었는가? 얼핏 보면 두 사람이 거둔 수익에는 큰 차이가 없어 보일지도 모른다. 그러나 계산이 빠른 사람이라면, 실제로 두 사람이 거둔 투자수익률의 차이가 매우 크다는 사실을 눈치 챘을 것이다. 김연수 씨의 경우 전세보증금과 대출금을 제외한 실투자금 1억 2,000만 원으로 8,000만 원의 수익을 낸 반면, 김범주 씨의 경우 실투자금 2억 4,000만 원으로 5,000만 원의 수익을 냈기 때문이다.

이렇게 김연수 씨처럼 자신의 돈(1억 2,000만 원)은 최대한 적게 들이고 남의 돈(전세보증금+대출금=1억 6,000만 원)을 이용해 높은 수익을 창출하는 것이 바로 레버리지 효과를 이용하는 것이다.

김연수 씨와 김범주 씨의 사례를 정리하면 다음과 같다.

	면적	구입가	임대/대출금	실투자금	이자비용	현재가	실투자대비 수익률
김연수 씨	113.59㎡	2억 8,000만 원	1억 6,000만 원	1억 2,000만 원	360만 원	3억 6,000만 원	63.66%
김범주 씨	99.15㎡	2억 4,000만 원	0	2억 4,000만 원	0	2억 9,000만 원	17.24%

이를 통해 김연수 씨가 김범주 씨의 3.6배가 넘는 63.66%의 높은 수익률을 올리고 있음을 알 수 있다. 이처럼 레버리지 효과는 내 돈이 아닌 다른 사람의 돈을 활용해 투자수익의 극대화를 꾀하는 투자방법이다.

그러나 레버리지 효과는 잘만 활용하면 큰 수익을 얻을 수 있지만 자칫하면 큰 손해를 초래할 수도 있다는 것을 알아야 한다. 주로 부동산경기가 침체기 혹은 하락기에 접어들었을 때 레버리지 효과를 활용하는 경우 종종 이런 불상사가 발생한다. 때늦은 레버리지 효과를 기대하다 실패한 서둘러 씨의 사례를 보자.

사례 29

2011년 초 서둘러 씨는 수원시 영통에 있는 D아파트를 구입했다. D아

파트는 용인의 상현지구와 가깝고 인근에 흥덕지구가 들어서는 등 입지

가 꽤 괜찮은 데다 수요가 많은 79㎡가 주력인 대단지 아파트라는 장점

을 가지고 있어서 2008년 1억 8,000만 원 수준이던 가격이 2010년 말

2억 4,000만 원까지 상승한 상태였다. 계속 오르기만 하는 D아파트의

가격을 보면서 마음이 조급해진 서둘러 씨는 빚이라도 내서 더 늦기 전

에 구입해야겠다는 생각을 하게 됐고, 구체적인 계획도 세우지 않은 상

태로 신용대출 1억 원과 전세보증금 1억 4,000만원을 끼고 2억 4,000

만 원에 성급히 사들였다.

그런데 가격이 계속 상승하리라는 서둘러 씨의 바람이 무색하게 D아파

트의 가격은 상승은커녕 제자리걸음만 하기 시작했다. 설상가상으로 운

영하던 가게의 매출마저 감소하면서 서둘러 씨는 대출금 1억 원에 대한

이자를 감당하기가 버거워졌다. 결국 서둘러 씨는 D아파트를 처분할 수

밖에 없었다. 매도가격은 구입가격과 똑같은 2억 4,000만 원으로, 취·

등록세와 보유세, 이자비용 등을 다 합치면 손해가 막심했다. 부동산시

장의 흐름은 전혀 고려하지 않은 채 단지 자기 돈을 거의 들이지 않고도

할 수 있다는 단순한 생각만 가지고 부동산을 구입했던 서둘러 씨. 자신

의 무모한 행동을 뼈저리게 후회했지만, 이미 때는 늦은 것이다.

이처럼 레버리지 효과는 구입하고자 하는 지역의 부동산경기가

침체하거나 하락기에 접어들었을 때 활용하면 큰 손해를 불러오는

주요 원인이 될 수 있다. 반면에 구입하고자 하는 지역의 부동산경기가 상승기 혹은 회복기에 접어들었을 때 활용하면 적지 않은 시세차익을 거둘 수 있게 해주는 훌륭한 투자방식이 되기도 한다. 따라서 부동산시장의 변화에 따라 적절히 레버리지 효과를 활용하는 전략이 필요하다.

4부

새는 돈을 막아야 부동산 재테크도 성공한다

01

양도소득세가
비과세되는 경우도 있다

소득이 있는 곳에 세금이 있는 것은 당연한 이치다. 이는 부동산 투자에 있어서도 예외가 아니다. 부동산 투자에서 발생한 소득에 부과되는 세금 중 가장 대표적인 것은 양도소득세다. 양도소득세는 보유하던 부동산을 처분하고 얻은 수익, 다시 말해 매입가보다 매도가가 높을 경우 그 시세차익에 대해 부과되는 세금이다. 그런데 우리나라 소득세법에는 양도소득이 발생했음에도 불구하고 양도소득세를 비과세하도록 하는 조항이 있다. 어떤 경우가 이에 해당될까?

소득세법 제89조에 따른 양도소득세 비과세

파산선고를 받고 재산을 처리할 때 발생하는 소득, 대통령령으로 정한 요건을 충족하는 농지를 교환하거나 분리 또는 합할 때 발생하는 소득에는 양도소득세가 부과되지 않는다. 또한 1세대 1주택인 경우와 일시적 1세대 2주택인 경우, 조합원 입주권을 보유한 1세대가 양도일 현재 다른 주택을 보유하지 않은 상태에서 조합원 입주권을 처분할 때 발생하는 소득에도 양도소득세가 부과되지 않는다. 단, 이 때 처분한 주택이 고가주택*인 경우에는 양도소득세 비과세 혜택을 받지 못한다. 이 밖에도 양도소득세 비과세 요건이 몇 가지 더 있다. 다음은 이러한 내용을 담은 양도소득세 비과세 조항을 정리한 것이니 참고하도록 하자.

고가주택

주택 및 이에 딸린 토지의 실거래가액을 모두 합친 금액(1주택 및 이에 딸린 토지의 일부를 양도하거나 일부가 타인 소유인 경우에는 실거래가액 합계액에 양도하는 부분(또는 타인이 소유한 부분)의 면적이 전체 주택면적에서 차지하는 비율을 나누어 계산한 금액을 말한다)이 9억 원을 초과하는 주택.

소득세법 제89조(비과세 양도소득) ① 다음 각 호의 소득에 대해서는 양도소득에 대한 소득세(이하 "양도소득세"라 한다)를 과세하지 아니한다. <개정 2014.1.1., 2016.12.20.>

1. 파산선고에 의한 처분으로 발생하는 소득

2. 대통령령으로 정하는 경우에 해당하는 농지의 교환 또는 분합(分合)으로 발생하는 소득

3. 다음 각 목의 어느 하나에 해당하는 주택(가액이 대통령령으로 정하는 기준을 초과하는 고가주택은 제외한다)과 이에 딸린 토지로서 건물이 정착된 면적에 지역별로 대통령령으로 정하는 배율을 곱하여 산정한 면적 이내의 토지(이하 이 조에서 "주택부수토지"라 한다)의 양도로 발생하는 소득

가. 1세대가 1주택을 보유하는 경우로서 대통령령으로 정하는

요건을 충족하는 주택

나. 1세대가 1주택을 양도하기 전에 다른 주택을 대체취득하거나 상속, 동거봉양, 혼인 등으로 인하여 2주택 이상을 보유하는 경우로서 대통령령으로 정하는 주택

4. 제2항에 따른 조합원 입주권을 1개 보유한 1세대[「도시 및 주거환경 정비법」 제48조에 따른 관리처분계획의 인가일(인가일 전에 기존 주택이 철거되는 때에는 기존 주택의 철거일) 현재 제3호 가목에 해당하는 기존 주택을 소유하는 세대]가 다음 각 목의 어느 하나의 요건을 충족하여 양도하는 경우 해당 조합원 입주권을 양도하여 발생하는 소득. 다만, 해당 조합원 입주권의 가액이 대통령령으로 정하는 기준을 초과하는 경우에는 양도소득세를 과세한다.

가. 양도일 현재 다른 주택을 보유하지 아니할 것

나. 양도일 현재 1조합원 입주권 외에 1주택을 소유한 경우로서 해당 1주택을 취득한 날부터 3년 이내에 해당 조합원 입주권을 양도할 것(3년 이내에 양도하지 못하는 경우로서 대통령령으로 정하는 사유에 해당하는 경우를 포함한다)

② 1세대가 주택(주택부수토지를 포함한다. 이하 이 조에서 같다)과 「도시 및 주거환경 정비법」 제74조에 따른 관리처분계획의 인가 및 「빈집 및 소규모주택 정비에 관한 특례법」 제29조에 따른 사업시행계획인가로 인하여 취득한 입주자로 선정된 지위 [같은 법에 따른 재건축사업 또는 재개발사업, 「빈집 및 소규모주택 정비에 관한 특례법」에 따른 소규모 재건축사업을 시행하는 정비사업조합의 조합원으로서 취득한 것(그 조합원으로부터 취득한 것을 포함한다)으로 한정하며, 이에 딸린 토지를 포함한다. 이하 "조합원 입주권"이라 한다]를 보유하다가 그 주택을 양도하는 경우

에는 제1항에도 불구하고 같은 항 제3호를 적용하지 아니한다. 다만, 「도시 및 주거환경 정비법」에 따른 재건축사업 또는 재개발사업, 「빈집 및 소규모주택 정비에 관한 특례법」에 따른 소규모 재건축사업의 시행기간 중 거주를 위하여 주택을 취득하는 경우나 그 밖의 부득이한 사유로서 대통령령으로 정하는 경우에는 그러하지 아니하다. <개정 2016.12.20., 2017.2.8.>

02

1세대 1주택 양도소득세 비과세
요건을 숙지하라

우리나라 현행 양도소득세는 일정 요건을 갖춘 1세대 1주택에 대해서만큼은 양도소득세를 비과세하고 있다. 따라서 이러한 규정을 잘 활용한다면 절세뿐만 아니라 내 집 마련에 투자수익까지 해결할 수 있는 일석삼조의 효과를 기대할 수 있다는 점에서 반드시 알아두어야 할 내용이다.

1세대 1주택의 범위

1세대 1주택이란 개념을 이해하기 위해서는 먼저 1세대라는 개념부터 이해해야 한다. 소득세법 제88조를 바탕으로 1세대의 개념을 간략히 정리해보면 이러하다.

"1세대란 거주자 및 그 배우자가 그들과 같은 주소 또는 거소에서 생계를 같이 하는 자와 함께 구성하는 가족단위를 가리킨다."

이 개념 정리에서 알 수 있듯이 원칙적으로는 배우자가 있어야지 1세대를 구성할 수 있다. 다만 배우자 없이도 1세대를 구성할 수 있는 예외 규정이 있는데 그 요건은 다음과 같다.

요건 1. 해당 거주자의 나이가 30세 이상인 경우.

요건 2. 배우자가 사망하거나 이혼한 경우.

요건 3. 소득세법상 최저생계비 수준 이상의 소득이 있어서 독립된 생계를 유지할 수 있는 경우.

위 3항의 경우에서 원칙적으로 미성년자는 제외된다. 다만 미성년자이지만 결혼을 하여 세대를 분리하는 것은 가능하며, 가족이 모두 사망하여 홀로 남는 등의 불가피한 사정이 있는 경우에도 1세대를 구성할 수 있다.

1세대의 개념을 이해했다면 이제 1세대 1주택의 개념을 정리해 보도록 하자. 1세대 1주택을 큰 틀에서 정의하면 다음과 같다.

"1세대 1주택이란 1세대가 1주택을 2년 이상 보유하는 하는 경우를 가리킨다."

그런데 여기에는 몇 가지 예외 규정이 있다. 예외 규정은 주택수(1주택)와 보유기간(2년 이상) 요건에서 모두 존재한다. 주택수와 관련한 예외 규정은 다음 장에서 설명하기로 하고, 여기서는 보유기간과 관련한 예외 규정에 대해서 좀 더 자세히 알아보도록 하겠다.

예외 규정은 강화된 예외 규정과 완화된 예외 규정으로 나뉜다. 먼저 강화된 예외 규정에는 다음 두 가지가 있다.

하나, 보유기간 요건에 거주기간 요건이 추가되는 경우. 1세대 1주택 개념의 대원칙에서 보유기간 2년에는 거주 의무가 포함되지 않는다. 그러나 조정대상지역(투기과열지구, 투기지역 포함)에서 2017년 8월 3일 이후에 취득한 주택일 경우에는 반드시 2년을 거주해야만 1세대 1주택 양도소득세 비과세 혜택을 받을 수 있다.

둘, 고가주택인 경우. 1세대가 1주택을 2년 이상 보유했다고 해도 그 주택의 실거래가가 9억 원을 초과할 경우에는 9억 원을 초과한 금액에 대한 양도소득세를 납부해야 한다.

2년 이상 보유하지 않아도 비과세 혜택을 받을 수 있다

그럼 이번에는 완화된 예외 규정에 대해 알아보도록 하자. 보유기간에 대한 완화된 예외 규정은 크게 네 가지로 구분해볼 수 있다.

하나, 건설임대주택인 경우. 민간이나 공공에서 임대주택으로 건설한 집은 처음부터 구입할 수가 없다. 그러나 임차인으로 들어가서 살다가 후에 살고 있는 집을 구입할 수는 있다. 이 경우 그 집에 거주한 기간이 5년이 넘으면 보유기간 2년을 채우지 못해도 양도소득세 비과세 혜택을 받을 수 있다.

둘, 주택 및 토지가 수용되는 경우. 국가기관이 공익사업을 위해 주택이나 주택이 포함된 토지를 수용할 경우 소유주는 자신의 의지와는 무관하게 해당 주택 및 토지를 팔아야 한다. 이 경우 보유기간 2년을 채우지 못해도 양도소득세 비과세 혜택을 받을 수 있다. 단, 해당 주택 및 토지는 공익사업인정 고시일 이전에 취득한 것이어야 한다.

셋, 세대 전체가 해외로 출국할 경우. 이민을 가거나, 가장이 해외로 파견근무를 가게 되거나, 가족 구성원이 해외 유학을 가는 등의 이유로 인해 세대 전체가 한국을 떠날 수밖에 없는 경우에도 보유기간과 무관하게 양도소득세 비과세 혜택을 받을 수 있다. 단, 출국일로부터 2년 이내에 해당 주택을 팔아야 한다.

넷, 어쩔 수 없이 이사해야 하는 경우. 병을 치료하기 위해 요양시설로 들어가야 하거나, 갑자기 다른 지역에 있는 근무지로 발령을 받는다거나, 학교폭력이나 특수학교 진학 등의 이유로 자녀가 전학을 해야 하는 경우에는 거주기간이 1년 이상이면 보유기간 2년을 채우지 않아도 양도소득세 비과세 혜택을 받을 수 있다.

위 내용을 담은 법조문을 덧붙이니 꼼꼼히 읽고 잘 기억해두도록 하자.

1. 「민간임대주택에 관한 특별법」 제2조 제2호에 따른 민간건설임대주택 또는 「공공주택 특별법」 제2조 제1호의2에 따른 공공건설임대주택을 취득하여 양도하는 경우로서 해당 건설임대주택의 임차일부터 해당 주택의 양도일까지의 기간 중 세대 전원이 거주(기획재정부령으로 정하는 취학, 근무상의 형편, 질병의 요양, 그 밖에 부득이한 사유로 세대의 구성원 중 일부가 거주하지 못하는 경우를 포함한다)한 기간이 5년 이상인 경우

2. 다음 각 목의 어느 하나에 해당하는 경우. 이 경우 가목에 있어서는 그 양도일 또는 수용일부터 5년 이내에 양도하는 그 잔존주택 및 그 부수토지를 포함하는 것으로 한다.

   가. 주택 및 그 부수토지(사업인정 고시일 전에 취득한 주택 및 그 부수토지에 한한다)의 전부 또는 일부가 「공익사업을 위한 토지 등의 취득 및 보상에 관한 법률」에 의한 협의 매수·수용 및 그 밖의 법률에 의하여 수용되는 경우

   나. 「해외이주법」에 따른 해외이주로 세대 전원이 출국하는 경우. 다만, 출국일 현재 1주택을 보유하고 있는 경우로서 출국일부터 2년 이내에 양도하는 경우에 한한다.

   다. 1년 이상 계속하여 국외거주를 필요로 하는 취학 또는 근무상의 형편으로 세대 전원이 출국하는 경우. 다만, 출국일 현재 1주택을 보유하고 있는 경우로서 출국일부터 2년 이내에 양도하는 경우에 한한다.

3. 1년 이상 거주한 주택을 기획재정부령으로 정하는 취학, 근무상의 형편, 질병의 요양, 그 밖에 부득이한 사유로 양도하는 경우

03

1세대 2주택이어도
양도소득세를 납부하지 않을 수 있다

앞에서 우리는 1세대 1주택 양도소득세 비과세 요건 및 보유기간과 관련한 예외 규정에 대해 살펴보았다. 이번 장에서는 주택수와 관련한 예외 규정에 대해 알아보도록 하겠다.

우리나라 현행 소득세법은 1세대 2주택이 되더라도 몇 가지 특정한 요건을 충족한다면 1세대 1주택으로 간주해 먼저 판매하는 주택에 대해서는 양도소득세를 비과세하고 있다.

이런 경우 2주택이지만 1주택으로 인정받을 수 있다

그렇다면 어떤 경우에 2주택임에도 1주택으로 인정받을 수 있을까? 주택수에 관련한 양도소득세 비과세 예외 규정은 크게 다섯 가지로 정리할 수 있다.

하나, 새 집을 사서 일시적 1세대 2주택이 된 경우. 평생 한 집에서 사는 경우는 매우 드물다. 평수를 넓히려고, 더 좋은 동네에서 살고 싶어서, 모르고 샀는데 살다 보니 하자가 발견돼서, 투자가치가 있는 집을 발견해서 등등 다양한 이유로 사람들은 집을 새로 사서 이사한다. 이 경우 새 집을 산 뒤로 3년 이내에 예전 집(2년 이상 보유)을 팔면 양도소득세를 면제받을 수 있다. 관련된 법조문은 다음과 같다.

국내에 1세대 1주택 비과세 대상인 주택을 소유한 1세대가 그 주택을 양도하기 전에 다른 주택을 취득(자기가 건설하여 취득한 경우 포함)함으로써 일시적으로 2주택이 된 경우, 다른 주택을 취득한 날부터 3년 이내에 2년 이상 보유한 종전의 주택을 처분하면 양도세가 비과세 된다. 다만, 수도권 소재 기업(공공기관)의 지방 이전에 따라 종사자가 기업(공공기관)의 이전(연접)지역으로 이사하는 경우에는 2년 이상 보유한 종전의 주택을 5년 내에 처분 할 경우 양도소득세가 비과세 된다.

둘, 상속으로 인해 2주택이 된 경우. 원래 집이 한 채 있는데 부모님이 돌아가셔서 집을 물려받아 두 채가 된 경우에 해당한다. 이 경우에는 물려받은 집이 아닌 기존에 소유하던 집을 팔아야만 양도소득세가 면제된다. 단, 기존 집의 보유기간은 2년 이상이어야 하며, 양도기간 제한은 없다. 관련된 법조문은 다음과 같다.

상속받은 주택과 그 밖의 주택(기존 주택)을 국내에 각각 1개씩 소유하고 있는 1세대가 기존 주택을 양도하는 경우, 1개의 주택을 소유하고 있는 것으로 보아 양도소득세가 비과세된다. 단, 다수의 주택을 소유한 자가 사망하여 여러 명의 상속인이 각각 1주택씩 상속받아 이를 양도한 경우에는 피상속인, 즉 재산을 물려준 사람을 기준으로 1주택만 비과세 하되 ① 피상속인이 소유한 기간이 가장 긴 1주택 ② 피상속인이 소유한 기간이 같은 주택이 2 이상일 경우에는 피상속인이 거주한 기간이 가장 긴 1주택 ③ 피상속인이 소유한 기간 및 거주한 기간이 같은 주택이 2 이상일 경우에는 피상속인이 상속개시 당시 거주한 1주택 ④ 피상속인이 거주한 사실이 없는 주택으로서 소유한 기간이 같은 주택이 2 이상일 경우에는 기준시가가 가장 높은 1주택(기준시가가 같은 경우 상속인이 선택하는 1주택)의 순서로 적용하여 비과세된다. 그러나 상속받은 주택을 먼저 처분하면 양도세가 과세된다.

셋, 동거봉양으로 인해 2주택이 된 경우. 연로하신 부모님을 모시기 위해 집을 합쳐서 2주택이 되는 경우다. 이 경우는 자기 소유의 집을 먼저 팔아야 하는 상속의 경우와 달리, 두 집 중 아무 집이나 먼저 팔아도 양도소득세가 면제된다. 단, 합친 지 5년 이내에 집을 팔아야 한다. 관련된 법조문은 다음과 같다.

1세대 1주택인 자가 1주택을 보유하고 있는 60세 이상의 직계존속(배우자의 직계존속 포함)을 동거봉양하기 위하여 세대를 합침

넷, 결혼하여 2주택이 된 경우. 결혼으로 인해 2주택이 된 경우도 동거봉양으로 인해 2주택이 된 경우와 마찬가지로 합친 뒤 5년 이내에 두 집 중 한 집을 먼저 팔면 양도소득세를 면제받을 수 있다. 관련된 법조문은 다음과 같다.

다섯, 취학이나 직장 이동 등의 사정으로 인해 2주택이 된 경우. 다른 시·도에 있는 학교에 다니는 고등학생 혹은 대학생 자녀가 거주할 집을 구입하는 경우, 갑작스럽게 다른 지역으로 직장을 옮기게 되어 직장 근처에 따로 집을 마련해 사는 경우, 요양을 하기 위해 새 집을 사서 잠시 가족과 떨어져 사는 경우 등에 해당한다. 이 경우 각각의 이유가 해소가 된 날로부터 3년 이내에 2년 이상 보유한 집을 처분하면 양도소득세를 면제받을 수 있다. 관련된 법조문은 다음과 같다.

1세대 1주택(일반주택)을 소유한 1세대가 취학(유치원·초등학교 및 중학교 제외), 직장의 변경이나 전근 등 근무상의 형편, 1년 이상 질병의 치료나 요양의 사유로 수도권 밖에 소재하는 1주택을 취득하여 일시적으로 1세대 2주택이 된 경우 부득이한 사유가 해소된 날부터 3년 이내에 비과세 요건을 충족한 일반주택을 처분할 경우 양도소득세가 비과세 된다.
또한, 세대 전원이 위의 사유로 다른 시(특별시와 광역시 포함)·군으로 주거를 이전하는 경우(광역시 안에서 구와 읍·면 간에 주거 이전 및 도농복합형태의 시 안에서 동과 읍·면 간에 주거 이전 포함) 역시 동일하며, 사유가 발생한 당사자 외의 세대원 중 일부가 취학, 근무 또는 사업상 형편 등으로 당사자와 함께 주거이전을 하지 못하는 경우 세대원이 전원이 주거이전 한 것으로 보고 일시적 2주택에 따른 양도소득세 비과세가 적용된다.

양도소득세, 앞으로 더욱 강화될 여지가 있다

부동산가격이 확실히 안정되지 않을 경우 정부가 양도소득세 강화 카드를 꺼내들 가능성이 있다. 부동산 재테크를 하는 경우 종종 1세대 2주택이 되곤 한다는 점에서 향후 양도소득세 관련 세법규정이 어떻게 변경될 것인지를 점검해 볼 필요가 있다. 재테크 목적으로 취득한 주택 때문에 양도소득세 중과대상이 된다면 얼마나 큰 낭패란 말인가! 투자수익은커녕 엄청난 세금부담에 고민만 쌓여가는 상황에 처할 것이 빤하지 않겠는가.

　재테크 목적뿐만 아니라 집을 넓혀가는 실수요 목적인 경우에도 역시 1세대 2주택 양도소득세가 강화될 가능성이 높은 만큼 평소 꼼꼼하게 정보를 체크해야 한다. 물론 일시적 1세대 2주택 요건을 잘 활용한다면 양도소득세 비과세를 적용받을 수 있기는 하다. 그러나 부동산시장이 침체기 혹은 하락기를 맞아 거래가 활발하지 못한 때에는 주택을 처분하고 싶어도 처분하기 힘든 경우가 많다는 점을 간과해서는 안 된다. 그러니 평소에 1세내 2주댁 양도소득세 중과대상에 해당되는지의 여부를 잘 파악해 둘 필요가 있다.

　다시 말하지만 1세대 2주택은 투기나 재테크를 목적으로 주택을 구입하는 사람들만이 겪게 되는 상황이 아니다. 실수요자들도 종종 경험할 수 있다. 때문에 1세대 2주택에 대한 양도소득세 비과세 관련 규정을 명확히 숙지해 두어야만 예상치 못한 세금을 내는 것을 미연에 방지할 수 있다.

　갈수록 세테크의 중요성이 강조되고 있는 추세다. 투자수익이 일정하다면 결국 새나가는 돈을 막는 것만이 투자수익을 극대화시키는 지름길이다.

04

농어촌주택 포함 2주택인 경우에도 양도소득세를 면제받을 수 있다

앞 장에서 우리는 양도소득세를 면제받을 수 있는 몇 가지 예외 규정에 대해 살펴보았다. 그런데 양도소득세 비과세 혜택을 받을 수 있는 예외 규정이 하나 더 있다. 그것은 기존에 1주택이 있는 세대가 새로 농어촌주택을 구입해 2주택이 된 경우다. 절세와 관련된 규정인 만큼 그 내용을 잘 파악해둘 필요가 있다.

농어촌주택등 취득자에 대한 양도소득세 과세특례

조세특례제한법 제99조의4는 농어촌주택등 취득자에 대한 양도소득세 과세특례에 대해 규정하고 있다. 다음은 해당 내용을 옮겨놓은 것이다. 법조문을 통째로 제시해서 겁을 먹을 필요는 없다. 일단 한번 훑어보도록 하자. 뒤이어 좀 더 쉽게 설명하도록 하겠다.

조세특례제한법 제99조의4(농어촌주택등 취득자에 대한 양도소득세 과세특례)

① 거주자 및 그 배우자가 구성하는 대통령령으로 정하는 1세대(이하 이 조에서 "1세대"라 한다)가 2003년 8월 1일(고향주택은 2009년 1월 1일)부터 2017년 12월 31일까지의 기간(이하 이 조에서 "농어촌주택등취득기간"이라 한다) 중에 다음 각 호의 어느 하나에 해당하는 1채의 주택(이하 이 조에서 "농어촌주택등"이라 한다)을 취득(자기가 건설하여 취득한 경우를 포함한다)하여 3년 이상 보유하고 그 농어촌주택등 취득 전에 보유하던 다른 주택(이하 이 조에서 "일반주택"이라 한다)을 양도하는 경우에는 그 농어촌주택 등을 해당 1세대의 소유주택이 아닌 것으로 보아 「소득세법」 제89조 제1항 제3호를 적용한다.<개정 2010.1.1., 2011.5.19., 2011.12.31., 2014.1.1., 2014.12.23., 2015.12.15., 2016.1.19., 2016.12.20.>

1. 다음 각 목의 요건을 모두 갖춘 주택(이 조에서 "농어촌주택"이라 한다)

   가. 취득 당시 다음의 어느 하나에 해당하는 지역을 제외한 지역으로서 「지방자치법」 제3조 제3항 및 제4항에 따른 읍·면 또는 인구 규모 등을 고려하여 대통령령으로 정하는 동에 소재할 것

      1) 수도권지역. 다만, 「접경지역 지원 특별법」 제2조에 따른 접경지역 중 부동산가격동향 등을 고려하여 대통령령으로 정하는 지역은 제외한다.

      2) 「국토의 계획 및 이용에 관한 법률」 제6조에 따른 도시지역

      3) 「소득세법」 제104조의2 제1항에 따른 지정지역

      4) 「부동산 거래신고 등에 관한 법률」 제10조에 따른 허가구역

      5) 그 밖에 관광단지 등 부동산가격 안정이 필요하다고 인정

되어 대통령령으로 정하는 지역

나. 대지면적이 660제곱미터 이내일 것

다. 주택 및 이에 딸린 토지의 가액(「소득세법」 제99조에 따른 기준시가를 말한다)의 합계액이 해당 주택의 취득 당시 2억 원(대통령령으로 정하는 한옥은 4억 원)을 초과하지 아니할 것

2. 다음 각 목의 요건을 모두 갖춘 주택(이 조에서 "고향주택"이라 한다)

가. 대통령령으로 정하는 고향에 소재하는 주택일 것

나. 취득 당시 인구 등을 고려하여 대통령령으로 정하는 시 지역(다음의 지역은 제외한다)에 소재할 것

　1) 수도권지역

　2) 「소득세법」 제104조의2 제1항에 따른 지정지역

　3) 그 밖에 관광단지 등 부동산가격안정이 필요하다고 인정되어 대통령령으로 정하는 지역

다. 대지면적이 660제곱미터 이내일 것

라. 주택 및 이에 딸린 토지의 가액(「소득세법」 제99조에 따른 기준시가를 말한다)의 합계액이 해당 주택의 취득 당시 2억 원(대통령령으로 정하는 한옥은 4억 원)을 초과하지 아니할 것

② 삭제 〈2007.12.31.〉

③ 1세대가 취득한 농어촌주택과 보유하고 있던 일반주택이 행정구역상 같은 읍·면 또는 연접한 읍·면에 있는 경우나 1세대가 취득한 고향주택과 보유하고 있던 일반주택이 행정구역상 같은 시 또는 연접한 시에 있는 경우에는 제1항을 적용하지 아니한다. 〈개정 2010.1.1., 2014.12.23.〉

④ 1세대가 제1항에 따른 농어촌주택등의 3년 이상 보유 요건을 충족하기 전에 일반주택을 양도하는 경우에도 제1항을 적용한다. <개정 2010.1.1.>

⑤ 제4항에 따른 양도소득세의 특례를 적용받은 1세대가 농어촌주택등을 3년 이상 보유하지 아니하게 된 경우에는 과세특례를 적용받은 자가 과세특례를 적용받지 아니하였을 경우 납부하였을 세액에 상당하는 세액으로서 대통령령으로 정하는 바에 따라 계산한 세액을 그 보유하지 아니하게 된 날이 속하는 달의 말일부터 2개월 이내에 양도소득세로 납부하여야 한다. 다만, 「공익사업을 위한 토지 등의 취득 및 보상에 관한 법률」에 따른 수용 등 대통령령으로 정하는 부득이한 사유가 있는 경우에는 그러하지 아니하다. <개정 2010.1.1., 2014.12.23.>

⑥ 제1항 및 제4항에 따른 과세특례를 적용받으려는 자는 대통령령으로 정하는 바에 따라 과세특례신청을 하여야 한다. <개정 2010.1.1.>

⑦ 농어촌주택등의 면적 및 취득가액의 산정방법, 농어촌주택등의 보유기간 계산, 농어촌 주택등의 판정기준 등에 관하여 필요한 사항은 대통령령으로 정한다.

법조문에서 알 수 있듯이 농어촌주택등은 크게 농어촌주택과 고향주택으로 세분화된다. 상당히 복잡해 보이는 위 내용을 몇 줄로 간략하게 정리하여 농어촌주택과 고향주택의 개념을 각각 설명하면 다음과 같다.

농어촌주택

1. 수도권, 도시지역, 토지거래허가구역, 투기지역, 관광단지를 제외한 전국의 읍·면 지역에 있는 주택. 단, 기존에 소유하고 있는 일반주택이 있는 읍·면 지역이 아니어야 함.

2. 대지면적 660㎡ 이하인 주택.

3. 기준시가 2억 원(대통령령이 정하는 한옥은 4억 원) 이하인 주택.

4. 2003년 8월 1일~2017년 12월 31일에 취득한 주택(연장 가능성 있음).

고향주택

1. 수도권, 도시지역, 토지거래허가구역, 투기지역, 관광단지를 제외한 전국의 읍·면 지역에 있는 주택. 단, 기존에 소유하고 있는 일반주택이 있는 읍·면 지역이 아니어야 함.

2. 10년 이상 거주한 사실이 있는 지역에 있는 주택. 단, 취득 당시 인구 등을 고려하여 대통령령으로 정하는 시 지역만 해당함.

3. 대지면적 660㎡ 이하인 주택.

4. 기준시가 2억 원(대통령령이 정하는 한옥은 4억 원) 이하인 주택.

5. 2009년 1월 1일~2017년 12월 31일에 취득한 주택(연장 가능성 있음).

위에 정리한 항목들을 모두 충족하는 농어촌주택등을 3년 이상 보유한 상태에서 기존에 소유하고 있던 일반주택을 판매할 경우 양도소득세를 면제받을 수 있다.

상속, 이농, 귀농에 따른 농어촌주택에 대한 과세특례

그런데 이 농어촌주택의 경우 비과세특례 규정이 하나 더 있다. 앞에서 살펴본 것은 '조세특례제한법 제99조의4 농어촌주택등 취득자에 대한 양도소득세 과세특례'에 대한 것이다. 다른 하나는 '소득세법 시행령 제155조 제7항에 따른 농어촌주택 비과세 특례'다. 두 규정의 요건이 서로 조금 다르기 때문에 혼동하지 않도록 주의해야 한다. 우선 소득세법 시행령 제155조 제7항의 법조문을 한번 살펴보자.

소득세법 시행령 제155조 [1세대 1주택의 특례]

⑦ 다음 각 호의 어느 하나에 해당하는 주택으로서 「수도권정비계획법」 제2조 제1호에 따른 수도권(이하 이 조에서 "수도권"이라 한다) 밖의 지역 중 읍지역(도시지역 안의 지역을 제외한다) 또는 면지역에 소재하는 주택(이하 이 조에서 "농어촌주택"이라 한다)과 그 외의 주택(이하 이 항 및 제11항부터 제13항까지에서 "일반주택"이라 한다)을 국내에 각각 1개씩 소유하고 있는 1세대가 일반주택을 양도하는 경우에는 국내에 1개의 주택을 소유하고 있는 것으로 보아 제154조 제1항을 적용한다. 다만, 제3호의 주택에 대해서는 그 주택을 취득한 날부터 5년 이내에 일반주택을 양도하는 경우에 한정하여 적용한다.(2016.02.17 개정)

　1. 상속받은 주택(피상속인이 취득 후 5년 이상 거주한 사실이 있는 경우에 한한다)(1994.12.31 개정)

　2. 이농인(어업에서 떠난 자를 포함한다. 이하 이 조에서 같다)이 취득일 후 5년 이상 거주한 사실이 있는 이농주택(1994.12.31

개정)

3. 영농 또는 영어의 목적으로 취득한 귀농주택(1994.12.31 개정)

⑨ 제7항 제2호에서 "이농주택"이라 함은 영농 또는 영어에 종사하던 자가 전업으로 인하여 다른 시(「제주특별자치도 설치 및 국제자유도시 조성을 위한 특별법」 제10조 제2항에 따라 설치된 행정시를 포함한다)·구(특별시 및 광역시의 구를 말한다)·읍·면으로 전출함으로써 거주자 및 그 배우자와 생계를 같이하는 가족 전부 또는 일부가 거주하지 못하게 되는 주택으로서 이농인이 소유하고 있는 주택을 말한다.(2016.01.22 개정)

⑩ 제7항 제3호에서 "귀농주택"이란 영농 또는 영어에 종사하고자 하는 자가 취득(귀농 이전에 취득한 것을 포함한다)하여 거주하고 있는 주택으로서 다음 각 호의 요건을 갖춘 것을 말한다.(2016.02.17 개정)

1. 삭제(2016.02.17)

2. 제156조의 규정에 의한 고가주택에 해당하지 아니할 것 (2002.12.30 개정)

3. 대지면적이 660제곱미터 이내일 것(1994.12.31 개정)

4. 영농 또는 영어의 목적으로 취득하는 것으로서 다음 각 목의 어느 하나에 해당할 것(2007.02.28 개정)

   가. 1,000제곱미터 이상의 농지를 소유하는 자가 해당 농지 소재지(제153조 제3항에 따른 농지 소재지를 말한다. 이하 이 조에서 같다)에 있는 주택을 취득하는 것일 것(2016.03.31 개정)

   나. 1,000제곱미터 이상의 농지를 소유하기 전 1년 이내에 해당 농지 소재지에 있는 주택을 취득하는 것일 것(2016.03.31 신설)

   다. 기획재정부령이 정하는 어업인이 취득하는 것일 것

(2016.03.31 목번개정)

5. 세대 전원이 이사(기획재정부령으로 정하는 취학, 근무상의 형편, 질병의 요양, 그 밖에 부득이한 사유로 세대의 구성원 중 일부가 이사하지 못하는 경우를 포함한다)하여 거주할 것 (2014.02.21 신설)

⑪ 귀농으로 인하여 세대 전원이 농어촌주택으로 이사하는 경우에는 귀농 후 최초로 양도하는 1개의 일반주택에 한하여 제7항 본문의 규정을 적용한다.(1994.12.31 개정)

⑫ 제7항의 규정을 적용받은 귀농주택 소유자가 귀농일(귀농주택에 주민등록을 이전하여 거주를 개시한 날을 말하며, 제10항 제4호 나목에 따라 주택을 취득한 후 해당 농지를 취득하는 경우에는 귀농주택에 주민등록을 이전하여 거주를 개시한 후 농지를 취득한 날을 말한다)부터 계속하여 3년 이상 영농 또는 영어에 종사하지 아니하거나 그 기간 동안 해당 주택에 거주하지 아니한 경우 그 양도한 일반주택은 1세대 1주택으로 보지 아니하며, 해당 귀농주택 소유자는 3년 이상 영농 또는 영어에 종사하지 아니하거나 그 기간 동안 해당 주택에 거주하지 아니하는 사유가 발생한 날이 속하는 달의 말일부터 2개월 이내에 다음 계산식에 따라 계산한 금액을 양도소득세로 신고·납부하여야 한다. 이 경우 3년의 기간을 계산함에 있어 그 기간 중에 상속이 개시된 때에는 피상속인의 영농 또는 영어의 기간과 상속인의 영농 또는 영어의 기간을 통산한다.(2016.03.31 개정)

납부할 양도소득세 = 일반주택 양도 당시 제7항을 적용하지 아니하였을 경우에 납부하였을 세액 − 일반주택 양도 당시 제7항을 적용받아 납부한 세액

⑬ 제7항의 규정을 적용받으려는 자는 기획재정부령으로 정하는 1세대 1주택 특례적용신고서를 법 제105조 또는 법 제110조에 따른 양도소득세 과세표준신고기한 내에 기획재정부령으로 정하는 서류와 함께 제출하여야 한다. 이 경우 납세지관할세무서장은 「전자정부법」 제36조 제1항에 따른 행정정보의 공동이용을 통하여 다음 각 호의 서류를 확인하여야 하며, 제1호의 경우 신고인이 확인에 동의하지 아니하는 경우에는 이를 제출하도록 하여야 한다.(2012.02.02 개정)

1. 주민등록표등·초본(2012.02.02 개정)

2. 일반주택의 토지·건축물대장 및 토지·건물 등기부등본 (2012.02.02 개정)

3. 농어촌주택의 토지·건축물대장 및 토지·건물 등기부등본 (2012.02.02 개정)

4. 취득농지의 등기부 등본(2012.02.02 신설)

⑭ 제7항 내지 제13항을 적용함에 있어서 농어촌주택의 범위 등에 관하여 필요한 사항은 기획재정부령으로 정한다.(2008.02.29 직제 개정)

소득세법 시행령은 농어촌주택을 크게 세 가지로 분류하고 있다. 상속받은 농어촌주택, 이농주택, 귀농주택이다. 이를 기준으로 법조문을 간략히 정리해보면 이러하다.

상속받은 농어촌주택

1. 상속으로 인해 취득한 농어촌주택.

2. 서울, 인천, 경기도를 제외한 전국의 읍·면 지역에 있는 주택. 단, 읍 지역이 어도 도시지역(주거지역, 상업지역, 공업지역, 녹지지역)은 해당 안 됨.

3. 피상속인이 5년 이상 거주한 주택.

4. 규모 제한 없음.

5. 주택수에서 제외. 일반주택이 비과세 요건을 충족할 경우 무제한으로 양도 소득세 면제됨.

이농주택

1. 농업 또는 어업에 종사하던 이가 전업으로 인해 다른 지역으로 진출함으로 써 거주할 수 없게 된 주택.

2. 서울, 인천, 경기도를 제외한 전국의 읍·면 지역에 있는 주택. 단, 읍 지역이 어도 도시지역(주거지역, 상업지역, 공업지역, 녹지지역)은 해당 안 됨.

3. 이농인이 5년 이상 거주한 주택.

4. 규모 제한 없음.

5. 주택수에서 제외. 일반주택이 비과세 요건을 충족할 경우 무제한으로 양도 소득세 면제됨.

귀농주택

1. 농업 또는 어업에 종사하기 위해 취득하여 거주하는 주택.

2. 서울, 인천, 경기도를 제외한 전국의 읍·면 지역에 있는 주택. 단, 읍 지역이 어도 도시지역(주거지역, 상업지역, 공업지역, 녹지지역)은 해당 안 됨.

3. 9억 원 이하인 주택.

4. 대지면적이 660㎡ 이내인 주택.

5. 1000㎡ 이상의 농지를 소유해야 함.

6. 귀농일로부터 3년 이상 농업 또는 어업에 종사해야 하며, 그 기간 동안 세대 전원이 이사하여 함께 거주해야 함.

7. 귀농주택 취득일로부터 5년 이내에 기존의 일반주택을 판매할 경우 양도소득세 면제됨. 단, 기존의 일반주택이 비과세 요건을 충족해야 함.

귀농주택의 경우 규정 요건이 상당히 까다로운 편이므로 보다 세심하게 각각의 항목을 체크할 필요가 있다. 누누이 강조하지만 세테크는 재테크의 성공을 위한 기본적이고도 필수적인 요소다. 특히 양도소득세는 세금의 규모가 큰 편인 만큼 해마다 관련 세법을 잘 챙겨보고 숙지해둔다면 불필요한 세금을 내는 일을 막을 수 있다.

05

종합부동산세,
어떤 세금인가

종부세는 일정 규모 이상의 주택 및 토지를 소유한 사람에게 국가가 부과하는 세금이다. 참여정부가 부동산 과다 보유자에 대한 과세를 강화하고 부동산 투기를 억제하기 위해 도입하여 2005년부터 시행되고 있는 제도로, 부동산시장이 들썩이며 급등세를 보일 때마다 정부가 과열된 부동산시장을 안정시키기 위한 목적으로 강화를 거론하곤 하는 대표적인 부동산 보유세 중 하나다.

종부세 납세의무자는 누구인가?

종부세의 과세 기준일은 재산세와 동일하게 매년 6월 1일이다. 따라서 매년 6월 1일 현재 종부세 과세대상 부동산을 소유하고 있는 사람이 종부세 납세의무자가 된다. 종부세의 납세의무자는 주택소유자와 토지소유자로 구분된다. 주택에 대한 종부세 납세의무자는 6월 1일 현재 주택분 재산세의 납세의무자로서 국내에 있는 재산세 과세대상인 주택의 공시가격을 합산한 금액이 6억 원을 초과하는 자다.

한편, 토지에 대한 종부세 납세의무자는 매년 6월 1일 현재 토지분 재산세의 납세의무자로서 종합합산과세의무자와 별도합산과세의무자로 구분된다. 종합합산과세의무자란 국내에 있는 해당 과세대상 토지의 공시가격을 합한 금액이 5억 원을 초과하는 자이고, 별도합산과세의무자란 국내에 있는 해당 과세대상 토지의 공시가격을 합한 금액이 80억 원을 초과하는 자를 말한다.

종부세 과세대상

종부세는 주택(부속토지 포함), 종합합산토지(나대지, 잡종지 등), 별도합산토지(일반건축물의 부속토지 등)로 구분하여 과세대상 여부를 판정한다. 각각의 공시가격을 합산하여 일정 공제금액을 초과하는 경우 과세대상이 된다.

부동산 유형별 종부세 과세대상 구분

구분		부동산 종류	과세대상 여부
건물	주거	주택(아파트, 단독·다가구·다세대), 오피스텔(주거용)	과세
토지	종합합산	나대지, 잡종지, 일부 농지·임야·목장용지 등	과세
		재산세 분리과세대상 토지 중 기준 초과 토지	과세
		재산세 별도합산과세대상 토지 중 기준 초과 토지	과세
		재산세 분리과세·별도합산과세대상이 아닌 모든 토지	과세
	별도합산	일반건축물의 부속토지(기준면적 범위 내의 것)	과세
		법령상 인·허가 받은 토지	과세

자료: 국세청

종부세 공제금액

종부세는 과세대상 부동산을 유형별로 구분하여 인별로 전국합산한 공시가격이 다음의 공제금액을 초과하는 경우에만 과세된다.

과세대상 유형별 공제금액

과세대상 유형과 과세단위 구분	공제금액	비고
주택	6억 원*	인별로 전국합산하여 계산함
종합합산토지(나대지, 잡종지 등)	5억 원	
별도합산토지(일반건축물의 부속 토지 등)	80억 원	

*단, 주택의 경우 1세대 1주택자는 9억 원 공제

종부세 과세표준

종부세의 과세표준 산정은 주택과 토지로 구분하여 계산된다. 먼저 주택은 건물 및 부속토지를 통합하여 평가한 공시가격을 기준으로 인별로 전국합산한 후 일정금액을 공제한 금액에 공정시장가액비율을 곱하여 과세표준이 산정된다. 다음으로 토지는 국내에 있는 종합합산토지와 별도합산토지의 공시가격(개별공시지가)을 각각 인별로 전국합산한 후 일정금액을 공제하고 공정시장가액비율을 곱하여 과세표준이 산정된다.

과세대상에 따른 과세표준

과세대상	과세표준	공시가격기준
주택	(주택 공시가격을 인별로 전국합산한 가액 - 6억 원*) × 80%	주택공시가격

종합합산토지 (나대지, 잡종지 등)	(토지 공시가격을 인별로 전국합산한 가액 - 5억 원) × 80%	개별공시지가
별도합산토지 (일반건축물의 부속토지 등)	(토지 공시가격을 인별로 전국합산한 가액 - 80억 원) × 80%	개별공시지가

* 단, 1세대 1주택자의 경우 9억 원

과세표준 합산이 배제되는 경우

과세표준 합산이 배제되는 경우는 세 가지다.

첫째, 임대주택(매입임대주택, 건설임대주택, 미임대 민간건설 임대주택, 기존 임대주택, 리츠·펀드 매입임대주택, 미분양 매입임대주택).

둘째, 사원용 주택 등(기숙사, 사원용주택, 주택건설업자의 미분양주택, 가정 어린이집용 주택, 시공자가 대물변제 받은 미분양주택, 연구기관의 연구원용 주택, 등록문화재 주택, 기업구조조정부동산투자회사 등이 2014년 12월 31일까지 취득한 미분양 주택, 기업구조조정부동산투자회사 등과 매입약정에 따라 취득한 미분양주택, 신탁업자가 2012년 12월 31일까지 취득한 미분양주택, 노인복지법에 따라 설치한 노인복지주택, 향교재산법에 따른 향교 또는 향교재단이 소유한 주택의 부속토지).

셋째, 주택신축용 토지.

종부세 세율

종부세를 계산할 때 적용하는 세율은 주택분, 종합합산토지분, 별도합산토지분인 경우가 각각 다 다르며, 금액에 따라 누진세율로 적용된다. 이를 정리한 것이 다음의 표다.

종부세 세율

주택분			종합합산토지분			별도합산토지분		
과세표준*	세율	누진공제	과세표준*	세율	누진공제	과세표준*	세율	누진공제
6억 이하	0.5%	-						
12억 이하	0.75%	150만 원	15억 이하	0.75%	-	200억 이하	0.5%	-
50억 이하	1%	450만 원						
94억 이하	1.5%	2,950만 원	45억 이하	1.5%	1,125만원	400억 이하	0.6%	2,000만 원
94억 초과	2%	7,650만 원	45억 초과	2%	3,375만원	400억 초과	0.7%	6,000만 원

* 과세표준＝(유형별 공시가격 합계액 - 공제금액)×공정시장가액비율 (80%)

종부세 부담 상한액

종합부동산세법에서는 급격한 종부세 증가로 인한 부담을 막기 위해 각 과세대상 유형별로 해당연도에 부과된 재산세액과 세부담 상한액 적용 전 종부세 상당액의 합계액이 전년도와 비교하여 150%를 초과하는 경우 그 초과액은 종부세액에서 공제하여 계산하도록 하고 있다.

전년도 총 세액상당액　　×　150%　≥　해당연도 총 세액상당액
(재산세 + 종합부동산세)　　　　　　　　　　(재산세 + 종합부동산세)

종부세의 고지와 납부

과세기준일인 매년 6월 1일 현재 소유하고 있는 부동산을 기초로 종부세의 과세여부가 결정된다. 이때 관할세무서장이 납부할 세액을 결정·고지한다. 종부세 납세의무자는 납부기간(12월 1일~15

일)에 금융기관을 직접 방문하여 납부하거나 가상계좌, 인터넷뱅킹, 홈택스(www.hometax.go.kr) 접속을 통해 전자 납부할 수 있다. 단, 납세자가 자진신고를 원할 경우에는 고지와 관계없이 납부기간(12월 1일~15일)까지 신고·납부할 수 있으며, 이 경우 당초 고지된 세액은 취소된다.

만일 종부세로 납부할 세액이 500만 원을 초과하는 경우 세액의 일부를 납부기한 경과 후 2개월 이내에 분할납부할 수 있다. 분할납부할 수 있는 세액은 두 단계로 나뉜다. 총 납부 세액이 500만 원 초과 1,000만 원 이하일 경우, 500만 원을 먼저 납부하고 나머지 금액은 분할납부할 수 있다. 총 납부 세액이 1,000만 원을 초과하는 경우에는 총액의 2분의 1 이상을 먼저 납부하고 나머지 금액은 분할납부할 수 있다.

또한 종부세가 과세되는 경우에는 종부세로 납부할 세액의 20%에 해당하는 농어촌특별세도 함께 납부해야 한다.

종부세 절세 이렇게 하라

부동산가격이 상승함에 따라 종부세 역시 엄청나게 증가하고 있다. 따라서 종부세 절감을 위한 전략이 그 어느 때보다 필요한 시점이다. 어떻게 하면 종부세를 줄일 수 있을까? 종부세를 줄일 수 있는 방법은 크게 세 가지 정도로 볼 수 있다.

첫째, 종부세 과세기준일인 6월 1일 이전에 주택을 처분한다. 이는 종부세 부담을 줄일 수 있는 가장 확실한 방법이다. 하지만 1세대 1주택이거나 양도소득세 등의 문제로 처분이 곤란한 경우가 있으므로 신중하게 결정해야 한다.

둘째, 증여를 통해 종부세를 줄인다. 단, 증여세를 부담해야 한다는 난점이 있는 만큼 향후 있을 수 있는 종부세 등 보유세 강화에 따른 세부담의 정도와 비교해 본 후 증여세를 낼 것인지 종부세를 낼 것인지를 선택하면 된다.

셋째, 다주택자인 경우 임대사업자로 등록해 종부세 부담에서 탈출한다. 이는 향후 가파르게 늘어날 수도 있는 종부세 부담을 피하기 위한 현명한 전략이 될 수 있다.

지난 몇 년간 부동산시장은 가파르게 상승하고도 쉽사리 그 열기가 식지 않고 있다. 정부는 이러한 부동산시장을 안정화시키기 위해 앞으로 보유세, 그중에서도 특히 종부세를 올릴 가능성이 높다. 따라서 부동산 재테크에 있어 보유세 부담을 최소화하는 전략을 세우는 것이, 신규 투자기회를 찾는 것 못지않게 중요하다는 것을 명심해야 한다.

06

각종 세금에 대한 감면,
비과세 규정을 활용하라

세금부과의 대원칙은 '소득이 발생하는 곳에 세금이 있다'는 것이다. 세금은 사람을 차별하지 않는다. 소득이 발생한 사람이 누구냐 하는 것에는 관심 없다. 오직 얼마의 소득이 발생했느냐 하는 것에만 관심이 있을 뿐이다. 이런 원칙을 적용하기 때문에 소득이 발생한 사람은 누가 됐든 세금을 납부해야 한다. 예를 들어 부동산을 처분해 양도소득이 발생한 경우에는 양도소득세를, 부모님 혹은 지인으로부터 재산을 증여받은 경우에는 증여세를, 열심히 일하고 급여를 받는 경우에는 근로소득세를, 저축으로 인해 이자를 받는 경우에는 이자소득세를 납부해야 하는 것이다.

예외 없는 원칙은 없다

그러나 세금부과의 대원칙은 본질을 훼손하지 않는 범위 내에서 예외를 허용하고 있다. 그것은 바로 각종 비과세와 감면에 관한 것들이다. 가장 대표적인 것으로 1세대 1주택에 대한 비과세 규정이 있는 양도소득세를 꼽을 수 있는데, 이는 소득이 얼마나 발생했느냐가 아니라 소득이 발생한 사람이 누구냐에 관심을 가짐으로써 생겨난 규정이다.

양도소득세 외의 다른 세금에도 세금부과 시 적용하는 각각의 기본원칙과 예외가 있기 마련이다. 이때도 역시 기본원칙은 소득이 얼마나 발생했느냐에, 예외는 주로 당해 소득이 발생한 사람이 누구냐에 주목하고 있다.

부동산 관련 비과세·감면 어떤 것들이 있을까

하나, 1세대 1주택에 대한 양도소득세 비과세. 1세대 1주택의 범위에 속하는 주택은 양도소득세를 비과세하며, 8년 이상의 자경농지와 조건을 갖춘 농지의 교환 또는 분합에 대해서도 양도소득세를 비과세한다.

둘, 임대주택사업자의 거주주택 비과세 특례. 장기임대주택과 그 밖의 1주택(거주주택)을 소유한 1세대가 거주주택을 양도할 경우, 다음 두 가지 요건을 충족하면 1세대 1주택으로 보고 양도소득세를 비과세한다.

요건 1. 거주주택은 2년 이상 보유하고 2년 이상 거주하여야 함.
요건 2. 장기임대주택은 법령에 따른 장기임대주택으로 세무서와 시·군·구청에 사업자등록을 하고 5년 이상 임대해야 함. 또한 임대개시일 당시 기준시가가 수도권은 6억 원, 그 밖의 지역은 3억 원 이하여야 함.

셋, 장기임대주택에 대한 양도소득세 감면. 임대주택을 5채 이상 임대하는 거주자가 해당 임대주택을 양도할 경우, 다음의 요건들을 충족하면 임대기간과 주택의 유형에 따라 양도소득세의 50% 또는 100%를 감면받을 수 있다.

요건 1. 임대주택은 국민주택 규모(전용면적 85㎡ 이하)여야 함.

요건 2. 1986년 1월 1일~2000년 12월 31일에 신축된 주택이어야 함.

요건 3. 2000년 12월 31일 이전에 임대를 개시하여 5년 이상 임대를 한 주택이어야 함.

넷, 준공공임대주택 등에 대한 양도소득세 감면. 주택을 장기임대할 목적으로 매입하여 준공공임대주택으로 등록하고 10년 이상 임대한 후 양도할 경우, 다음의 요건들을 충족하면 임대기간 중 발생한 양도소득세를 전부 감면받을 수 있다.

요건 1. 2017년 12월 31일까지 민간매입임대주택이나 공공매입임대주택을 취득하여 3개월 이내에 준공공임대주택으로 등록해야 함.

요건 2. 임대주택은 국민주택 규모(전용면적 85㎡ 이하)여야 함.

요건 3. 10년 이상 준공공임대주택으로 임대해야 함.

요건 4. 임대보증금 또는 임대료 인상률이 연 5% 이하여야 함.

다섯, 신축주택 취득자에 대한 양도소득세 감면. 신축주택을 취득한 뒤 5년 이내에 양도하면 취득일부터 양도일까지 발생한 양도소득금액을 양도소득세의 과세대상소득금액에서 빼주고, 5년이 지난 후 양도하면 취득일부터 5년간 발생한 양도소득세를 양도소득세 과세대상소득금액에서 빼준다. 이때 신축주택은 아래의 요건들을 모두 충족해야 한다. 단, 신축주택이 고가주택이거나 미등기 양도인 경우에는 아래의 요건을 충족해도 양도소득세가 감면되지 않는다.

요건 1. 2000년 11월 1일~2001년 12월 31일 기간 중 비수도권 지역에 지어진 신축 국민주택을 취득한 경우(2001년 1월 1일 이후 양도분부터 적용).

요건 2. 2001년 5월 23일~2003년 6월 30일 기간 중 전국의 모든 신축주택을 취득한 경우(2001년 8월 14일 이후 양도분부터 적용). 단, 서울특별시, 과천시 및 택지개발예정지구로 지정·고시된 5대 신도시(분당, 일산, 평촌, 산본, 중동) 지역 내에 있는 신축주택의 경우는 2003년 1월 1일 이후 취득분부터 감면을 배제함.

여섯, 상속세 비과세제도. 상속과 관련해 다음의 재산에 대해서는 상속세를 비과세한다. ① 전사 및 이에 준하는 사망 또는 전쟁 및 이와 유사한 공무로 사망한 경우 피상속인의 모든 재산. ②

국가, 지방자치단체, 기타 공공단체에 유증(유언에 의한 증여)한 재산. ③ 문화재 보호구역 안의 토지. ④ 분묘에 속한 9,900m² 이내의 금양임야˚와 1,980m² 이내의 묘토인 농지(2억 원 한도). ⑤ 족보와 제구(1,000만 원 한도) 등이다.

일곱, 종부세의 비과세 및 감면. 종합부동산세법은 다음과 같이 종부세를 비과세 혹은 감면할 수 있도록 규정하고 있다.

종합부동산세법 제6조(비과세 등)

① 「지방세특례제한법」 또는 조세특례제한법에 의한 재산세의 비과세·과세면제 또는 경감에 관한 규정(이하 "재산세의 감면규정"이라 한다)은 종합부동산세를 부과함에 있어서 이를 준용한다. <개정 2010.3.31.>

② 「지방세특례제한법」 제4조에 따른 시·군의 감면조례에 의한 재산세의 감면규정은 종합부동산세를 부과함에 있어서 이를 준용한다. <개정 2010.3.31.>

③ 제1항 및 제2항의 규정에 의하여 재산세의 감면규정을 준용함에 있어서 그 감면대상인 주택 또는 토지의 공시가격에서 그 공시가격에 재산세 감면비율(비과세 또는 과세면제의 경우에는 이를 100분의 100으로 본다)을 곱한 금액을 공제한 금액을 공시가격으로 본다. <개정 2005.12.31.>

④ 제2항에 규정된 시·군의 감면조례에 의한 재산세의 감면규정 또는 분리과세규정에 따라 종합부동산세를 경감하는 것이 종합부동산세를 부과하는 취지에 비추어 적합하지 않은 것으로 인정되는 경우로서 대통령령이 정하는 경우에는 종합부동산세를 부과함에 있어서 제2항의 규정 또는 그 분리과세규정을 적용하지 아니한다.

이 밖에도 다양한 비과세 및 감면 규정들이 있다. 이를 아느냐 모르느냐는 새나가는 돈을 막을 수 있느냐 없느냐와 직결된다. 지속적인 투자수익을 얻는 것도 중요하지만 재테크에 성공하기 위해서는 지출을 통제하는 것 또한 필수적이다. 지출을 통제하기 위해 세법에서 규정하고 있는 각종 세금들에 대한 비과세·감면 규정을 적극 활용하는 지혜가 필요하다.

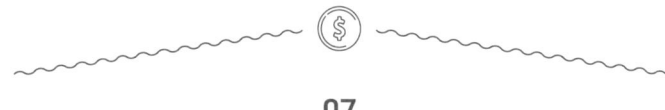

07

매매 시에는 반드시
과세기준일을 챙겨라

각종 부동산을 매매하는 데 있어 꼭 챙겨야 할 사항 중의 하나가 바로 과세기준일이다. 그 이유는 원칙적으로 부동산은 매매절차가 끝남과 동시에 소유권이 즉시 이전되는데, 세금은 소유권과 함께 즉시 이전되지 않는 경우가 종종 있기 때문이다. 주로 종부세와 재산세로 대표되는 보유세가 그렇다. 따라서 보유세의 이러한 특징을 염두에 둔다면 추가적인 지출을 사전에 막을 수 있다.

보유세 과세기준일을 챙겨라

보유세는 재산세와 재산세에 연계된 지방교육세 및 도시계획세, 그리고 종부세와 종부세에 관련된 농어촌특별세를 말한다. 이 중 지방교육세와 도시계획세는 재산세 금액에 따라, 농어촌특별세는 종부세 금액에 따라 결정되므로 재산세와 종부세의 과세기준일만 챙겨두면 된다.

재산세의 과세기준일은 종부세와 마찬가지로 매년 6월 1일이다. 따라서 6월 1일 현재의 사실상 소유자가 재산세와 종부세의 납세의무자가 된다. 다음 표는 재산세에 관한 내용이다.

재산세

대상	과세기준일	납부기간	납부방법	주무관청
건물분 재산세 주택분 재산세의 1/2	매년 6월 1일	7.16~7.31	고지납부	시·군·구
토지분 재산세 주택분 재산세의 1/2		9.16~9.30		

표를 보면 과세기준일은 6월 1일인데 납부일은 각각 7월 31일, 9월 30일까지로 과세기준시점과 실제 납부시점 사이에 차이가 있음을 알 수 있다. 이로 인해 진정한 씨 사례와 같은 상황이 발생하게 되는 것이다.

● **사례 30**

2015년 4월 말 진정한 씨는 집을 조금 넓혀 110㎡로 이사 가기 위해 7년간 살던 79㎡ 아파트를 처분하게 되었다. 계약은 4월 말에 했고, 매수인이 잔금은 6월 5일에 지급하겠다고 하기에 별 생각 없이 그러자고 했다. 계약은 순조롭게 진행되어 진정한 씨는 110㎡ 아파트로 기분 좋게 이사할 수 있었다. 그러나 집을 처분한 지 1달 뒤에 문제가 생겼다. 7월 31일까지 예전에 살던 79㎡ 아파트의 재산세를 납부하라는 고지서가 날아온 것이다. 매수자에게 전화를 건 진정한 씨. "재산세 고지서가 저한테 잘못 온 것 같아요. 재산세 내실 때가 된 것 같습니다." 이렇게 말했더니 매수자가 하는 말. "뭔가 잘못 알고 계시는 것 같군요. 그 재산세는 매도자인 선생님께서 내셔야 되는 세금입니다. 그리고 9월에 한 번 더 납부하셔야 한다는 것도 참고삼아 알아두세요." 대체 이게 무슨 일인가! 집을 팔았으면 끝이지 팔고 나서 몇 달이 지났는데도 재산세를 내야 된다니! 이리저리 알아본 결과 매수자의 얘기가 틀리지 않다는 사실을 알게 된 진정한 씨. 생돈 30만 원이 그렇게 아까울 수 없었다고 한다.

그렇다면 종부세는 어떤가? 종부세는 잘 챙겨두지 않으면 재산세보다 더 속 쓰리고 아픈 경우를 당할 수밖에 없다. 아니, 공시가격이 높은 면적의 주택이라면 속 쓰리고 아픈 것을 넘어 적지 않은 금전적 손해까지 감수해야만 한다. 수백만 원을 납부해야 할 수도 있기 때문이다. 그러므로 종부세, 재산세의 과세기준일이 6월 1일이라는 것을 반드시 기억하도록 하자.

매매 시 추가지출을 예방하는 방법

사정상 과세기준일 전후에 부동산을 매매해 종부세 및 재산세를 누가 내느냐를 두고 다툼이 생길 소지를 사전에 예방할 수 있는 확실한 방법이 있다. 계약서에 종부세와 재산세를 누가 낼 것인지 특약사항으로 기재하면 된다. 이렇게 해두면 다툼이 생길 이유가 전혀 없다.

그러나 종부세와 재산세 문제를 고려하지 못해 계약서에 보유세를 누가 부담할 것인지를 기재하지 못했을 때는 어떻게 하면 좋을까? 이럴 경우 집을 처분한 사람은 6월 1일 전까지(즉 5월 31일까지) 잔금을 지불받아 계약을 종결하면 보유세 납부의무가 사라진다. 반대로 집을 구입한 사람은 6월 1일 이후에 잔금을 지불해 계약을 종결하면 보유세라는 추가지출을 예방할 수 있다.

부동산을 매매할 때 활용할 수 있도록 보유세 납세기준일만이라도 정확히 파악해 두자. 6월 1일이라는 날짜 하나만 기억하면 된다. 물론 아무리 단순한 것이라도 쉽게 잊어버릴 수는 있다. 그러나 깜박한 대가치고는 경제적 손실이 너무 클 수 있다는 점을 명심해야 한다. 과세기준일, 아는 만큼 예상외의 지출을 줄일 수 있다.

08

임대주택사업자제도를
활용하라

과거와 같은 두 자릿수 금리는 기억 속에서나 존재하는 추억이
된 것 같다. 저금리는 이제 피할 수 없는 대세다. 따라서 재테크 수
단으로 소형 아파트나 오피스텔을 매입해 임대사업을 하는 것도
현명한 선택이 될 수 있다. 특히 주택임대사업은 상가에 비해 수익
률이 결코 적지 않는 데다 경기변동에 크게 영향을 받지 않으면서
상가에 비해 각종 관리 및 유지·보수비용이 덜 든다는 장점이 있어
재테크 차원에서 적극적으로 관심을 기울일 만하다.

왜 임대주택사업인가?

임대사업은 세 가지 측면에서 매력적인 선택이 될 수 있다.

첫째, 임대사업은 시중금리보다 나은 수익을 안정적으로 올릴
수 있다. 시중은행의 예금금리가 1%대인 점을 감안한다면 연 6%
대의 임대수익은 상당히 매력적이다.

둘째, 임대수익뿐만 아니라 향후 소유 부동산가격이 오르면 그에 따른 자본이득을 기대할 수 있다.

셋째, 이미 여러 채의 주택을 소유하고 있는 다주택자인 경우 임대사업을 통해 양도소득세나 종합부동산세를 절감할 수 있으므로 세테크 수단으로도 활용할 수 있다.

임대주택사업, 어떤 곳이 유망할까?

그렇다면 어떤 곳이 임대주택사업에 적합한 지역일까? 사업용 임대수택은 가급석 주택가격을 결정하는 여러 요인들이 복합적으로 잘 갖춰진 지역에 있는 것이 좋다. 그러나 현실적으로 모든 조건을 갖추기는 어려운 만큼 가장 중요하게 고려해야 할 조건을 추려보면 크게 세 가지로 요약된다.

첫째, 대중교통 이용이 편리한 곳이어야 한다. 그래야 임대가 잘 나가고 환산 값어치가 높기 때문이다. 이런 조건에 가장 적합한 것으로는 역세권 소형 아파트를 들 수 있다.

둘째, 초기투자 부담은 적을수록 좋다. 가끔 혼동하는 사람들이 많은데 이 말은 대출을 많이 받아 초기투자 부담을 줄이라는 의미가 아니다. 매매가격에 비해 전세가격이 높은 곳을 선택하라는 뜻이다. 그러면 자기자본이 적게 드는 데다 대출이자 부담도 적어 가격변동에 휘둘릴 이유가 없기 때문이다.

셋째, 대단지 아파트를 선택해야 한다. 대단지일수록 학군이나 병원, 쇼핑시설 및 여타 생활편의시설이 잘 갖춰져 있기 때문이다.

이런 이유로 대단지 아파트는 부동산 경기변동 시 호황은 가장 먼저, 불황은 가장 늦게 시작된다.

임대주택사업, 이것만은 주의하라

임대주택사업도 엄연한 사업이자 투자다. 잘못된 결정으로 적지 않은 손실을 감수해야 하는 상황에 처할 수도 있다. 그러므로 임대주택사업을 결정하기에 앞서 다음 세 가지 사항은 꼭 점검하고 넘어가야만 한다.

하나, 보유기간을 점검해야 한다. 임대사업자는 적어도 10년 이상 주택을 보유해야 한다. 10년이면 강산도 변한다는 말이 있다. 장기적인 관점에서 부동산가격이 어떤 흐름을 보일지에 대한 면밀한 검토가 선행되지 않는다면, 주택을 보유하고 있는 동안 임대수익은 얻겠지만, 주택가격상승에 따른 자본이득은 얻을 수 없을지도 모른다는 점을 명심해야 한다.

둘, 투자자금의 성격을 점검해야 한다. 임대사업은 투자자금을 회수하기까지 꽤 오랜 시간이 걸린다. 따라서 자기자본의 비중이 높을수록 안전하다. 지나치게 레버리지 효과에 집착해 과도한 대출을 받아 임대사업에 나섰다가는 큰 낭패를 보게 될 수도 있다. 집 값은 오르기도 하고 내리기도 한다. 항상 오르기만 할 것이라는 착각 속에 막무가내식으로 임대사업을 하려는 것은 아니지 진지하게 검토해 봐야 한다.

셋, 사전준비가 철저히 되어 있는지 점검해야 한다. 일단 임대사업을 계획하고 있다면 사업시작 전에 적격 후보지를 선정하고, 반드시 해당 지역의 임대료 수준을 파악해 두어야 한다. 막연히 '보증금 얼마에 월세 얼마' 혹은 '전세 얼마' 하는 식이 되어서는 곤란하다. 발품을 팔고 해당 지역의 공인중개사 사무소를 방문해 적정 임대시세를 정확히 조사해 두어야 훗날 임대사업을 할 때 요긴하게 활용할 수 있나. 사신이 임내하고 있는 주택의 적정 임대료를 훤하게 알고 있는 집주인은 세입자에게 휘둘리지 않지만 그렇지 못한 집주인은 휘둘릴 수밖에 없다.

임대사업자제도는 잘만 활용하면 안정적인 임대수익과 함께 적지 않은 자본이득을 올릴 수 있는 좋은 제도다. 게다가 각종 세제혜택까지 덤으로 얻을 수 있으니 그야말로 금상첨화가 아닐 수 없다. 현재 다주택자이거나 주택을 재테크 수단으로 활용하고자 하는 투자자라면 임대사업자제도를 적극 활용할 것을 권한다.

09

영수증 챙기는 것을
즐겨라

영수증을 잘 챙겨두는 습관이 새는 돈을 막아주는 가장 좋은 방법 중 하나로 자리 잡은 것은 이미 오래전 일이다. 과거에는 공과금이나 세금관리 체계가 매우 허술해 납부했는데도 납부하지 않은 것으로 되어 있는 일이 자주 발생했다. 납부영수증이 없을 경우 이중으로 세금을 납부하는 불이익을 감수해야만 했던 시절이었다. 그때는 이중납부를 예방하고자 영수증을 챙겼다면, 오늘날에는 그것보다는 각종 필요경비로 인정받기 위해 챙기는 경우가 대부분이다. 영수증을 챙겨야 하는 이유도 시간의 흐름에 따라 조금씩 변해 온 것이다.

영수증과 필요경비공제

영수증과 필요경비공제는 떼려야 뗄 수 없는 관계에 있다. 영수증을 잘 챙겨두었느냐에 따라 납부해야 할 세금의 액수가 크게 달라질 수 있기 때문이다. 특히 부동산과 관련해서는 양도소득세를 절세하는 데 큰 도움이 된다. 다음은 필자가 1세대 1주택에 따른 양도소득세 비과세에 해당되지 않아 양도소득세를 납부해야 하는 상황에서 절세방안을 문의한 고객에게 합법적으로 양도소득세를 절세할 수 있는 방법을 알려드린 상담사례다.

질문. 산본에 있는 27평 아파트를 사업상 문제로 인해 처분하려고 합니다. 제가 아파트를 보유한 지는 약 2년 6개월 된 것 같습니다. 주위에서 말하기를 보유기간 3년을 다 채우지 못해 양도소득세를 내야 한다고 하더군요. 제가 궁금한 것은 양도소득세를 내야 한다면 얼마나 내야 하는지, 혹시 합법적인 범위 내에서 절세방안은 없는지 등에 관한 것입니다. 조금이라도 절세할 수 있는 방안이 있다면 꼭 알려주십시오. 참고로 저는 현재 1세대 2주택이기는 하지만 중과세 대상은 아니라고 합니다.

답변. 안타깝네요. 일단 양도소득세를 감안하더라도 처분하셔야 할 상황인 만큼 다음 사항들을 꼼꼼히 챙기시기 바랍니다. 양도소득세 산정에 있어 우리 세법은 필요경비라는 것을 인정하고 있습니다. 이러한 필요경비 중에 가장 대표적인 것으로 부동산 중개수수료, 인지대, 법무사 수수료, 공증비용, 계약서 작성비용, 취득세, 등록세 납부세액 등을 들 수 있습니다.
또한 자본적 지출에 들어간 필요경비가 있는데, 자본적 지출이란 보유기간 동안 자산의 가치를 현저히 증가시키거나 내용연수의 연장 또는 개량목적에 소요된 비용을 말합니다. 대표적인 것으로는 주택의 이용편의를 위한 베

란다 새시나 확장공사 등 내부시설의 개량에 들어간 공사비를 들 수 있습니다. 그러므로 위와 같은 항목들에 대한 영수증을 잘 정리하셔서 양도신고 하실 때 빠짐없이 제출하시면 적지 않은 세금을 절약할 수 있을 겁니다.

양도소득세를 한 푼이라도 절세하기 위해서는 부동산을 구입하는 순간부터 판매가 완료되는 순간까지 들어가는 각종 비용 관련 영수증을 빠짐없이 모아두어야 한다. 양도소득세뿐만 아니라 부가가치세, 종합소득세 등을 절세하는 데도 영수증을 모아두면 매우 유용하다.

절세는 영수증 챙기기에서부터 시작된다. 영수증을 저축하듯 차곡차곡 모아 절세할 준비를 하라!

10

대출상품을
챙겨라

부동산과 레버리지 효과는 떼려야 뗄 수 없는 관계라고 할 수 있다. 일반적으로 '레버리지 효과의 활용＝은행대출의 활용'이라는 공식이 성립되어 있다. 실제로 부동산투자의 귀재라 불리는 사람들뿐만 아니라 서민들도 부족한 투자자금을 도와주는 도우미로 은행을 적극 활용하고 있다.

은행별로 대출금리가 다르다

투자목적이든 실수요 목적이든 은행에서 대출을 받아 투자자금을 확보할 때 반드시 주의를 기울여야 할 부분이 하나 있다. 바로 대출에 따른 이자부담을 감당할 수 있느냐 하는 것이다. 요즘처럼 대출금리가 상승세를 보일 때는 더욱 그렇다. 대출금리가 오르면 당연히 대출이자 부담이 늘어난다. 문제는 대출이자 부담이 늘어나면 그만큼 가계부담도 늘어날 수밖에 없다는 데 있다.

예를 들어 기준금리 인상이 주택담보대출금리 인상으로 이어져 이자가 연간 50만 원 늘어났으며 향후 경기회복 가능성이 커지면서 기준금리가 지속적으로 상승할 것이라는 전망이 우세하다고 가정하자. 이럴 경우 대출이자 부담이 늘어나는 것을 두려워해 부동산을 처분하려는 소비자들이 나타나기 마련인데 이는 주택보유에 따른 미래의 자본이득을 포기하는 결과로 이어진다는 점에서 또 다른 형태의 가계부담이 되는 것이다. 이러한 악수를 두지 않기 위해서는 조금이라도 이자부담이 덜한 대출상품을 찾아야 한다.

금리가 낮은 대출상품을 찾는 것은 '부담을 초과하는 선택'을 예방하는 전략임과 동시에 새나가는 돈을 막아주는 좋은 재테크 전략이다. 그런데 많은 사람들이 금리에 대해 착각하고 있는 것이 하나 있다. 일단 기준금리가 정해지면 어느 은행이든 대출상품의 금리와 상환 조건이 거의 같을 것이라고 생각하는 것이다. 그러나 대

시중 주요은행의 변동금리부 주택담보 대출금리(분할상환방식)

은행명	최저금리	최고금리
국민은행	2.89%	4.29%
신한은행	2.82%	4.13%
중소기업은행	3.0%	3.3%
KEB하나은행	3.01%	4.01%
한국씨티은행	2.15%	4.11%
농협은행	2.35%	3.94%
우리은행	3.17%	4.38%
한국스탠다드차타드은행	2.73%	3.33%
광주은행	3.04%	3.94%
부산은행	3.17%	4.47%

자료: 금융모두비교

출상품도 은행에 따라 차이가 있다. 심지어 같은 은행의 대출상품들도 각 상품의 특성에 따라 금리와 상환 조건이 모두 다르다.

부지런히 대출상품에 대한 정보를 얻어라

대출을 받아본 사람이라면 이 은행 저 은행을 찾아다니면서 상담을 받는 것이 얼마나 힘들고 스트레스 받는 일인가를 잘 알고 있을 것이다. 그래서인지 열에 아홉은 가장 방문하기 편한 은행 두어 군데만 들러 상담을 하고는 큰 고민 없이 대출을 받는다. 그러나 이런 방식으로 대출상품을 선택하는 것은 참으로 바보 같은 짓이 아닐 수 없다. 굳이 오프라인이 아니더라도 인터넷에만 접속하면 다양한 대출상품을 얼마든지 비교해 볼 수 있고 대출정보까지 제공받을 수 있다. 문명의 혜택을 활용해 얼마든지 좋은 상품을 선택할 수 있음에도 불구하고 포기하고 있는 것이다.

이 세상에 노력 없이 얻을 수 있는 것은 아무것도 없다. 하물며 재테크는 더 말해 무엇 하겠는가! 한 푼이라도 절약할 수 있는 방법이 있다면 그것을 선택해야 한다. A은행의 대출상품과 B은행의 대출상품의 금리차이가 0.1%라고 가정하자. 몇 달 혹은 몇 년은 0.1%의 대출금리 차이가 어떤 영향을 주는지 크게 느끼지 못할 수도 있다. 그러나 1년이 지나고 2년이 지나고, 또 5년이 지나고 10년이 지난 후에도 그 차이를 느끼지 못할까? 시간 앞에 장사 없고 떨어지는 물방울을 이기는 돌덩이도 없는 법이다. 작은 것이 모여 큰 것이 된다. 대출이 바로 그렇다. 지금 당장은 크게 느끼지 못하는

0.1%의 차이가 모여 엄청난 금액이 된다는 점을 결코 잊어서는 안 된다.

11

중개수수료,
윈윈할 수 있다

부동산거래를 하는 방식은 크게 두 가지로 나눌 수 있다. 당사자들끼리 직접 거래하는 방식과 공인중개사 사무소를 통해 거래하는 방식이다. 당사자들끼리 직접 거래하는 경우는 거래에 따른 비용, 즉 중개수수료를 절약하기 위해서인 경우로 매우 드물게 이루어지는 거래 방식이다. 대부분은 비용을 지불하면서 공인중개사 사무소를 통해 거래한다. 그 이유는 거래의 안정성이 당사자 간 직접거래와 비교할 수 없을 정도로 높기 때문이다. 공인중개사 사무소는 공제가입을 통해 공인중개사의 고의나 과실에 의해 경제적 손실이 발생할 경우, 최대 개인 1억 원, 법인 2억 원의 범위 내에서 보상해주는 안전장치를 마련해 놓고 있다.

중개수수료 분쟁, 무엇이 문제인가?

안전을 위해 공인중개사 사무소를 통해 거래하는 사람이 늘어날

수록 그 대가로 지불하는 중개수수료에 대한 다툼도 증가해 왔다. 중개수수료와 관련된 전형적인 분쟁은 법정수수료를 초과해서 중개수수료를 요구하는, 이른바 '과다수수료'와 관련된 것이다. 다음에 소개할 두 가지 사례가 좋은 정보가 될 것이다.

먼저 월세를 얻으면서 과다수수료를 지불한 박초보 씨의 사례를 살펴보자.

● **사례 31**

갓 대학을 졸업하고 취직한 박초보 씨는 직장 근처인 안산에 집을 구하려 했지만 마땅한 곳이 나타나지 않아 발만 동동 구르고 있었다. 그러던 중 한 중개업소의 소개로 52㎡ 주택을 보증금 1,000만 원 월세 38만 원 조건으로 계약했다. 그런데 계약을 체결한 뒤 중개수수료 얘기를 들은 박초보 씨는 깜짝 놀라고 말았다. 중개업소에서 22만 원을 요구했기 때문이다. 박초보 씨는 결국 22만 원을 지불했지만 사회에 첫발을 내디디면서 집 문제로 얼굴을 붉혔다는 사실에 불쾌한 마음이 가시지 않았다. 중개수수료 규정에 따른 최대금액이 18만 3,000원이었기 때문이다.

월세의 중개수수료 계산법

월세 거래금액=보증금+(월세×100)
단, 위에서 계산된 금액이 5,000만 원 미만인 경우, 보증금+(월세×

---

70)으로 다시 계산

월세 중계수수료=월세 거래금액×금액대별 수수료 요율(상한요율
이하에서 협의)

따라서 박초보 씨의 월세수수료를 계산하면

월세 거래금액: 10,000,000원+(380,000원×70)=36,600,000원

월세 중계수수료: 36,600,000원×0.5%=183,000원

다음은 상가를 얻으면서 과다수수료를 지불한 오호라 씨의 사
례다.

● **사례 32**

일산에 거주하는 오호라 씨는 2016년 2월 경기도 시흥시에 있는 조
그마한 상가를 처분했다. 처분가격은 3억 1,000만 원이었다. 평소 잘
알고 지내던 중개업소의 직원을 통해 거래를 했던 터라 요구하는 대
로 중개수수료를 지불했고, 자신이 지불한 중개수수료가 적정수준이
라고 굳게 믿었다. 그러나 그로부터 얼마 지나지 않아 우연히 자신이
지불한 중개수수료가 지나치게 많았다는 사실을 알게 되었다(참고로
오호라 씨가 지불한 중개수수료는 410만 원이었음). 자신이 잘 몰라
서 생긴 일이려니 하면서도 마음은 편치 않았다.

위의 사례들은 모두 중개수수료에 대한 규정을 제대로 이해하지

못하고 있었기 때문에 발생한 것이다. 중개수수료는 다른 말로 법정수수료라고도 한다. 이는 곧 수수료의 최고한도를 법으로 정해 놓고 있다는 말이다. 그러므로 누구든지 미리 법정수수료에 대해 확인만 한다면 과다수수료를 지불하는 문제는 충분히 예방할 수 있다. 그러나 안타깝게도 대부분의 부동산거래 당사자들이 이를 소홀히 하고 있는 것이 현실이다. 거래하기 전에 법정수수료를 숙지해 두었다가 잘 활용하는 것이 중개수수료 분쟁을 예방하는 가장 확실한 방법이다.

중개수수료도 윈윈할 수 있다

중개수수료 역시 어떻게 준비하느냐에 따라 윈윈할 수도 있고 그렇지 않을 수도 있음을 명심해야 한다. 또한 잘만 하면 중개수수료를 통해 나의 주치 공인중개사를 만들 수도 있다는 점을 잊어선 안 된다.

과다 중개수수료 문제가 일어나는 것은 크게 두 가지 경우로 볼 수 있다. 첫째, 법정수수료를 초과해서 요구하는 경우, 즉 법정수수료율과 한도액을 넘어서는 중개수수료를 요구하는 경우다. 둘째, 법정수수료율만 있고 한도액이 정해져 있지 않은 경우, 법정수수료율의 상한까지 중개수수료를 요구하는 경우다.

첫 번째와 같은 문제가 발생하는 이유는 소비자의 무관심 때문이다. 공인중개사 사무소 한쪽에 분명 중개수수료율표가 게시되어 있음에도 불구하고 대부분 달라는 대로 준다. 중개수수료를 지불하기 전에 이를 한 번만이라도 확인한다면 과다수수료라는 필요 이상의 지출은 충분히 막을 수 있다.

두 번째와 같은 문제가 발생하는 이유는 계약 전에 공인중개사와 수수료에 대한 협의를 하지 않았기 때문이다. 공인중개사는 수수료율의 상한에 해당하는 금액을 중개수수료로 요구할 것이고, 소비자인 거래 당사자는 가장 낮은 수수료율에 해당하는 금액만을 지불하고자 할 것이다. 이런 문제를 예방하기 위해서는 계약 전에 반드시 수수료율에 대해 협의를 해야 한다. 우리나라 사람들은 보통 돈 문제는 뒤로 미루는 경향이 있다. 그러나 부동산 중개수수료는 그 특성상 한쪽은 최대치를, 다른 한쪽은 최소치를 원할 수밖에 없다. 따라서 사전에 협의가 이루어지지 않았다면 당연히 분쟁이 일어날 수밖에 없는 것이다.

이미 수수료에 대한 사전협의 없이 계약이 끝났다면 어떻게 해야 할까? 이때 현명하게 대처하는 것이야말로 새는 돈을 막아 재테크에 성공하는 방법이라고 할 수 있다. 공인중개사도 사람이고, 소비자인 거래 당사자 역시 사람이다. 사람들끼리의 거래이니만큼 얼마든지 비집고 들어갈 틈이 있다. 필자가 아는 어떤 분은 이런 경우 항상 중개수수료를 두 개의 봉투에 나눠 담아 공인중개사에게 준다고 한다. 한 개의 봉투에는 법정수수료를, 또 다른 봉투에는 "좋은 부동산을 소개해 주셔서 감사하다"는 내용의 감사메모와 함께 식사비용 정도를 담는다. 이것이 의외로 공인중개사의 마음을 움직인다는 것이다. 가끔은 따뜻한 마음 씀씀이가 감사하다며 오랫동안 좋은 관계를 유지하면서 투자에 관한 정보를 제공하는 등 주치 공인중개사가 되어주는 경우도 있었다니 가히 일석이조라고 할 수 있을 것이다.

중개수수료에서 윈윈하고 싶은가? 그렇다면 다음 세 가지를 명심하라.

첫째, 중개수수료율표를 챙겨라.

둘째, 사전에 중개수수료를 협의하라.

셋째, 주치 공인중개사를 만들 수 있도록 공인중개사의 마음을 움직여라.

법정 중개수수료율표

	거래내용	거래금액	상한요율	한도액
주택	매매·교환	5,000만 원 미만	0.6%	25만 원
		5,000만 원 이상~2억 원 미만	0.5%	80만 원
		2억 원 이상~6억 원 미만	0.4%	없음
		6억원 이상~9억 원 미만	0.5%	없음
		9억 원 이상	0.9% 이내에서 중개업자와 협의	
	임대차 (매매·교환 이외)	5,000만 원 미만	0.5%	20만 원
		5,000만 원 이상~1억 원 미만	0.4%	30만 원
		1억 원 이상~3억 원 미만	0.3%	없음
		3억 원 이상~6억 원 미만	0.4%	없음
		6억 원 이상	0.3% 이내에서 중개업자와 협의	

	거래내용	상한요율
오피스텔 (전용면적 85㎡ 이하 주거용)	매매·교환	0.5%
	임대차(매매·교환 이외)	0.4%

그 외 부동산 (토지, 상가 등)	거래내용	상한요율
	매매·교환 임대차 등	0.9% 이내에서 중개업자와 협의

월세 거래금액 산정 방법

거래가액	산정 방법
5,000만 원 미만	월세보증금+(월세×70)
5,000만 원 이상	월세보증금+(월세×100)

돈이 되는 부동산 투자법을 알려주는

부동산 투자 교과서

초판 1쇄 발행 2007년 6월 15일
개정판 1쇄 발행 2018년 1월 15일

지은이 김종선
펴낸이 이범상
펴낸곳 (주)비전비엔피·비전코리아

기획 편집 이경원 심은정 유지현 김승희 조은아 김다혜 배윤주
디자인 김혜림 조은아
마케팅 한상철 금슬기
전자책 김성화 김희정 김재희
관리 이성호 이다정

주소 우) 04034 서울특별시 마포구 잔다리로7길 12 (서교동)
전화 02) 338-2411 | **팩스** 02) 338-2413
홈페이지 www.visionbp.co.kr
이메일 visioncorea@naver.com
원고투고 editor@visionbp.co.kr

등록번호 제313-2005-224호

ISBN 978-89-6322-122-9 13320

이 도서의 국립중앙도서관 출판시도서목록(CIP)은 서지정보유통지원시스템 홈페이지(http://seoji.nl.go.kr)와 국가자료공동목록시스템(http://www.nl.go.kr/kolisnet)에서 이용하실 수 있습니다.(CIP제어번호: CIP2017035179)